〈추·천·의·글〉

리더십이란 단어가 이제 식상할 지경이다. 그 수많은 리더십 강론에도 불구하고 세상은 변함이 없다. 한국 교회도 우리도 변함이 없어 보인다. 무엇이 잘못되었단 말인가? 성경을 다시 읽고 다시 해석해야 한단 말인가? 여기 전복의 리더십을 말하는 사람들이 모여 리더십을 말한다. 우리가 주의 깊게 경청하고 적용한다면 어쩌면 리더십의 새 출구가 보인다. 그래서 이 전복의 리더십을 리더십에 식상한 사람들에게 추천한다.

〈이동원 목사 / 지구촌 목회리더십센터 섬김이〉

오늘날 수많은 공동체는 왜곡된 리더십이 만들어 낸 고통 속에 신음하고 있다. 네 명의 저자들은 각자의 관점에서 문제의 핵심이 리더십의 본질을 잃어버린 데 있다는 점을 통찰하고 있다. 리더십의 본질은 권력이 아니라 섬김이라는 예수님의 가르침을 일깨우는 광야의 외침이다. 산상수훈처럼 우리의 통념을 뒤집는 관점의 업사이드 다운에 도전하고 있다. 한 번 읽어 보는 책이 아니라 스타디 그룹을 만들어 토론하고 성찰하면서 본질의 의미를 내면화해야 하는 가르침이 풍성하게 담겨 있다. 이 책이 많이 읽혀지고 학습되어서 본질에 충실한 귀한 리더들이 세워지기 바란다.

〈한정화 명예교수 / 한양대학교 경영대학〉

너희는 그러지 말지니

지은이	심민수 안동규 안재흥 윤방섭
초판발행	2025년 4월 7일
펴낸이	배용하
책임편집	배용하
편집부	윤찬란 최지우
등록	제364-2008-000013호
펴낸 곳	도서출판 대장간
	www.daejanggan.org
등록한 곳	충청남도 논산시 가야곡면 매죽헌로1176번길 8-54
편집부	전화 (041) 742-1424
영업부	전화 (041) 742-1424 · 전송 0303 0959-1424
ISBN	978-89-7071-745-6 03230
분류	기독교	리더십	코칭

이 책은 저작권법에 의해 보호를 받는 출판물입니다.
기록된 형태의 허락 없이는 무단 전재와 복제를 금합니다.

 값 25,000원

크리스천 리더십의 전복성을 말한다

너희는 그러지 말지니

심민수
안동규
안재흥
윤방섭

Upside-down
Christian Leadership

대장간

목차

서론을 대신하여 ………………………………………………… 9

1부_성경의 리더십을 말하다 _심민수 …………………………… 25

들어가며 ……………………………………………………… 26
1장 · 세상을 반영하는 리더십 ……………………………… 28
2장 · 성경적 리더십의 개념 ………………………………… 41
3장 · 하나님 나라를 지향하는 리더십 …………………… 62
4장 · 신앙 리더의 리더십 전개 과정과 결과 …………… 82
나오며 ………………………………………………………… 91
참고문헌 ……………………………………………………… 92

2부_아나뱁티스트 리더십을 말하다 _안동규 ………………… 95

들어가며 ……………………………………………………… 98
1장 · 아니뱁티즘/아나뱁티스트란 무엇인가. ………… 100
2장 · 제자도 리더십 ……………………………………… 117
3장 · 공동체 리더십 ……………………………………… 138
4장 · 평화 리더십 ………………………………………… 156
나오며 ………………………………………………………… 173
참고문헌 ……………………………………………………… 176

3부 _ 리더십의 지속가능한 원리를 말하다 _안재흥 · 179

들어가며 · 180
1장 · 과거에서 찾은 리더십 원리: Back to the Past · 184
2장 · 리더십 원리의 현재성: Back to the Present · 209
3장 · 미래를 향한 실천적 대안, 코칭 리더십: Forth to the Future · 227
나오며 · 240
참고문헌 · 243

4부 _ 리더십의 본질을 말하다 _윤방섭 · 247

들어가며 · 248
1장 · 리더십, 다시 생각하기 · 251
2장 · 리더십의 두 가지 과제 · 261
3장 · 리더십의 핵심 과정 · 276
4장 · 리더십이 이루는 것과 남기는 것 · 299
나오며 · 314
참고문헌 · 316

서론을 대신하여

사회안동규 : 서론을 대신 해서 이 책이 어떤 배경을 갖고 있으며 또 어떤 의도로 시작되었는지를 알려 드리는 것이 독자들로 하여금 책의 내용을 이해하는 데 도움이 될 것 같습니다. 먼저 이 책을 기획하신 심민수 목사님께서 설명을 해주세요.

심민수 : 오랫동안 신학대학원에서 리더십을 가르쳐 오면서 줄곧 성경과 교회 상황에 맞는 리더십 개념과 그 이론 정립이 필요하다는 것을 절실하게 느껴왔고 이런 문제에 공감하는 학자, 전문가들과 함께 책을 써야겠다는 생각을 늘 품고 있었습니다. 그러다가 지난 해, 제가 섬기는 교육목회연구원 주최로 신학 아카데미가 열렸는데 윤방섭 교수님이 '크리스천 리더십'을 주제로 특강을 해 주셨습니다. 윤 교수님이 소개한 크리스천 리더십 모형을 보면서 공동집필의 기대를 하게 되었습니다. 그러다가 제가 섬기는 교회에 출석하고 계신 안재흥 박사님과 교제 하면서 그동안 코칭 사역에 깊이 관여하고 계신 것을 알게 되어 집필자 한 분을 더 얻게 된 것입니다. 여기에 실천적 사례를 들려주실 분을 한 분만 더 합류시켰으면 좋겠다는 생각을 하다가 안동규 교수님이 초청되신 것입니다. 안 교수님은 한국 아나뱁티스트 탄생의 산파 역할을 하셨고 현재 아나뱁티스트 교회를 목양하고 계실 뿐 아니라 오랫동안 대학에서 경영학을 가르쳐 오셨기 때문에 아나뱁티스트의 섬김의 실천 사례를 리더십과 관련시켜 소개하시면 금상첨화라는 확신이 들었습니다.

집필진 네 분 모두는 학자들이고 전문가들로서 공동집필에 대한 공감을 표명해 주셨지만, 공동분모만 있는 것은 아니었습니다. 각자의 활동영역에서 밟아 온 경험과 연구는 각기 달랐기 때문에 차이점이 분명히 존재했습니다. 그러다 보니 서로가 지닌 개념들을 조율하고 조정하기 위한 시간들이 필요했던 것이지요. 그래서 시작한 것이 관련 서적들을 함께 읽고 토론하는 것이었습니다. 그때 함께 읽었던 책들이 스테이시 라인하트의 『당신의 리더십을 전복 시켜라』, 테일러 필드의 『거꾸로 된 리더십』, 도널드 크레이빌의 『예수가 바라본 하나님 나라』, 미르바 던의 『세상권세와 하나님의 교회』, 알렌 크라이더의 『초기기독교의 예배와 복음전도 및 선교의 변질』, 마이클 호튼의 『약함의 자리』 등입니다.

물론 함께 친해질 시간도 필요했습니다. 안동규 교수님이 사시는 춘천 모임이 생각납니다. 안 교수님의 사역터이자 한국 아나뱁티스트의 본거지인 한국 아나뱁티스트 센터를 탐방하면서 소중한 역사의 발자취를 되짚어 볼 수 있었던 것은 의미 있는 시간이었습니다. 1950년대부터 아나뱁티스트가 한국에서 한 때 봉사했다는 것을 처음 알게 되었고, 한동안 사역이 끊어졌다가 지난 26년 전에 안 교수님과 함께 성경공부 모임을 가져왔던 춘천지역 교수들에 의해 아나뱁티스트 교회가 개척되었다는 사실에 모두 놀랐습니다. 개척 스토리와 대안 교육 프로그램 이야기들은 감동이었습니다. 또 산토리노 카페에서 시간 가는 줄 모르고 나눈 스몰토크도 흥미롭고 따뜻한 기억으로 남아있습니다. 분당 율동 공원 카페에서 만났을 때 리더십의 전복성에 대해 나누었던 것은 이 책의 방향을 정하는 데 중요한 계기가 되었던 것 같습니다. 세상에서 말하는 통상적 리더십과는 근본적으로 다른, 성경적 리더십 개념을 이야기하면서 우리 모두 전복성의 개념에 꽂혔던 기억이 납니다. '전복'이란 발음이 잘 안 돼서 '전폭'이라 자꾸 발음을 하는 바람에 모두가 한참 웃기도 했지요. 그리고 양구에서의 모임을 빼놓을 수 없습니다. 20세기 후반, 한국을 대표하는 두 분 철학자들의 자취를 모신 안병욱·김형석 기념관을 방문해 안동규 교수님의 선친이신 안병욱 박사님의 친필 글씨며 작품들을 보면서 우리는 자연스럽게 스스로의 삶을 되돌아보기도 하였습니다.

윤방섭: 그렇습니다. 양구 전체가 내려다 보이는 멋진 카페에서 안 교수님이 부친되시는 안병욱 박사님으로부터 받은 정신적 유산, 그리고 존 스토트목사와 교제할 때의 여러 에피소드를 들으면서 어떻게 리더십이 하나의 유산이 되어 이어지는지를 생생하게 느낄 수 있었습니다.

사회안: 우리 4명은 뭔가 다른 시각에서 리더십을 바라볼 필요가 있다는 생각, 그리고 뭔가 새로운 울림을 주는 리더십 책이 필요하다는 생각에 공감했던 것 같습니다. 그런데, 윤 교수님은 이미 '리더십의 이해'라는 책을 쓰신 바 있는데, 이번 책에서는 어떤 점을 특별히 강조하신 건가요?

윤: 이 책에 참여할 때 제가 지닌 문제의식은 리더십에 대해 사람들이 갖고 있는 개념이 크게 왜곡되어 있다는 점입니다. 그 왜곡이란 뭐냐 하면 대체로 리더십을 일종의 리더의 능력이나 권력으로 바라본다는 것입니다. 리더십을 리더가 지닌 특별한 능력과 권력을 어떻게 잘 사용하는가의 문제로 바라보는 것이지요. 그런데 이런 관점은 리더가 구성원을 지배한다는 생각, 즉 권력중심적인 생각과 맞닿아 있습니다.

그러나, 리더십의 본질은 사람들의 마음을 움직이는 것입니다. 그것이 본질이라면 구성원을 중심에 놓고 무엇이 그들의 마음을 움직일 수 있는가에 관심을 가져야 하는데, 그런 점에서 지배, 통제, 권력 등은 오히려 리더십과 거리가면 단어들입니다.

그런데도 여전히 사람들은 권력중심적인 리더십이 올바른혹은 제대로 된, 혹은 진정한, 혹은 효과적인 - 무어라 표현해도 좋습니다 리더십이라고 믿고 있는 것이지요. 이것은 매우 중요한 포인트인데, 왜냐하면 사람들은 자신이 믿는대로 행동하기 때문입니다. 지배적이고 일방적인 리더의 모습이 당연하다고 생각한다면 그렇게 행동하려고 애쓸 것입니다. 그러므로 먼저 리더십에 대한 왜곡된 시선을 바로 잡는 것이 매우 중요한데, 이 책에서는 그 점을 강조하고자 했습니다.

사회안 : 네 아주 잘 정리가 된 것 같습니다. 그러면 저하고 안재흥 장로님께서 여기에 참여하게 되면서 각자 무엇을 강조하고자 했는지를 얘기하도록 하지요.

안재흥 : 집필 전 제 자신에게 던졌던 첫 질문은, 일반적으로 알려진 권력 중심의 리더십에 대해, 그리스도는 그걸 왜 뒤집어 아니라고 하실까 였습니다. 성경에서 그에 대한 답을 찾아보고 싶었어요. 그러자 권력 또는 힘에 대해 중요하게 다루고 있다는 점이 보이기 시작했어요. 부의 추구라는 개념도 권력의 문제에 들어가 있고, 능력 추구도 힘과 관련 있다. 이 부분은 성경의 근간을 흐르는 큰 맥 중의 하나라는 생각에 이르게 됐습니다. 예를 들어, 에덴에서 추방된 다음에 제일 먼저 일어난 사건이 가인의 살인사건입니다.

또 예수님이 선상수훈에서 팔복 강화 마치고, 빛과 소금 얘기한 다음에, 율법을 그렇게 고수했던 바리새인 의를 넘어서야 함을 말씀하고 난 후 바로 살인하지 말라고 하셨거든요. 또 모세의 십계명에서도 '살인하지 말라'가 하나님에 대한 부분 다음의 인간관계에서 제일 먼저 나온 계명이잖아요. 이 모두가 힘과 권력의 사용과 관련하여 파생된 문제라고 주목하게 되면서 굉장히 흥미가 돋아나기 시작했어요. 그래서 예수님 공생애 시작 전에 광야에서 시험받게 된 부분을 먼저 살펴보게 되었습니다.

이어서 요한복음에서 요한이 본 리더십 원리를 추출해 보자는 생각에 이르게 됐어요. 요한은 예수님 십자가 사건 후 적어도 오십여년이 지난 시대적 상황에서 뒤돌아 보는 관점으로 기록했습니다. 예수님의 전복적 리더십이 우리가 전복적이라고 하지만, 만연한 권력 중심의 리더십에 우리가 너무 익숙하다 보니까, 세상을 기준으로 이것을 전복적으로 생각하고 있구나. 오히려 예수님의 리더십이 펀더멘탈Fundamental이 아닐까? 오히려 전복한 주체는 세상이라고 생각에 이르게 되었습니다. 요한도 그런 의미를 내포하고 있다고 봅니다, 비록 그렇게 기록하진 않았지만.

예수님의 3년 동안 공생을 따라가며, 제자들 뿐 아니라 만나는 사람들에게 끼친 영향력이 어떤 걸까 찾다 보니 전복성에 대해 고민하던 숙제가 풀리기 시작했어요. 그래서 '7가지 C'라고 정리된 원리를 도출할 수 있게 되었습니다.

성경적 리더십의 원리를 정리하고 이것을 우리가 어떻게 실천할 것인가 문제에 맞닥뜨리게 됩니다. 그 실천적 방안을 고민하다 중심 원리 면에서 코칭 리더십과 연결하게 되었습니다. 코칭 관련하여, 그 발달과정을 따라가다 보면, 기독교적인 배경과 영향을 받았다는 생각을 지울 수가 없었어요. 인본주의 심리학과 긍정심리학의 토대 위에 코칭 철학이 세워져 있다는 면에 대해 개인적으로 안타까움을 가진 것도 사실입니다. 이번 기회에 새로 정립하게 되었습니다.

저는 크리스천 코칭이라는 말을 따로 분류해서 쓰길 원치 않아요. 왜냐하면, 크리스천 코치는, 코칭 받는 대상고객이 그리스도를 따르는지 여부에 관계 없이, 동일한 마인드셋과 코칭 프레즌스로 임하기 때문입니다. 게다가 사실상

원 뿌리는 하나라고 믿습니다. 그렇게 전체가 구성되기에 이르렀어요.

안동규 : 저는 한국에서 메노나이트 교회를 시작하였고 관련해서 한국아나뱁티스트센터KAC를 설립하며 이 땅에서 재세례파 개혁교회운동을 오랫동안 참여하였습니다. 저의 최대의 관심은 교회라고 할 수 있습니다. 연구년 1년을 메노나이트 신학교에서 보냈는데 제가 익숙한 복음주의 신학과 장로교 전통과는 뭔가 다른 것을 경험했습니다. 리더십 책쓰기에 참여하면서 경영학자인 내가 기여할 부분이 무엇인가 고민을 할 때 심 목사님께서 저에게 아나뱁티스트 리더십을 써보라고 제안 하셨는데, 그 때 저의 고민은 '과연 아나뱁티스트 리더십이란 것이 존재하는가'에 대한 본원적 질문이었습니다. 다행히 저는 시간이 많은 편이어서 우선 아나뱁티스트에 관한 내가 가지고 있는 책을 다 읽고 정리하는 작업을 반년 정도 했던 것 같습니다. 책을 읽고 정리하면서 계속해서 '아나뱁티스트 리더십은 과연 무엇인가'라는 질문을 가지고 씨름을 하였습니다.

아나뱁티스트의 괄목한 만한 리더는 없지만, 리더십이 없다는 것은 아니라고 생각이 듭니다. 그래서 이 기독교적 리더십의 핵심이 초대교의 리더십으로 본다면 역사적으로 16세기 아나베오티스트가 사실은 1세기의 초대교회를 재현한 것이라고 생각이 들었습니다. 16세기의 종교개혁과 아나뱁티스트의 삶 그리고 초대교회의 삶에 전복급진적 개혁이란 공통적 요소가 있습니다. 왜냐하면, 이들 모두가 세상의 가치를 바꾸는 그런 삶을 살았고, 예수가 그랬고, 그의 제자들이 그랬고 16세기의 재세례 신앙운동이 그랬습니다.

아나뱁티스트가 주장하는 바를 리더십이라는 틀 안에서 설명하자는 것이 저의 의도입니다. 그래서 아나뱁티스트의 신학과 삶에서 제일 중요한 키워드가 제자도와 평화와 공동체기 때문에 리더십도 제자도 리더십, 평화리더십,

공동체 리더십으로 갈 수 있지 않을까? 하면서 계속 책을 읽다 보니까 점점 확신이 들어서 제가 아마 여기 계신 분들보다 제일 빨리 그 프레임을 잡았던 것 같아요. 결과적으로 이 책을 통해서 세상의 가치와는 다른 가치로 살아가는 전복적 리더십을 쓰고자 하였고, 다른 분들이 쓰신 부분과도 함께 잘 융합이 될 거라는 생각을 하게 되었습니다.

사회안: 이 책을 기획하신 심 목사님께서는 성경적 리더십에 대해 특별한 문제의식을 지녀왔던 것으로 압니다. 어떤 문제의식인지 설명을 부탁드립니다.

심: 인간 타락 이후, 하나님의 창조질서가 훼손된 것은 모두가 아는 사실입니다. 그 결과로 인간의 수많은 노력은 하나님의 창조질서를 회복하기 보다는 대부분 허무는 쪽의 변화를 가져왔다고 해도 과언이 아닙니다. 20세기 전반기까지만 해도 서구 기독교 국가들의 지식인들은 하나님이 주신 일반 은총 속에 인간이 이룬 모든 성취를 하나님의 주권으로 돌리면서 그렇기 때문에 인류의 발전은 하나님의 축복이라는 식의 해석이 주류를 이루어 왔습니다. 그러나 서구 지식인들의 아전인수격 해석은 이제는 그렇게 호응을 얻지 못하고 있습니다. 서구식 근대화와 발전이 무엇인가 큰 성취와 업적을 이루어 인류를 행복하게 만들어 온 것 같지만 실상은 인류를 더욱 파국으로 이끌어 가고 있습니다. 그런데 이런 모든 성취를 하나님의 주권적 축복에 의한 것으로 해석함으로써 자신들의 야망을 정당화해 온 세상의 지도자들과 그 일에 협력해 온 인물들의 자기 합리화가 배경을 이루고 있었던 것이지요.

저는 세상을 번영으로 이끈 제국과 선진 문명의 지도자들을 모두 총체적으로 부정하는 것은 아닙니다. 그러나 분명히 기억해야 할 것은 통상적으로 생각해 온 위인이나 지도자들은 사실상, 정복자침략자들에 불과했고 인간의 보편적 인류애조차 대부분 무시했던 사람들이었다는 것입니다. 그들은 사람들로부터 추종 심리를 끌어내기 위해 야비한 보상장치와 선동적 기술들을 활용했던 사람들입니다. 그런 지도자들은 자신과 함께 한 자들의 입장에서는 유익이 되었을지 모르지만 그 밖의 사람들에게는 오히려 큰 피해를 주는 가당치 않은 행적들을 남겼다는 것이 역사의 수많은 사례를 통해 확인되고 있습니다. 과연 이런 지도자들이 이룬 성취를 진실 되고 보편타당한 진리로 받아들일 수 있을까요? 적어도 성경의 리더십은 그런 식의 결과와는 결코 공유될 수 없는 영역에 속한 개념이라는 점을 우리가 기억할 필요가 있다고 봅니다.

저는 일반적으로 통용되고 있는 리더십이라는 용어가 기독교계에서조차 무분별하게 사용되는 것을 누군가가 나서서 분명한 어조로 "그것은 아니다"고 말해야 한다고 생각합니다. 통상적인 리더십 개념 속에 내포되어 있는 내용 가운데는 성경의 가르침과 교회 공동체의 현상에는 적용될 수 없는 부적합한 것들이 포함하고 있기 때문입니다. 그러나 이미 '리더십'이란 용어가 보편화된 현실에서 혼자서 이 용어 사용을 반대한들 무슨 소용이 있겠습니까? 그렇다면 올바른 용어 정리를 통해 적절한 제한 사항을 제안하는 것이 그나마 나은 결과를 가져올 수 있을 것으로 판단하였습니다. 이런 맥락에서 성경의 관점에서 공유할 수 있는 부분을 규정을 하고 그 범위 안에서 사용하면서 성경 원리적 지침을 공유할 사람들을 확대해 나가는 것이 오히려 더 타당한 접근 방식이 아니겠는가 생각한 것입니다.

특별히 저는 리더십이라는 용어를 예수님의 사역에 활용하는 것, 리더십 개념을 최상위 위치에 배치하는 방식의 논리행태가 부적절하다고 봅니다. '하나님 리더십'이란 말이 적절치 않은 것처럼 삼위의 한 분이신 예수님을 세상의 '지도자'나 '지도력' 개념 수준에서 분석하는 것은 어불성설이라고 생각합니다. 물론 예수님이 온전한 인성을 통해 지상 공생애 기간 동안 보여주셨던 일부 모습을 리더십이란 개념으로 담아낼 수는 있을 것입니다. 그러나 예수 그리스도는 어떤 인간도 대신할 수 없는 메시아적 속성을 지니신 분입니다. 무엇보다도 이 속성은 우선적인 것입니다. 더 나아가 예수님은 현재 하나님의 우편 보좌에 앉으셔서 세상을 주관하시는 분이십니다. 이렇듯 신성을 지니신 그런 존재를 일상의 범주 수준으로 낮추어 '리더'니 '리더십'이니 하는 용어로 한계 짓는다는 것은 결코 적절한 것이 아니라고 봅니다.

게다가 최근 기독교계에서 수많은 리더십 서적들이 출간되면서 우선적으로 전제해야 할 기독교 개념을 제거하고 리더십을 최상위 자리에 놓는 전복 현상이 두드러지고 있습니다. 기독교의 최상위 개념은 하나님과 하나님 나라주권입니다. 그 밖의 모든 개념이나 용어는 그 아래에 위치해야 할 하위 개념입니다. '예수님의 리더십'이란 용어를 사용하게 되면 예수님의 사역 행위를 리더십의 한 사례 정도로 취급하는 것이 됩니다. 이런 접근 방식은 '리더십'을 상위 개념으로 놓고 예수님을 그 아래의 하위 개념으로 상정하는 것입니다. 이것은 근본 진리를 축소하고 예수 그리스도의 구원사역의 근본 속성을 소외시키는 행위입니다.

이상에서 제가 문제 제기한 점들을 고려하면서 제한적인 범주에서 교회사역자목회자들과 관련시켜 리더십이라는 용어를 활용한다면 어느 정도 수용 가능하다고 봅니다. 따라서 그러한 수용 범위에 한정하여 이 책이 집필되었다는 점을 분명히 말씀 드립니다. 아울러 저의 글은 목회자들이 갖추어야 할 정체성, 즉 청지기, 섬김이, 사명자 등의 더 근본적인 핵심 개념을 훼손하지 않는 범위에 한해서 '목회 리더십'이란 용어를 사용한다는 점을 이 자리를 빌어 모든 독자에게 미리 알려 드리고 싶습니다.

사회자 : 이번에는 이 책을 관통하는 또 하나의 핵심 주제인 전복성, 전복이라는 개념을 네거티브한 의미가 있긴 하지만 각자가 어떻게 바라보는지를 말씀해 주시기를 바랍니다. 4인의 저자가 모두 리더십의 전복성을 강조하고 있기 때문에 각자의 시각을 비교해 보는 것이 바람직할 것 같습니다.

윤 : 리더십의 본질적인 모습이라는 것이 사람들이 흔히 생각해 오던 리더십의 모습, 즉 권력중심적인 모습과 전혀 다른 모습이며, 오히려 정반대의 모습이라는 것입니다. 우선, 리더십의 중심은 리더가 아니라 구성원들이고, 영향력의 본질은 권력이 아니라 섬김이라는 점에서 전복적입니다. 리더와 구성원들의 관계가 수직적이지 않고 수평적이라는 점도 전복적입니다. 그렇다면 왜 섬김이 본질이냐, 그것은 리더십이 단순히 사람들을 움직이는 것이 아니라 사람들의 마음을 움직이는 것이기 때문입니다. 사람들의 마음을 움직이게 만드는 힘은 권력이 아니라 이타적인 섬김에 있습니다. 리더의 섬김이 있을 때 사람들은 스스로 움직이고 헌신합니다.

이러한 전복적인 개념은 리더십에 대한 경영학의 최근 논의들에서 나타난 것이지만, 놀랍게도 예수님의 말씀 및 행동과 그 궤를 같이 하고 있습니다. 리더십의 본질에 대한 세상의 지혜가 역시 성경의 가르침을 넘어설 수는 없는 것입니다.

이 점은 리더십에 대한 왜곡된 개념이 편만한 세상 가운데서 말씀에 따라 살아가려고 애쓰는 크리스천 리더들에게 용기를 가져다 줄 것이라 생각합니다. 다시 말하면 예수님의 모범을 따라 리더십을 실천하는 것이 본질적으로 가치있는 일이고, 올바른 일일 뿐 아니라, 결국 경영학적으로도 효과적인 일이기도 하다는 것입니다.

안 : 오랫동안 기업 경영 현장에 있다 보니까 아래 직원을 거쳐 리더십 위치에 가기까지, 사실 리더십은 제 고민의 중심이 되었습니다. 그동안 답을 못 찾았는데 이번 기회에 답을 얻게 된거죠. 그리고 성경의 리더십이 본질적이라면, 시대를 넘어 지속 가능성이 있어야 하지 않을까? 이런 생각을 하게 되어 이를 밝히고 싶었습니다.

그러지 않으면, 그냥 과거 한때 있었던 성경 얘기에 나오는 리더십이 될 수 있어요.

전복성은 두 가지 측면을 고려했습니다. 먼저 시공간적 전복성을 언급하게 된 이유는, 우리 삶이, 그리스도가 침투하신, 시공간을 통해서 일어나는데, 이 안에 리더십을 나타내 보여주는 것이 가장 핵심이다. 리더가 다른 사람한테 영향력을 미치기 전에 온전히 시공간 안에서 먼저 영향을 받아야 한다. 즉 성경으로부터, 그리스도로부터, 하나님으로부터, 받아야 한다. 이게 리더십의 전복성이다. 또한 예수님이 이 땅에 오셔서 직접 소통이라는 방식을 통해서 했다는 점이 의미가 크다고 봅니다. 하나님이 육신이 되어 인간과 똑같이 말하고, 인간과 대등한 수평적 관계로 소통하게 됨이, 전복성이다. 그래서 하나님이 인격적으로 우릴 대하심을 그림 언어로 보여주셨다. 그 소통은, 차원 다른 커뮤니케이션으로, 사랑과 섬김이 가장 중심이 되어 보여준 것이죠. 대화 상대가 그것을 느끼게 되니까 다른 질의 소통이 가능하게 된 거죠. 그렇게 전복성을 풀어가게 되었습니다.

심 : 전복성의 문제에 대해서 3가지를 말씀드리겠습니다. 첫째는 이미 말씀드린 것입니다. 하나님의 창조세계가 인간타락으로 인해 전복되었다는 것입니다. 그래서 다시 전복시켜야 합니다. 이것이 사실상 핵심입니다. 이 전복의 과정에서 이 상황을 이끌고 가는 사람은 부득불 리더의 위치에 있게 됩니다.

여기서 리더는 하나님의 주권적 행위 속에 도구로 쓰임 받는 역할입니다. 중요한 것은 하나님보다 개인 리더가 앞서서는 안 됩니다. 주님이 우선이십니다. 그분의 주권이 우리의 모든 행위의 전제라는 사실을 기억해야 합니다. 리더는 쓰임 받는 도구요 수단일 뿐입니다. 궁극적으로 진정한 리더는 그리스도이십니다. 교회의 리더는 그리스도와 연약한 지체들 사이에서 다리 놓는 보조 역할입니다.

두 번째로 리더십 개념상의 전복성에 대해서 말씀 드리겠습니다. 잘 아시다시피 영어권에서는 단어의 개념을 문맥 속에서 이해합니다. 그런데 한국 언어문화는 동양의 한자문화권의 영향으로 한 단어가 지닌 확정된 용어 개념으로 나머지 문맥을 이해하는 식입니다. 그 결과 한국의 전통적인 신분사회가 빚어낸 용어의 폐쇄성으로 인해 더욱 치우친 개념이 되었습니다. 한국에서 리더는 지도자로, 리더십은 지도력으로 번역됩니다. 물론 일부 조심성 있는 분들은 다른 용어로 번역하려고 애를 쓰지만 이미 고정된 형태가 되어 버린 것이 현실입니다. 그런데 문제는, 한국 전통 문화에서 지도자라고 하면 신분상으로 이미 높은 지위를 염두에 둡니다. 지도력이라 하는 개념도 일종의 파워로 인식하는 경향이 큽니다. 따라서 이것은 전복되어야 합니다. 로버트 그린리프가 말한 '섬김의 리더십'을 도무지 이해 못하는 분들을 보았습니다. 언젠가 한 목회자 모임에서 '섬김의 리더십'이란 말이 나오니까, "아니. 종놈한테 무슨 리더십이 필요한가. 시키는대로 하는 게 종이 할 일이지" 하더라구요. 리더십을 일종의 권력으로 파악하는 한, 한국인의 언어 정서상에는 '섬김의 리더십'같은 용어는 사람들에게 쉽게 와 닿지 않는 표현입니다. 따라서 기독교 문화 속에 "리더십 개념의 전복성"은 사회에 선한 영향을 끼치기 위해서라도 꼭 필요한 원리로 자리매김해야 한다고 봅니다.

세 번째로 예수님의 공생애 동안, 그분의 모본이 전복성을 가장 완벽하게 보여준다는 것입니다. 이것은 곧 성경적 원리입니다. 일반적으로 사람들은 섬기는 위치보다는 섬김을 받는 위치를 선호합니다. 제자들도 여러 차례 서로 누가 크냐 하는 문제로 다투는 장면이 복음서에서 목격됩니다. 모든 사회에서 한 자리를 차지하고자 하는 욕망은 보편적인 현상입니다. 제자들조차 여기서 빗겨가지 못했던 것입니다. 이런 현장에서 "으뜸이 되고자 하는 자는 섬기는 자가 되어야 할 것이라." "인자가 온 것은 섬김을 받으려 함이 아니요 많은 사람의 대속물로 자신을 주려 함이라"고 말씀하신 분은 바로 예수 그리스도이십니다. 더 나아가, 세족식을 통해 제자들의 발을 씻기시고 결국, 십자가에서 대속적 죽음을 맞이하신 분이 바로 주님이십니다. 이러한 주님의 모습은 기존의 가치체계와 관점을 완전히 전복시키시는 것이었습니다. 그러므로 그리스도인들은 이상의 세 차원에서 리더십의 문제를 바로 잡아야 한다고 봅니다.

사회안 : 저도 리더십의 전복성과 관련하여 한 말씀 드리겠습니다. 예수님이 하신 말씀 중에 반복적으로 하신 말씀, 영어로는 Not so with you 너희들은 그러지 말지어다 이 말씀을 생각해 보면, 세상은 그런데 너희들은 그러지 말라는 말이고 이 자체가 전복적 명령입니다. 그런 표현이 워낙 많아서 예수님의 가르침의 핵심은 전복이라고 생각해요. 물론 성전도 전복시켰지만, 성육신도 하나님이 인간이 된 것이며 기막히고 어마무시한 전복입니다. 부활은 진짜 전복이고 십자가도 전복이며 전복이라는 틀로 이해하지 않으면 기독교라고 할 수 없을 정도로 저는 굉장히 본질적인 생각을 예수의 전복성이라고 봅니다. 전복을 혁명이나 뒤엎는 것으로 보면 오해의 소지가 있을 것 같습니다. 기독교와 예수의 전복성은 자기희생이 따르는 이타적 근원적 혁신적 자기부인과 이웃사랑으로 귀결되어야 합니다.

심 : 전복성이란 용어 사용과 관련해서도 추가적인 말씀을 몇 말씀 더 드려야겠습니다. 우리가 리더십 개념을 바로 잡고자 하는 의도 가운데 전복성이라는 용어를 활용했는데 이 단어는 사실 정치적으로 좌파 계열의 사람들이 사용하길 좋아하는 용어입니다. 기존 사회를 뒤집고 교회를 뒤집고 세상을 뒤집는 것을 그쪽이 좋아합니다. 그렇다 보니 우리가 이 단어를 사용하는 것이 조심스런 점도 없지 않아요. 진보와 보수 싸움이 정치 지형을 흔들고 있는 세계적인 추세인 현실에서 교계도 이런 현상이 만만치 않지요. 원래 기독교의 보수·진보의 진영 기준 논리는 성경을 하나님의 말씀으로 보느냐 아니냐 하는 문제인데 이것이 정치적인 문제와 결부되면서 문제 상황을 야기하고 있습니다. 또 하나, 반복되는 이야기지만 '전복성'이란 용어를 너무 빈번히 사용하다 보면, 또 그것을 너무 전면에 내세우다 보면, 최상위 위치에 있어야 할 하나님 나라 복음과 그리스도의 주권이라는 중심 개념이, 전복성이란 개념에 밀려 그 하위에 위치하는 논리적 모순이 생길 수 있다는 점을 유념해야 할 것이라 생각됩니다.

사회안 : 리더십의 전복성과 관련해서 서빙 리더와 리딩 서번트의 구분이 필요하다고 생각합니다. 경영학의 리더십 논의에서도 이런 개념 구분이 있는지 궁금합니다.

윤 : 아주 재미있는 표현을 하셨습니다. '서빙 리더'와 '리딩 서번트', 두 단어가 서로 전복되었네요. 이 개념과 관련하여 경영학에서 최근에 서번트 리더십에 대한 논의가 활발합니다. 실증적인 연구도 많고요. 교회에서 사용하는 섬김의 리더십과도 일맥 상통하는데, 경영학에서는 그린리프가 이 개념을 제시한 이후 이론적 체계를 갖춘 학술 용어이기도 합니다. 안 교수님이 말씀하신 부분을 그린리프도 가장 중요한 부분이라고 강조했습니다. 즉, 서번트와 리더

는 서로 상충되는 말이지만 본질은 서번트입니다. 서번트가 먼저 되어야 합니다. 남을 돕고자 하는 욕구가 우선되는 것, 그것이 서번트 리더의 자격입니다. 안 교수님의 표현으로는 리딩 서번트가 강조되는 것입니다. 만약에 리더가 되기 위해서 그 수단으로서 서번트의 모습을 취하면 그건 권력중심적인 리더십과 다름 아닙니다.

사회안 : 세 분 모두 감사합니다. 마지막으로 독자들께 마무리 말씀을 드리자면, 리더의 본질은 '어떤 뭐가 되는 것이 아니라 내가 누구냐를 아는 것'이라고 생각합니다. 그런 점에서 우리 모두는 리더인 것입니다. 만인 제사장처럼 모든 사람이 리더입니다. 그것이 바로 우리가 말하는 성경적 리더십이고, 전복적 리더십이고, 코칭 리더십입니다. 감사합니다.

1부
성경의 리더십을 말하다

미국 탈봇신학대학원 교수
심민수

들어가며

　리더십 연구를 전문적으로 다루는 많은 경영 전문가와 학자들은 조직이 성공하기 위해서는 첫 번째로 중요한 것이 리더십이라고 말한다. 『한국리더십센터』을 설립하고 지난 30년 넘게 한국의 수많은 단체의 임원 간부들의 리더십 개발에 앞장서 온 김경섭 박사는 이 점을 특별히 강조하면서 리더십은 자기경영이라 말한다.[1] 리더십이 한 조직의 실체를 드러내는 데 있어서 결정적 요인이라고 할 때 그것은 단지 기업조직에만 해당되는 것은 아니다. 모든 유형의 조직에서 리더십은 실제적으로 조직의 생몰까지도 좌우하는 근본적 요소가 된다. 군대조직, 정부조직, 학교조직, 기업조직 등 모든 유형의 조직에서 리더십은 결정적 요인으로 작용한다는 말이다.

　그동안 학계와 조직 현장에서는 리더십을 주제로 하여 수많은 논의의 글들을 쏟아내 왔다. 그럼에도 여전히 리더십의 문제는 논의를 거듭하는 문제로 남아 있다. 논의가 지속되는 이유가 무엇일까? 이는 몇 마디 단순한 말로 문제 해결의 실마리를 찾을 수 없음을 시사해 준다. 사실상 이 주제는 너무나 많은 변인들로 인해 정답 따위는 존재하지 않고 그저 근사치의 대안만을 제시하게 된다. 그렇다면 이런 주제에 대해서 성경은 우리들에게 어떤 교훈을 주고 있을까? 성경의 가르침으로부터 단순한 대안이 아닌 근본적인 원리를 찾아보고자 한다.

　1장에서는 기존의 리더십 개념의 한계와 오해를 다룬다. '리더십'이란 개

---

1) 안산타임스,2011.7.14.; https://www.ansantimes.co.kr/news/articleView.html?idxno=13436

념 자체가 지닌 철학적인 전제에도 불구하고 오늘날 리더십 개념은 세속적 개념에 머물러 있다. 이 말은 리더십이란 개념이 그 어원적 의미를 벗어나 세속 현상을 담아내는 종합선물세트가 되었기 때문이다. 이런 이유로 하여 기독교계에서 이 용어를 사용하는 것이 과연 적절한 일인가 하는 의문점까지 갖게 되었다. 이러한 의문을 풀기 위해 1장에서는 어원적 논의를 전개한다. 이어서 2장에서는 성경이 말하는 리더와 리더십의 의미를 성경의 관점에서 검토해 본다. 성경에도 리더에 해당되는 역할과 직분이 나온다. 그렇다면 성경에서 다루려는 신앙 리더의 존재론적 의미가 일반 세상 리더들의 모습과 일치하는 것일까? 2장은 이런 의문에 대한 성경적 답을 찾아본다.

3장에서는 신약성경이 다루는 교회의 리더십 문제를 분석한다. 디모데서신은 목회자들이 갖추어야 할 속성과 역량에 대해 교훈하는 서신이다. 바로 이 점을 성경 본문을 통해 세부적으로 검토하면서 성경적 리더십의 의미적 차원을 분석한다. 이 과정에서 리더십의 의미를 규정하는 데 결정적인 부분인 ship이 지닌 여러 측면의 사전적 의미를 살펴본다. 이에 기초하여 리더의 품행, 행동, 태도정신, 역량, 지위, 관계의 측면을 디모데서신의 교훈을 통해 조목조목 검토한다. 이러한 검토는 성경의 관점에서 리더십을 어떻게 이해해야 되는지를 밝히는 작업이다. 마지막으로 4장에서는 교회 리더십의 전개과정과 그 결과를 디모데서 본문의 가르침을 통해 분석한다. 이러한 작업은 결국 성경이 교훈하는 리더와 리더십의 기본 개념과 그 교훈을 밝히는 작업이 될 것이다.

이 글의 목적은 신앙 리더의 리더십 현상이 하나님 나라의 관점에서 성경의 교훈과 원리에 초점 맞혀져야 함을 밝히는 데 있다. 하나님 나라는 하나님이 펼쳐 가시는 다스림 그 자체이기 때문에 그분의 어떠함을 반영하게 된다. 따라서 그분의 나라에 속한 일꾼들의 삶과 사역도 그 다스림의 원리 위에서 전개되는 것이 당연하다.

1장·세상을 반영하는 리더십

리더의 존재는 고대로부터 있어 왔지만 리더십이란 개념이 학적으로 정리되기 시작 것은 오래 된 것은 아니다. 어느 시대에나 사람들이 모여 사는 곳에는 리더가 있었다. 오늘날 세상은 개인주의로의 과몰입 상태가 강화되고 있다. 그로인해 사회적 문제점은 더욱 심화되는 추세이다. 이럴수록 리더의 중요성이 증대될 수밖에 없다. 이런 현실에서 우리는 "리더십이란 무엇인가" 하는 문제를 자연스럽게 떠올리게 된다. 한 집단에서 리더가 제대로 된 역할을 못할 때 강제로 밀려 나게 되는 일이 발생한다. 리더의 역할로 그가 이끄는 사회가 긍정적인 방향으로 나아가기도 하고 그 사회에 부정적인 결과가 나타나기도 한다. 리더의 존재감이 최근 들어 특별히 더 주목을 받게 된 데에는 나름의 배경적 원인이 있다. 그것은 학문의 발달과 기업 조직의 발전으로 인한 것이다. 기업에서 리더가 어떤 리더십을 발휘할 때, 그 기업 발전을 가져오는 지를 밝힐 수 있는 학문적 가능성이 높아진 것이다. 이에 따라 리더십 연구와 개발이 활발하게 이뤄지면서 이 분야가 전문성을 더해 가게 되었다.

리더십의 개념은 각 학문 영역의 관심 요소에 따라 규정된다. 군사학에서는 부대 조직의 상급자들이 어떻게 군부대의 부하들을 이끌고 갈 것이냐 하는 문제에 리더십 연구의 초점을 둔다. 정치학에서는 한 나라의 정치 지도자들이 어떤 면모와 지도력을 발휘하는 것이 국가 건설과 발전에 기여하는지 하는 문제에 연구가 집중된다. 행정학에서는 정부 조직에서 그 조직의 최고 행정가와 중간 관리자들이 주어진 권한을 어떻게 발휘해야 할지에 대해 연구한다. 경영학에서는 기업조직에서 CEO와 중간 관리자들이 어떤 태도와 행동을 드러내는 것이 기업의 성과를 가져올지에 대해 중점적으로 연구한다.[2] 교육학에서도 학교조직의 간부들과 교실에서 교사들이 어떤 행동으로 리더십을 발휘해야 할 것인가 하는 문제에 집중한다. 이와 같이 여러 학문분야에서 관심을 집중하고 있는 주제는 전반적으로 대동소이하다.

리더십 연구에 대한 관심은 사회 각계각층만의 문제가 아니다. 교계에서도 목회자의 리더십에 대한 깊은 관심을 갖고 이에 대한 연구들이 지속되어 왔다. 흔히 '목회리더십' 혹은 '영적 리더십'이라는 이름으로 기독교계 작가들의 셀 수도 없이 많은 작품들이 출간되어 왔다. 기독교 서점들마다 가판대의 가장 좋은 자리에 리더십을 주제로 한 저작물들이 올려져있다. 이는 교계의 관심이 두드러진다는 사실을 보여준다. 여기서 한 가지 유념해야 할 점은 이런 책들 중에는 세상의 리더십 개념과 기독교적 리더십 개념 사이의 차이가 분명하게 드러나지 않은 작품이 대다수를 차지한다는 것이다. 오히려 일반 리더십 개념과 방편들을 그대로 가져다가 목회 현장을 재단하는 사례들이 주종을 이룬다는 점이다. 이런 점을 고민하면서 우선 먼저 그 둘 사이의 근본 차이를 알아보도록 한다.

---

[2] 리더십이란 무엇인가 하는 정의 문제를 놓고 수많은 정의가 쏟아져 나왔다. 리더십 전문 학자인 노스하우스에 따르면 지난 한 세기의 리더십 정의를 분석한 결과 200개가 넘는 정의가 나왔다고 한다. 20세기 처음 30년 동안에는 주로 통제와 권력에 집중된 정의가 나타났고 30년대 들어서면서 주로 영향력을 미치는 것으로, 40년대는 집단 활동을 지도하는 것에 집중했으며, 50년대에는 집단의 목표나 관계적 행동을 기반으로 집단의 효과성에 주목하였고, 60년대는 "공유된 목표를 달성하도록 영향을 미치는 행동"으로, 70년대는 "집단의 목적을 위해 조직의 업무수행을 촉진하는 행동"으로, 80년대는 수많은 정의들이 폭발적으로 나타나면서, 90년대 들어서는 리더십과 관리를 구분하기 시작했으며 21세기 들어서는 도덕적·윤리적 요소가 첨부되는 현상이 나타났다고 설명한다. 이런 수많은 변화에도 불구하고 학자들이 한 가지 일치하는 것은 모든 사람이 공감할 수 있는 리더십 정의를 찾을 수 없다는 사실이라고 말한다. 사람에 따라 리더의 역량을 강조하기도 하고 집단활동을 강조하기도 하고 관계적 측면을 강조하기도 한다. 따라서 리더십에 대한 정의는 앞으로도 오랫동안 유동적인 것이 될 것이라고 결론을 맺는다. 피터 G. 노스하우스, 『리더십의 이론과 실제』, 김남현 역 (서울: 한빛아카데미, 2023), 27-30.

1. 세상이 말하는 리더십

전술한대로 그동안 리더십이라는 용어는 군사학, 정치학, 행정학, 경영학, 교육학 등에서 그 필요와 입장에 따라 정의되어 왔다. 먼저, 군사학을 보자. 근세 유럽 군대의 최고 리더는 역시 나폴레옹이다. 나폴레옹은 세계 역사상 가장 강력했던 리더 중에 한 사람이었다. 수많은 사람들이 그를 연구하여 그가 보여준 리더로서의 모습을 리더십이란 개념 속에 담아내었다. 제리 마나스에 따르면 나폴레옹은 리더십이란 용어가 생겨나기도 전에 최고의 리더십 기법을 사용한 인물로 손색이 없다고 소개한다.[3] 마나스는 나폴레옹이 던진 다음의 말을 인용한다. "승전을 가져다주는 것은 군사의 수가 아니라 정신력이다. 정신적 힘은 물리적 힘의 3배 효과를 낸다."[4] 리더라는 존재는 추종자들에게 강력한 정신력을 심어주는 존재가 되어야 한다고 나폴레옹은 생각했다는 것이다. 군사학에서 리더십 연구는 주로 강력한 리더의 특성을 연구하는 쪽으로 흘러왔다. 물론 최근 들어서는 타 학문의 다양한 연구방법을 차용하는 경향도 보이고 있지만 군사학의 초기 리더십 연구에서 인물 중심의 특성 연구가 특별히 많았던 것은 사실이다.

정치학에서 연구되는 리더십의 개념도 인물 중심으로 접근하는 연구가 많다. 위대한 정치인에 대한 연구물들이 쏟아져 나왔다. 그 중에서도 루즈벨트에 대한 연구가 빠질 수 없다. 정치 지도자로서 루즈벨트를 연구하는 사람들은 그를 '위대한 리더십'의 소유자로 묘사하길 즐겨한다. 미국 대통령으로서 무려 4선이나 중임한 유일무이한 정치 지도자이기 때문이다. 그의 리더십은 미국과 세계정세가 가장 위험한 시기에 발휘되었다. 루즈벨트를 위대한 지도자

---
3) 제리 마나스, 『나폴레옹』, 정진영 역 (서울: 김영사, 2005), 6
4) 위의 책, 112.

로 만든 것은 외적 요인이었다고 해도 과언이 아니다. 불세출의 지도자란 말은 루즈벨트에게 해당되는 표현임에 틀림없다. 그는 그 시대의 부름에 제대로 응답한 시대의 지도자였다. 이런 위대한 인물을 연구하다보면, 자연스럽게 그 인물의 특징을 찾아 리더십 개념을 규정하려는 시도가 나타난다. 한 마디로 정치학에서 나타나는 리더십 연구는 주로 정치적 리더의 인물됨을 근거로 하여 리더십을 규정하려는 접근 방식을 사용해 왔다.

행정학에서 말하는 리더십은 주로 조직관리론의 측면에서 다루어지는 경향이 크다. 체머스Martin M. Chemers의 다음 같은 개념 설명은 행정학 교과서를 대표하는 사례다. "리더십이란 공동 과업을 성취하는 데에 있어서 한 사람이 다른 사람들의 협력과 지지를 얻어낼 수 있는 사회적 영향력 과정이다."[5] 체머스는, 조직 관리자가 조직의 목표를 달성하기 위해 구성원들의 협력을 끌어내는 차원에서 리더십을 전망한 것이다. 최근 경영학에서는 리더십의 문제를 다양한 방식으로 접근하려는 노력이 나타나고 있다고는 하나, 사실상 경영학에서 말하는 리더십 개념도 크게 다르지 않다. 리더십을 다루는 경영학의 인사조직론에서는 다음의 유사한 설명으로 풀이한다. "리더십이란 공동의 목표를 설정하고 이를 달성하기 위해 구성원들의 자발적인 협력을 가져오는 영향력이다."[6] 경영학 역시 행정학에서 다루고 있는 방향과 그 맥을 같이 하고 있음을 확인할 수 있다.

지난 수십 년간 경영학의 발전과 함께 리더십을 주제로 한 이론들도 아울러 성장하였다. 초기에는 인접학문들로부터 이론적 근거들을 끌어들이는 정도의 연구였다. 최근 경향은 다양한 자료를 활용한 이론화가 더욱 가속화 되고 있다. 이제는 경영학으로부터 분리되어 '리더십'을 신규 학문 분야로 인정해

---

5) Martin M. Chemers, *An Integrative Theory of Leadership* (NY: Psychology Press, 1997), 1
6) 윤방섭, 『리더십 이해』, (서울: 학현사, 2019), 12.

가는 추세를 보인다. 새롭게 등장하고 있는 리더십 이론들이 실제로 새로운 영역에 관한 연구라기보다는 기존의 자원을 활용한 현장 중심의 실용적인 연구라는 것이다. 그런 면에서 중첩 연구가 상당히 눈에 띤다, 하지만 이 많은 연구들이 여러 관련 학문 분야로부터 러브콜을 받는 가운데 나타나고 있다는 면에서 그 필요성을 무시할 수 없다.[7] 이 과정에서 과거 리더십 관련 저작에서는 다루지 못했던 기존의 이론에 대한 전복적 요소들까지 나타나고 있다. 이는 매우 혁신적인 양상이라고 볼 수 있는데 그것이 가능할 수 있게 해 준 원천의 하나로 성경이 등장하고 있다는 점은 우리가 주목할 만하다.[8]

2. 세상 리더십의 작동원리, 강제성 그리고 …

모든 조직에서 리더십은 구성원들로 하여금 자발적 참여의 동기를 주거나, 강제적 구속력을 동원하여 지시를 따르게 하는 현상이다. 특히, 리더가 추종자들을 이끄는 과정에 나타나는 리더십 현상은 조직의 성격에 따라 차이를 만든다. 조직 형태를 보면 통제력이 중심이 된 조직, 보상장치를 중심으로 돌아가는 조직, 심적 안정과 종교심이 중심이 된 단체도 있다. 이런 각각의 조직에

---

7) 리더십에 관한 연구 역사를 간략히 살펴보면, 19세기~40년대 중반까지 리더의 타고난 특성을 연구했던 특성론 시대가 있었다. 40년대에서 70년대까지는 주로 행동 중심의 연구시대로 리더의 행동을 연구하여 리더의 가능성을 모색하는 일에 집중하였다. 60년대부터 현대까지는 상황 중심의 연구가 진행되었다. 그런데 80년대 이후 다양한 이론들이 우후죽순 다방면에서 나타났다. 윤방섭은 최근의 다양한 이론에 대해서 리더-구성원 교환이론, 감성지능과 리더십, 임파워링 리더십, 카리스마 리더십, 변혁적 리더십, 전략적 리더십, 그밖에 새로운 방향으로 진성 리더십, 윤리적 리더십, 서번트 리더십, 영성 리더십 등의 예를 들고 있다. 윤방섭, 『리더십 이해』 (서울: 학현사, 2019), 127-142.
8) 그 대표적인 사례가 영적 리더십, 섬김의 리더십, 윤리적 리더십, 진성 리더십 등이다. 맥스 드프리는 뱅크스가 쓴 리더십 관련 저작의 추천사를 쓰면서 이렇게 말했다. "피터 드러커는 리더십과 신앙의 핵심은 같다고 했다. 양자 모두 의지적 행위에 속하며, 온전한 인격적 고결함(integrity)을 동일하게 지향한다." 로버트 뱅크스 & 버니스 M. 레드베터, 『신앙의 눈으로 본 리더십』, 황의무 역, (파주: 살림, 2008), 5.

서 리더십을 발휘한다는 것은 그 조직의 성격에 따라 작동과정에 차이가 있을 수밖에 없다. 이 작동과정에 자발성과 강제성은 조직에 따라 크게 차이를 지닌다. 양자 중에 한 가지에 집중된 현상을 보이는 조직이 있고 두 가지가 어느 정도 섞어서 작동하는 조직도 있다. 사실상 자발성과 강제성, 이 두 가지 중에 한 가지만으로 유지될 수 있는 조직은 매우 드물다. 그러면 이 두 현상의 의미를 우선 다루어 보자.

자발성의 사전적 의미를 보면, 옥스퍼드 사전에는 spontaneity를 이렇게 설명하고 있다. "외부의 강요나 영향 없이 자발적으로 발생하는 행동이나 현상" 그러니까 남의 교시教示나 영향에 의하지 않고, 자신의 내부의 원인과 힘에 따라 사고행위가 이루어지는 일을 의미한다. 여기서 "외부의 강요나 영향 없이" 라는 것은 내적 동기와 의욕에 의한 것이라는 말이다. 좀 더 부연하면, 자신의 지식과 판단, 감정과 욕망, 경험과 축적된 지혜로부터 나왔음을 의미한다. 성경의 인물과 교회 현장에서 드러나는 리더십은 예수님과 제자들 사이에서 보듯, 또는 교회 상황에서 발견되는 수많은 감동적인 리더십 사례에서 보듯, 사람들의 내면적 자발성을 중요시 한다.

반면에 강제성에 대해서는 옥스퍼드 사전에 compulsion을 이렇게 풀이하고 있다. "1. 외부적인 강요나 제약force, constraint으로 인해 발생하는 행동 2. 강한 충동이나 강제로 해야만 하는 마음의 상태"를 의미한다. 그러니까 제도적인 것, 법적인 것, 강요에 의한 것, 피치 못한 것, 위력에 의한 것, 명령에 의한 것, 어떤 대가로 인한 것 등이 모두 강제성에 속한다. 따라서 외부적 강제력에 의해서 나타나는 모든 행동은 내면의 동기에 의한 행동과는 대조된다고 하겠다. 문제는 리더가 강제성을 동원해서 얼마든지 추종자팔로워로부터 기대하는 어떤 행동을 만들어 낼 수 있다는 것이다. 이런 강제성이 두드러지게 나타나는 조직이 바로 군대 조직이다.

군대라고 하는 조직은 국방의 의무라는 뚜렷한 존재 이유로 인해 통제력이 강조된다. 군대조직에서 리더십은 그 어떤 조직보다도 계급적 강제성이 동원된다. 계급은 군대조직을 유지하고 작동시키는 장치이고 상명하복을 통한 조직 관리에 결정적인 요인이다. 자발적인 순종이 따른다면 그것은 군 조직에 윤활유를 뿌리는 격이 되지만 그것 없이도 일단 돌아가는 데 문제가 없다. 군 리더십이 타 리더십과 근본적으로 차이나는 이유가 바로 이러한 강제성이라고 하는 속성에 의존한다는 점이다. 이 강제성을 제거하는 순간, 군 조직은 유지될 수 없다. 물론 역사 속에는 위대한 군인들이 나와 위기의 순간에 감동적인 역할을 보여줌으로써 부하들의 자발적 참여를 가능하게 했던 경우가 있으나 그런 사례가 일반적 상황에서 항상 나타나는 것은 아니다.

한편, 기업조직에서 리더십이 발휘되는 과정에 보상장치는 매우 강한 동기부여 요인으로 작용한다. 기업의 구성원들 중에는 애사심이 특출한 사람이 있을 수 있다. 또 자신의 재능을 인정받는 것으로부터 동기를 받는 경우도 있을 수 있다. 그러나 어떤 보상도 따르지 않는 기업 조직에서 영원히 자원봉사자로 남을 수는 없는 노릇이다. 그러니까 기업조직에서 구성원들은 자신에게 돌아올 보상에 대한 기대가 없을 수 없고 그 보상은 기업조직에서 추동력을 만드는 중요한 요소인 셈이다. 예컨대, 직위 상승에 유리한 평가를 받아 더 나은 사례를 받게 되는 보상 시스템은 구성원들로 하여금 조직을 위한 성과가 곧 자신에게 보상으로 돌아올 것이라는 기대심리를 갖게 한다. 리더는 보상의 과정에서 구성원 개인들을 평가할 수 있는 특권을 보유함으로써 일종의 제어기능을 갖는다. 리더의 평가에 따라 개인에게 주어지는 보상 결과가 달라지기 때문에 직원들은 리더의 지시를 따른다. 이 과정에 리더에게 힘이 주어지고 직원들은 리더에게 주어진 힘을 당연한 것으로 용납한다. 이런 일련의 과정은 리더를 권력자로 인식케 되는 결과로 이어진다.9) 이로 보건대 기업조직의 보상장치도 결과론적으로는 강제성에 해당된다고 할 것이다.

정부조직의 경우는 어떨까? 소위 국가로부터 봉급을 받고 있는 공무원들이 만들어가는 조직에서 리더십은 어떤 원리로 작용할까? 정부조직은 직제로 구성되어 있다. 직제는 직위에 따른 제도적 장치를 의미한다. 정부 조직의 직제 아래 직위를 지닌 리더는 자기에게 주어진 권한으로 부서원들의 행동을 끌어내는 통제력을 지닌다. 직위를 지닌 리더의 통제는 부서원들로 하여금 자신에게 미칠 결과를 언제나 염두에 두고 자신에게 유리한 방향으로 행동하게 된다. 물론 공무원 사회는 다른 조직과 달리 권한에 따른 지시에 쉽게 작동되지 않는 분위기가 조성되기도 한다. 이것을 관료주의적 병폐라 말한다. 이를 방지하기 위해 강제적 내규들이 세워지고 보완적 제도들이 마련된다.

세상의 일반 조직에서 리더는 지위에 따른 강제성을 자연스럽게 사용한다. 그러나 강제성을 작동장치로 사용하여 문제를 해결하는 방식에는 한계가 있다. 강제성만으로 유지될 수 있는 조직은 그것이 군대라고 해도 결코 건전한 조직으로 최선의 결과물을 산출할 수 없다. 강제성을 사용하는 조직들이 그 한계를 극복하기 위해 보완책을 마련하는 이유가 여기에 있다. 조직 구성원들의 자발적인 참여가 조직을 작동시키고 유지하는 데 있어서 매우 중요한 요소라는 것을 재차 강조할 필요가 있다. 자발성이 상실된 채, 강제성만으로 조직을 끌어간다는 것은 그 조직의 한계를 처음부터 안고 가는 것이다. 이런 점 때문에 강제성만을 사용하는 리더십은 아예 리더십으로 인정할 수 없다는 식의 주장이 나오게 된 것이다.

---

9) 리더십 관련 교육에서는 보스와 리더를 철저히 구분하려는 시도를 한다. 이런 전제라면 기업조직이나 학교조직에서 대개의 관리자는 보스로 간주되어야 한다. 그 조직은 좋은 성과를 낸 주요 간부들에게 리더십상이 아니라 보스상이나 최고 성과상을 주는 것이 맞다. 그런데 오늘날 대개 기업에서 최고의 수익을 창출한 경영자에게 그해의 보스상을 주는 것이 아니라 그해의 경영자상이나 리더십상을 준다.

이런 주장에 따르면, "리더십이 없는 사람은 리더가 아니다."라는 논리가 가능하다. 물론 우리 사회가 이런 주장을 그대로 합의할 수 있다면 이런 접근 논리는 수용이 가능할 것이다. 어떤 조직이든 그 조직의 수장의 경우에 리더십이 부재하다면 리더라는 용어를 사용하지 않기로 하고 대신 관리, 관리자로 부르기로 모두가 합의할 수만 있다면 그런 주장은 자연스럽게 인정될 수 있을 것이다. 하지만 일상에서 관리자로 부를 수 없는 대상(예컨대, 군지도자, 경영전문지도자, 목회지도자, 평신도지도자)도 있고, 리더나 리더십이라는 말은 우리 사회의 각 계각층에서 자신들의 필요에 따라 보편적으로 이미 통용되고 있는데 이것을 전격적으로 적용시킨다는 것은 어떤 강력한 계기가 없이는 요원한 일이 될 것이다. 따라서 위의 주장에서 제시하는 리더는 '건전한 리더', 리더십은 '건전한 리더십'을 의미하는 것이라고 설명하는 편이 낫지 않을까 한다.

3. 교회와 대비되는 세상 조직의 리더십

교회는 자발성 없이는 유지되기 어려운 대표적인 모임이다. 교회는 자원함, 자발성, 감격, 영적 권위 등에 기초하여 형성된 구성체로서 신학적 표현을 빌리자면 유기적인 단체이자 영적인 실재다. 성경은 교회를 몸에 비유한다. 교회는 유기체와 같은 특성을 지녔다는 말이다. 우리가 신체를 거론할 때에 조직적 기능이나 조직적 요소가 있다고는 말하지만 신체를 소위 조직이라고 단정적으로 표현하지는 않는다. 마찬가지로 교회는 영적인 몸이기 때문에 일반적인 조직과는 근본적으로 다른, 특별한 본성을 지닌다. 그러나 세상의 일반 조직은 교회와 같이 자발성만으로는 움직여질 수 없다. 여기서는 그런 조직들이 교회와 왜 다를 수밖에 없는지 그 목적과 지향점을 추가로 살펴본다.

군대는 국가 방위를 위해서 존재한다. 군대에서 리더는 오직 국가 방위를 위한 목적을 수행하기 위해 진력한다. 이 엄위한 목적을 수행하기 위해서 리더는 구성원 개개인에 대한 배려와 돌봄 보다는 철통같은 국가 방위라고 하는 집단 목표에 우선을 둘 수밖에 없다. 이 말은 개인의 가치보다는 국가 전체의 큰 그림이 더 중요한 가치를 지닌다는 말이다. 개인보다 국가 전체를 중시하는 군 리더십의 특성은 국가 위기의 순간에 더욱 분명하게 드러난다. 전쟁 상황에서 군대의 리더는 강력한 리더십을 발휘해야 한다. 결정적인 순간, 그의 단호함과 통제력은 위기상황을 극복할 수 있게 하는 매우 중요한 역량이다. 반대로 비위기 상황에서는 리더의 강제성은 오히려 군대조직 전반의 불만과 비협조로 나타날 수 있다. 리더의 강제성은 역기능적 요소라고 할 수 있다. 이런 상황에서 군 리더십은 일반 조직의 리더십의 성향과 별반 다름없는 방식으로 적응해야 한다. 그러나 군 리더십은 전반적으로 강제성을 전제로 한다.

　행정부의 예로 넘어가 보자. 행정부의 수장은 주어진 조건하에서 어떻게 국가 살림을 끌어갈 것인가 하는 일에 매진한다. 여기서 중간관리자들의 리더십 한계는 행정부 수장의 지시 혹은 공적 기관의 공적 성격의 범위를 넘을 수 없다는 것이다. 대개 행정부의 수장은 민간여론의 다양한 요구, 정치권의 정당政黨적 요구, 개인의 이데올로기적 성향 및 개인적 욕망 등 다양한 압박으로부터 자유로울 수 없다. 과연 이런 조건과 상황에서 행정부의 수장과 중간 관리자에게서 모델이 될 만한 리더십이 발휘될 수 있을까? 행정 관리자가 문자 그대로 관리자로 그치고 마는 이유가 바로 여기 있다. 한 개인의 리더십 역량이라고 하는 것은 그것을 발휘할 수 있는 조건, 즉 다른 사람의 통제 밖에 있어야 비로소 가능한 일이다.

　이제 기업 경영자의 경우를 살펴보기로 하자. 오늘날 자본주의가 산출한 기업의 발전은 경영 분야의 다양한 연구들을 폭발적으로 증대시켰다. 이제는 경영학으로부터 모든 분야가 배우려는 경향으로 나타나고 있다. 이런 사회 분위기에서 교회 관계자들도 교회를 경영 차원에서 운영하려는 경향을 보이고 있다. 문제는 기업 경영 현장에서 기업의 일차적 목적이 영리에 있다는 것이다. 오늘날 경영학자들은 이런 목적만으로는 기업의 진정한 발전이 이뤄지기 어렵다는 점을 제시한다. 따라서 최근 기업경영의 목적이 현실을 넘어 이상적인 차원을 반영해야 한다는 주장들이 나오고 있다. 그러나 이것은 일부 선량한 사람들의 꿈같은 이야기이다. 회사 사훈에 '인류공영'이라 써 붙인다고 해서 기업 경영의 궁극적 목적이 바뀌지는 않는다. 실제 생존 게임에 들어가면 그런 이상론이 적용되기에는 현실 세계는 너무 사사롭다. 기업은 어떻게 해서든지 수입을 창출해야 한다는 일념을 버리기 어렵다. 이런 문제를 뛰어넘는 기업이 있다면 그것은 일반 기업이 아니라 기업의 형식을 빌려온 사회복지기관이다.

세상의 기업 경영자는 조직의 구성원들을 활용하여 기업이 목표로 삼는 바를 성취하기 위해 효율성 있는 경영을 어떻게 할 것이냐에 집중하게 된다. 따라서 기업의 경영 리더십은 인류공영이 아니라 매출을 위한 최고의 결과를 가져오는 경영에 초점을 맞추는 것이다. 구성원의 복지와 사회적 기여 등, 나머지 추가적인 목표 따위는 모두 매출로 인한 수입을 올린 이후에나 신경 쓸 사안들이다. 자본주의 체제 아래에서 기업의 생존은 게임 속에 던져진 주사위 같아서 자본의 생리, 자본의 운동법칙에 의해서 통제될 뿐이다. 이 게임규칙을 벗어나는 순간, 기업은 생존할 수 없다. 그러므로 자본주의 사회에서 경영 리더십은 결국 생존게임이라는 굴레 속에 갇히기 마련이다.

정치가들의 정치리더십의 경우는 어떠할까? 정치가들에게 있어서 궁극의 목적은 권력을 잡는 것이다. 정치권력에 사로잡힌 정치가는 전면에 내건 대의명분과는 별개로 권력을 잡는 일에 몰두한다. 한 정치가가 권력을 잡게 되면 이어서 그에게 가장 중요한 가치는 권력을 잘 유지하는 일이다. 그들이 권력을 보존하기 위해 벌이는 전략 중에 진실과 동떨어진 대표적인 사례가 선동전략이다. 정치선동은 제3자의 눈에는 그리 어렵지 않게 포착된다. 하지만 정치권력과 연계된 당사자들은 자신들이 벌이는 행동 양상의 모순을 자칫 놓친다. 정치가와 유권자들 사이에 놓인 이해관계가 공정성의 시야를 가리기 때문이다. 선동전략의 유효성을 경험한 정치가들은 그 전략을 쉽게 내어버리지 못한다. 선동전략이 현실 정치판의 정치인들에게 필요악인 이유가 거기 있다. 정치판의 기득권자에게 있어서 리더십은 사람들을 이용하기 위한 술책으로 변질된다. 이 부분에 대해서는 마키아벨리의 『군주론』이 극명하게 제시하고 있다. 정치권력에 대한 강렬한 욕망이 모든 선한 동기와 목적을 압살해 버리기 때문이다.

오늘날 기독교계마저 세속적 리더십이 보편적 양상으로 전개되고 있는 것은 안타까운 일이 아닐 수 없다. 세상의 관례와 풍조에 대해서 아무런 경계심도 없는 것이 아닌지 의심스럽다. 이것은 교계 지도자 그룹과 교회 평신도 그룹, 쌍방 모두가 성경에서 비롯된 리더십의 근본 원리를 인식하지 못하고 있음을 말해 준다. 이런 현실은 사명 공동체로서의 정체성을 지닌 교회가 자신에게 주어진 사명자로의 역할을 감당하기 어렵게 만드는 주요 원인이 되기도 한다. 앞서 살펴 본대로 세상의 주류 영역에서 리더가 된다는 것은 세속 영역의 정신을 반영하는 인물이 된다는 것을 의미한다. 한 사회의 지도자가 자기가 속한 세속 집단이 지향하는 관점과 가치와 신념을 투영해 내지 않고 어떻게 그 집단 조직의 리더가 될 수 있겠는가.

그렇다면 신앙인이 그 정체성을 잃지 않으면서도 사회에 귀감이 되는 리더십을 발휘하는 일이 가능한 일일까? 유럽은 20세기 전반기까지만 해도 기독교 국가로 공인된 사회였다. 그러한 사회 배경이라면 어느 정도 실례를 찾을 수 있을 것이다. 그러나 사회 배경이 다른 한국 사회에서 기독교적 정체성을 반영하는 지도자가 나온다는 것은 무리한 기대가 아닐까? 라인홀드 니버는 『도덕적 인간, 비도덕적 사회』에서 사회적 시스템은 개인의 도덕적 행동을 억제하고 개인의 도덕적 행동도 사회적 힘에 의해 영향을 받는다고 강조하였다.[10] 이런 맥락에서 볼 때, 기독교 정체성을 가지고 비기독교 사회에서 살아간다는 것은 쉽지 않은 일이다. 우리가 이 시점에 우선적으로 시도해야 할 것은 문제의 원천이 되는 실마리를 찾는 것이다. 다음 장에서 이 실마리를 찾는 작업부터 시도하겠다.

---

10) Reinhold Niebuhr, *Moral Man and Immoral Society: A Study in Ethics and Politics*, Westminster John Knox Press; 2nd edition (January 18, 2013), Chapter I, II.

2장 · 성경적 리더십의 개념

1. 리더십, 그 번역 상의 문제

리더십이란 용어가 지금처럼 보편적이고 일상적인 말이 된 것은 언제부터일까? 근세 영어에서 leader는 lead인도, 이끔, 지휘, 이어짐라는 단어에 사람을 지칭하는 -er 접미사가 붙어 형성된 단어이다. 여기에 -ship이라고 하는 추가적인 접미사가 붙어서 오늘날의 leadership 이란 단어가 탄생하였다. -ship가 지닌 의미는 friendship우정에서 보듯 관계의 의미를 담아내거나 gentleman-ship신사도과 같이 태도, 정신의 의미를 담거나 ownership처럼 권리의 의미를 담아 내기도 하고 workmanship처럼 기술, 능력을 의미하기도 한다.

실제로 어원사전을 참고해 보면, "-ship은 중세영어 schipe에서 유래한 것으로 단어 형성 요소인 접미사로서 명사에 붙어서 그 원뜻을 다음의 측면에서 확장시켜 준다. '품격과 상태, 행위와 능력, 직위와 지위, 그리고 사이' 등의 측면이다."[11] 그 중에서도 leadership의 개념은 가장 풍성한 의미를 함의하고 있다. 리더십이란 단어가 활용되고 있는 여러 문장에서 그 의미를 분석해 보면 리더의 품격, 리더의 행위, 리더의 태도정신, 리더의 능력, 리더의 지위, 리더가 갖는 주변사람들과의 관계사이 등의 의미로 사용되고 있다. 영어는 단어가 쓰일 때에 반드시 문맥 속에서 단어의 의미를 찾아내어야 한다. '리더십'이라는

---

11) https://www.etymonline.com/kr/word/-ship

용어처럼 문맥에 따라 그 의미가 다양하게 해석될 수 있는 단어들이 많기 때문이다.

영어와는 달리 한국어에서 사용되는 한자어들은 이미 확정된 의미를 벗어나지 못한다. 이는 표의문자인 한자를 오랫동안 차용해 오던 나머지, 우리 언어문화에 한자문화권의 영향이 미쳤기 때문이다. 따라서 leadership이 지닌 풍성한 함의에도 불구하고 한자어인 지도력指導力, 혹은 지도성指導性이라는 번역어를 사용함으로써 그 용어가 지닌 폭넓은 의미를 반영하지 못하고 있다. 같은 맥락에서 '리더'라는 용어도 일반적으로 '지도자'로 번역되고 있는 데 이것도 오해의 여지가 크다. '지도자'라는 단어는 과거 한국의 신분사회가 만들어낸 계급적 뉘앙스를 지니고 있다. 그러다 보니 영어권의 본래적 의미 위에 신분적 의미가 덧붙여지게 되었다. 기독교권 내에서조차 리더가 된다는 것은 신분상의 지위를 얻은 것으로 인식한다. 이러한 인식은 성경의 모든 직분이 단순히 기능과 역할을 담아내는 개념인데도 불구하고 '한 자리'를 얻은 것으로 인식하려는 경향을 보이게 한다.

결국 한국 기독교계는 지도자로서의 리더 개념을 충분한 검토 없이 수용함으로써 교회 직분자들의 성경적 역할과 위치를 제대로 반영하지 못하는 결과로 이어졌다. 실제로 교계는 세상의 조직 체계를 본떠서 교회 조직을 구성하다 보니, 성경의 원리를 반영하기 보다는 오히려 세상의 원리를 반영하는 현상을 낳게 되었다. 이런 연고로 교회 리더십이라 하면, 교회지도자가 발휘하는 지도력을 의미한다고 생각하게 되었다. 따라서 교인들은 일반 사회의 리더십 개념과 별반 다른 없이 교회 직분자의 역할과 지위를 인식하게 되었다. 그러나 교회는 일반 조직과 동일한 것이 아니다. 교회 직분자들의 역할은 기능적인 것이지 계급적인 것이 아님을 성경은 명백히 가르치고 있다. 따라서 교회 리더십은 일반사회의 리더십과 구별되어야 한다는 점을 인식할 필요가 있다.

2. 일반 리더십과 성경의 리더십, 그 공통점과 차이점

맥스 드프리는 뱅크스의 책『리더십』의 추천사에서 리더십과 신앙 간에 공유될 수 있는 동일한 속성을 말한다. 이 과정에 그는 피터 드러커의 말을 차용한다. 그 내용은 오늘날의 리더십 현상 가운데 고결함이 상실되는 문제와 관련이 있다. 그대로 인용해 본다.

> 피터 드러커Peter Drucker는 리더십과 신앙의 핵심은 같다고 하였다. 양자 모두 의지적 행위에 속하며 온전한 인격적 고결함integrity을 동일하게 지향한다. 그러나 오늘날의 리더십은 그 어느 때보다 이러한 고결함을 결여하고 있으며, 사람들은 다시 한 번 리더십을 믿고 따를 수 있는 근거를 간절히 요구하고 있다. 온전한 인격적 고결함이 상실된 리더십은 무기력하며 공허하다.[12]

맥스 드프리는 리더십을 신앙의 핵심과 동일한 선상에서 설명한다. 그 의미는 리더십 연구의 본산인 미국의 문화적 배경에서 이해하는 것이 필요하다. 피터 드러커나 맥스 드프리는 미국을 무대로 20세기를 살다간 인물들이다. 그들 시대, 미국 사회에는 기독교적 문화가 아직 남아 있었다. 이것은 그들의 사고 저변에 기독교적 개념들과 가치들이 상존하고 있었음을 말해 준다. 이런 사고 배경을 지닌 사람들이 리더십을 생각할 때 은연 중 위대한 신앙 리더로부터 드러난 리더십 이미지가 연상될 수밖에 없는 것이다. 일반 사회에서도 리더를 생각할 때 사람들은 흔히 리더는 이러이러한 속성을 지니고 있어야 한다는 식으로 자기들의 내면에 이미 갖고 있는 이상적 리더에 대한 생각을 떠올리기 마

---

[12] 뱅크스 & 레드베터,『신앙의 눈으로 본 리더십』, 5.

련이다. 그러나 오늘날에는 아무리 리더십 연구와 그 개발기술이 발전하고 있다고 평가된다 해도, 극도의 세속성과 물질주의가 판치는 사회에서 이상적 가치를 반영하는 리더를 찾기는 쉽지 않은 일이다. 기독교적 윤리라고는 전혀 존재하지 않는 현실 가운데서 기독교적 가치를 지닌 리더십을 발견하는 일은 더욱 어려운 일이다.

이념 속에 떠오르는 리더십과 현실 속에 출현하는 리더십은 동일하지 않다. 전자가 일반적으로 기대하는 바를 반영한 리더십이라면 후자는 현실 세계에서 우리가 피부로 경험하는 리더십이다. 모든 사람들이 꿈꾸고 소망하는 것이 전자라면 우리의 기대와는 달리, 현실 속에 날 것으로 등장하는 것이 후자이다. 사실 이상적 리더십은 실제로는 일반화시키기 어려운 리더십이고 그렇게 개발되기를 원하지만 실현되는 것은 그 가능성이 높지 않다고 보아야 할 것이다. 그럼에도 많은 전문가들은 역사 속의 사례들, 특별한 사건 속에 등장한 사례를 일반화시키려는 노력을 오랫동안 계속해 왔다. 물론 그런 노력이 무가치하거나 무모한 일은 아니다. 소중한 노력이 될 수도 있을 것이다. 하지만, 난세에 펼쳐진 이 충무공의 충성심과 애국심을 어떻게 일반화시킬 수 있겠는가. 영웅으로 추앙받지만 사실은 자신의 정복욕을 성취하기 위해 백성들을 선동하여 자신을 따르게 했던 나폴레옹의 속내를 제대로 들여다보지 못한 채, 그 기발한 통치술과 전략에 매료되어 위대한 리더십이라고 떠받치며 모두가 배워야 할 것처럼 보편화를 시도하는 것이 과연 타당한 논리라고 할 수 있겠는가.

성경에 리더십이라는 용어는 존재하지 않는다. 물론 성경에 나오는 인물들의 일부 실례를 '리더십' 용어로 담아낼 수는 있을 것이다. 하지만 성경의 신앙적 인물들의 행위는 일반적으로 사용되는 리더십 개념이 담고 있는 의미들과는 그 동기와 원천에 있어서 구별될 필요가 있다. 우선, 성경이 소개하는 리더들에도 다양한 사례가 나타난다. 구약의 리더들은 주로 왕, 제사장, 선지자 그리고 중간기 후반에 등장한 율법사, 서기관 등이 있었다. 이들은 유대 사회에 또 다른 권력의 주축으로서 국가의 일부 권력 기능과 종교사회적 기능을 담당하였다. 좀더 부연하면 이스라엘의 왕은 일반 군주 사회의 군주 그대로의 역할을 하였고 제사장, 선지자. 율법사, 서기관 등은 고대 사회의 국가 종교 제도를 지탱하는 종교권력의 기능을 담당하였다. 유대 사회가 워낙 종교 문화적 토양 위에 정착된 사회였던 탓에 이들의 기능은 사회 전반에 걸쳐 영향을 주었다. 이런 종교적 리더들은 종교 사회였던 이스라엘을 이끌어가는 데 중요한 기능을 한 것은 분명하지만 이들의 모습을 일반 리더십의 차원에서 통괄하여 소개하기는 어렵고 그렇게 할 필요도 없다. 그 이유는 이들의 기능이 오늘날과 같은 일반적인 세속 사회의 현실과는 상당히 다른 시공의 결과물이기 때문이다. 그렇다고 이들의 리더로서의 역할을 성경적 리더십이라 말할 수도 없다. 오히려 이들은 자신의 지위와 신분을 이용해 혹세무민惑世誣民했던 경우가 많다.

    신약에 와서 성경이 교훈하는 어떤 것을 리더십이라는 용어로 담아내기 위해 교회 상황의 직분자들에 한정시켜 설명한다면, 그나마 그 개념의 일부 공유가 가능하다.[13] 신약의 교회 상황에서 직분자라 하면 에베소서 4장에 "그가 어떤 사람은 사도로, 어떤 사람은 선지자로, 어떤 사람은 복음 전하는 자로, 어떤 사람은 목사와 교사로 삼으셨11절"다고 기록하고 있다. 그런데 이들은 한결 같이 교회 안에서의 역할을 위해서 세워진 직분자들이다. 이들이 리더로서 세워진 이유와 목적이 그 다음에 소개된다. "이는 성도를 온전하게 하여 봉사의 일을 하게하며 그리스도의 몸을 세우려 하심이라12절" 그러니까 교회 안의 리더격인 직분자들은 두 가지 목적에서 세워진 것이다. 첫째는 성도들로 하여

---

[13] 성숙한 그리스도인이 일반 사회에서 그리스도인다운 정체성을 잃지 않으면서 한 조직의 리더로서 건전한 리더십을 발휘할 수 있다면 그것은 매우 바람직한 일이기에 이 문제는 본 글에 이어 제시되는 공저자들의 글을 통해 확인하기 바란다.

금 봉사의 일을 할 수 있도록 성숙시키는 것이다. 영어로는 so that his people would learn to serve. 둘째는 그렇게 함으로써 그리스도의 몸으로서의 교회가 강하게 자라게 하신 것이다. and his body would grow strong. 여기서 직분자들의 역할은 자명해진다. 자기중심적인 목적이 아니라 오로지 교회 구성원들의 온전한 성숙을 도모하기 위해 그 구성원들을 준비시키도록 세워진 것이다. 한마디로 공동체를 위한 역할이고 철저히 이타적 목적을 지닌 것이다. 여기 어디에도 세상 일반 리더들에게서 목격되는 특징은 없다. 예컨대, 자신의 가치를 인정받아 연봉을 높게 받을 목적이 있다거나 사람들로부터 인지도를 높여 각광을 받을 의도가 있다거나 개인적인 자아 성취를 위한 수준 높은 도덕심을 발휘할 목적에 관한 여지를 남겨놓지 않았다. 교회의 직분자는 철저히 이타적이고 공동체적 목적에 그 초점을 맞춘 사명자인 것이다.

물론 이런 사명자로서의 정체성을 지닌 교회 직분자가 세상 직장에서도 높은 수준의 도덕적이고 인격적인 모습을 드러내는 사례가 보편적으로 목격되는 경우라면 얼마나 좋겠는가. 그런 선한 영향을 나타내는 일이 많다면 이 사회는 기독교에 대해서 높은 평가를 하게 될 것이다. 이는 성경 표현 그대로 그리스도의 충만을 드러내는 일이 될 것이기 때문이다.엡4:11 그러나 이런 경우는 드문 일이고 대개의 직분자들은 사회와 가정에서 교회 내 행동과는 다른 모습을 보임으로써 오히려 부정적 결과를 가져오는 경우가 더 흔한 일이 아닌가. 이런 분석에 대해서 너무 어두운 평을 하는 것이 아니냐고 지적할 수 있다. 일반 사회생활을 하다 보면 모두가 부족한 것은 사실이지만, 바로 그런 점 때문에 올바른 방향을 제시하기 위해 연구자들이 연구물을 내어 놓고 바람직한 모델을 제시함으로써 사람들을 고무시켜야 할 것이 아니냐 하는 반문이 있을 수 있다. 그 말은 틀린 말이 아니다. 어떤 노력이든 진실과 선함과 아름다움을 추구하는 것은 너무도 중요한 일이다. 다만, 이 글의 목적은 그런 노력을 무시하거나 금하거나 부정하고자 함이 아니다. 우리의 현실의 문제를 더 정확하게 직시하자는 것이고 또한 그동안에 리더십 주제와 관련된 논의에서 근본적인 개념 정리부터 다시 바로 잡는 영점 조준의 시도가 필요하다는 점을 밝히고자 함이다.

3. 세상의 리더는 조직 위에 존재하는 최상위 지위, 그러나…

미국의 정치문화에서 리더십의 중요성은 지금 세계가 직면한 현실 속에서 자명하게 드러난다. 한 국가를 어떤 통치자가 이끌어 가느냐에 의해서, 또 어떤 경영자가 한 기업을 주도하느냐에 따라서 거기에 속한 모든 구성원의 삶이 좌우될 뿐 아니라 그 집단 주변에까지 많은 영향을 끼칠 수 있다는 면에서 리더십의 중요성을 충분히 가늠할 수 있다. 실제로 현 시대에 리더십 이슈가 가장 선호되는 관심사로 다루어지고 있는 것을 볼 때, 리더십이라는 용어가 최상위 개념으로 제시되는 것도 무리가 아니다. 예를 들어보자. 미국 대선은 전 세계적으로 초미의 관심을 받는 대사건이다. 공화당 후보가 되느냐 민주당 후보가 되느냐에 따라, 전 세계의 정치 · 경제 · 문화 · 국제관계 전반에 걸쳐 중대한 영향을 미치기 때문이다. 미국의 정치 지도자가 누가되느냐 하는 것이 이토록 중대한 문제가 되는 현실 속에 살아가는 사람들의 정신세계에 리더십이라 하면 통치자 혹은 최고 경영인의 모습으로 이해되는 것은 자연스런 일이 아닐 수 없다. 그 한 사람의 결정에 의해 아무리 국회에서 국민의 뜻을 반영한 법이 상정되고 그것이 통과되었다고 하더라도 대통령의 거부권으로 무산되게 되면 모든 노력이 수포로 돌아간다. 물론 그 반대의 상황도 존재한다. 이런 상황을 끊임없이 목격하고 살아가는 사람들에게 있어서 전체를 이끌고 가는 리더를 최상위 권위로 보게 되는 것은 일반적인 인식이고 자연스런 발상이다.

그러나 신앙의 세계, 하나님 나라의 관점에서 인간 리더를 최상위 권위로 적용하는 것은 결코 적절하지 않다. 성경이 보여주는 목회자의 리더십은 현대의 일반 리더십 개념과는 그 근본 전제가 다르다. 세상 조직들이 요구하는 바와는 근본적으로 다른 차원의 의미와 가치들을 반영한다는 말이다. 성경은 신자들에게 직분, 사명, 충성, 섬김, 순종 등의 가르침을 제시한다. 이런 개념은 일반 사회의 리더십 개념으로는 담아내기 어려운 의미들이다. 이런 의미들은 성경적인 신앙원리, 좀더 부연하면 하나님의 주권적 통치 아래서만 조명될 수 있는 것들이기 때문에 더욱 그러하다. 기독교적 범주에서는 '하나님 나라', '하나님의 주권' 개념이야말로 가장 최상위 범주에 속하는 개념이다. 하나님 나라는 예수 그리스도의 삶과 가르침에서 중심핵이자 본질 요소이다.14) 그 외의 나머지 개념들은 그 아래 위치할 뿐이다.

따라서 교회의 목회자는 사명자이고 직분자이자, 주어진 역할에 책임자로서 그리스도의 몸인 교회를 위해 헌신할 뿐이다. 여기에는 높고 낮음이 있을 수 없다, 그리스도 안에서 교회의 구성원들은 부여받은 사명 아래 각자 그 직분에 해당되는 역할을 감당하는 것이다.15) 일반 사회에서는 최상위 리더에게 모든 최종 권한이 부여되고 모든 결과에 대해 책임을 지우는 방식을 사용한다. 세속 사회에서 하나님의 주권은 고려 대상이 아니다. 이것은 인간중심적 세속 상황에 집중한 연고다. 그러나 하나님의 주권을 강조하는 성경적 가르침에 따르면 교회는 담임목회자를 포함하여 어떤 직분자에게도 최종의 권한을 부여하지 않는다. 담임목회자 조차도 그리스도의 몸의 지체일 뿐이다. 교회의 어떤 직분자도 교회의 머리가 되어서는 안 된다. 머리는 그리스도이시다. 그리

---

14) 도널드 크레이빌,『예수가 바라본 하나님 나라』, 김기철 역 (서울: 복있는 사람, 2014), 25.
15) 교회의 모든 구성원들이 머리되신 그리스도의 몸의 지체로서 모두가 하나로 연합되어 있으며 모두가 평등한 하나님의 한 백성(라오스)이라는 사상은 성경적 개념이며 이것을 가장 잘 정리한 신학자가 폴 스티븐스이다. 폴 스티븐스,『21세기를 위한 평신도 신학』, 서울: IVP, 2008을 참고하라.

스도만이 교회의 최상위 존재가 되신다. 문제는 이러한 성경적 가르침과는 달리 현실의 교회에서는 담임목회자가 조직의 우두머리 구실을 하는 경우가 보편적인 현실이 되었다.

구약의 모세는 출애굽한 이스라엘 백성의 우두머리였다. 그의 말 한 마디는 그야말로 백성들 전체에 강력한 권위를 지닌 명령으로 작용할 수 있었다. 그래서 모세가 간혹 자신의 위에 계신 하나님을 잊어버리는 순간, 실수를 했고 이에 대해 하나님의 질책이 따랐다. 하나님이 모세를 실제로 이스라엘의 우두머리 삼으신 것이라 할지라도 그 위에는 하나님이 계시다는 사실을 잊어서는 안 되었다. 시편의 기자는 이렇게 기록한다. "모세에게 주님의 뜻을 알려 주셨고, 이스라엘 자손에게 주님의 행적들을 알려 주셨다."새번역, 시103:7 모세는 이스라엘 백성들의 표면상 우두머리였을지라도 궁극적으로 여호와께서 부리시는 종이었고 그분의 뜻을 반영하여 이스라엘을 이끌고 가는 사명자였을 뿐이다. 무엇보다도 모세는 그리스도의 모형에 해당되는 특별한 존재였다. 모세의 리더십을 주제로 교육하는 경우, 교회의 직분자와는 결코 공유할 수 없는 속성이 모세에게 있다는 점을 분명히 밝혀야 한다. 모세는 훗날 오실 그리스도의 모형이자 그림자로서 자기 백성을 노예 상태에서 구출해 내는 사명자의 역할을 지니고 있었다. 따라서 모세의 모든 것을 일반화시키려는 시도는 일반화의 오류에 해당한다. 이 점을 놓치고 모세의 리더십을 운운하는 것은 성경의 본래적 의도를 훼손할 수 있다는 점을 유의해야 한다.

4. 그리스도의 몸인 교회와 리더십

세상의 리더는 자신의 능력을 발휘하여 높임을 받고 명예를 누리는 것이 상식이다. 세상의 정치지도자가 어려운 정치 상황을 평정하고 이웃 나라와의 여러 현안 문제를 해결하면 그는 위대한 지도자로 각광을 받게 되고 그는 죽어서까지 영광스런 존재로 높임을 받는다. 기업의 최고 경영자가 부도 직전의 회사를 살려내고 새로운 경영기법으로 두각을 나타내면 그는 최고의 주가를 올리게 되고 세상 언론은 그를 칭송하며, 학자들은 그의 경영기법을 최고 리더십 이론으로 세상에 알린다. 특히 영웅 만들기에 특출한 기법을 가진 미국적 문화 풍토라면 능숙한 방식으로 이런 리더에게 스포트라이트를 비추어 그를 띄운다. 세상은 요지경이다. 그런데 문제는 이런 스타 리더십에 익숙한 오늘날의 교회들도 스타급 리더를 청빙해 교회의 브랜드 이미지를 높일 것을 주문하고 있다는 것이다. 세상의 원리를 전혀 성찰 없이 받아들이는 경향은 이제 교계의 보편적 현상이 되고 있다.

그렇다면 교회는 어떤 관점의 리더십을 적용할 것인가? 기독교적 가치를 지닌 리더십 저술가들은 리더십을 소개하고 설명할 때 기독교적 가치와 연결되는 이상적 리더십 개념을 전제로 하여 자신의 생각을 풀어간다. 그 맥락에서 목회자들의 리더십과 일반 리더십의 접촉점과 공유점을 강조하는 일에 지나친 노력을 기울이는 경향이 짙다. 그러나 두 리더십은 각각 다른 전제를 가지고 펼쳐진다는 사실을 다시 강조하겠다. 신앙공동체의 목회 리더십은 교회라고 하는 특수 환경을 반드시 고려해야 한다. 성경은 교회를 그리스도의 몸이라고 가르친다. 몸은 여러 지체들로 이루어진다. 그 지체들은 홀로 존재할 수 없고 오직 몸의 일부로서 존재할 뿐이다. 각 지체들이 몸을 함께 이룰 때 그 역할로 인해 존재의 의의가 나타난다. 이 몸에는 반드시 머리가 있어야 온전해 진다. 머리가 없는 몸이 있다면 그것은 생명으로부터 단절되어 죽은 것이다. 몸과 머리는 함께 존재할 때 살아있는 존재가 된다. 머리는 그리스도다. 문제는 머리가 아닌 존재가 마치 머리처럼 행세하는 것이다. 담임목사는 교회의 머리가 아니다. 머리로부터 그 뜻을 전달 받아 행동하는 책임 맡은 자이다. 따라서 성경적 리더십의 주제는 일차적으로 '교회'라는 범주 속에서 다루어져야 한다.

성경은 교회가 세상의 조직이나 건물 따위와는 근본적으로 다르다는 점을 선명하게 시사해 준다. 사도 바울이 교회에 대해서 기록한 다음의 내용은 우리가 교회 상황에서 펼쳐야 할 리더십의 윤곽을 시사해 준다.

> 24 우리의 아름다운 지체는 그럴 필요가 없느니라 오직 하나님이 몸을 고르게 하여 부족한 지체에게 귀중함을 더하사 25 몸 가운데서 분쟁이 없고 오직 여러 지체가 서로 같이 돌보게 하셨느니라 26 만일 한 지체가 고통을 받으면 모든 지체가 함께 고통을 받고 한 지체가 영광을 얻으면 모든 지체가 함께 즐거워하느니라 27 너희는 그리스도의 몸이요 지체의 각 부분이라 28 하나님이 교회 중에 몇을 세우셨으니 첫째는 사도요 둘째는 선지자요 셋째는 교사요 그 다음은 능력을 행하는 자요 그 다음은 병 고치는 은사와 서로 돕는 것과 다스리는 것과 각종 방언을 말하는 것이라 고전 12:24-28

위의 성경 본문은 교회의 리더십과 관련하여 적어도 세 가지 교훈을 제시한다. 첫째, 그리스도의 몸으로서의 교회의 리더십은 팀 리더십이란 것이다. "하나님이 교회 중에 몇을 세우셨으니"라고 말한다. 이는 단일 리더가 아니라 몇 명으로 구성된 팀 리더십을 세워 각각의 역할을 담당시키셨다는 것이다. 우리 몸에는 순환계, 호흡계, 소화계, 신경운동계 등 여러 기관이 있다. 이 기관별로 완벽한 조화를 이루고 기관과 기관 사이에도 협응관계가 온전히 이뤄져야 우리 몸은 올바르게 작동하게 된다. 마찬가지로 교회도 여러 팀들로 구성되어 그 팀 안에서 또 팀 간에 올바른 팀워크를 이루어야 조화로운 교회를 이룰 수 있다. 따라서 교회의 리더십은 팀워크에 해당되는 서로를 돌보는 작용으로 이해하는 것이 좋다.

둘째는 교회의 리더는 통솔하거나 지휘하라는 것이 아니라 한 몸이 되어 서로 돌보도록 세우셨다는 것이다. 교회의 직분자들은 "여러 지체가 서로 같이 돌보게 하셨느니라" 교회의 직분자는 교회의 연약하고 미숙한 지체들을 이끄는 리더들이다. 이 직분자들은 하나님으로부터 부여받은 각각의 은사를 따라 지체들을 온전하게 성숙시켜가는 1차적인 역할을 통해 모든 지체들이 연이어 섬기는 삶을 살도록 하는 데에 그 사명이 있다.엡4:12 이것은 결국 그리스도의 몸으로서의 교회 전체가 바로 서게 되는 결과로 이어진다.

셋째는 리더라고 하여 더 지위가 높거나 더 나은 존재로 부상하는 것이 아니라는 것이다. "오직 하나님이 몸을 고르게 하여 부족한 지체에게 귀중함을 더하사 몸 가운데 분쟁이 없고" 고통과 영광중에 모든 지체가 함께 하게 하셨다는 것이다. 세상에 지도급 인사들에게는 특권이 주어지고 이들은 사회의 기득권 계층이 되어 결국 신분사회를 형성시키는 결과로 이어진다. 그러나 교회에서 직분자는 겸손히 섬김을 통해 오로지 미숙하고 낮은 지체들로 하여금 온전히 구비 되도록 하는 데 사명이 있다. 이런 사명에 대한 분명한 의식을 지니는 길만이 교회가 하나님의 한 백성 공동체이자 그리스도의 몸으로서의 정체성을 바로 세우는 길이 된다. 이런 정체성에서 벗어나는 교회는 한 몸으로서의 온전성을 조성하지 못하게 되고 그 결과, 일반 조직이나 다름없는 모습으로 전락하게 된다.

5. 리더들에게 주어지는 것(권력), 교회에도?

세상 조직의 리더들에게 권력이 주어지는 것은 자연스러운 일이다. 앞서 정치권력에 대해 일부 설명한 바 있지만 이 주제는 간단한 것이 아니기 때문에 여기서 더 첨언할 필요가 있다. 권력을 말하자면 먼저 그것이 어떤 종류의 권력인지 구체적인 의미 파악부터 하는 것이 필요하다. 권력의 속성은 모두 공통된 특징을 나타내기 때문에 이 점을 먼저 따져 보기로 하자. 동서고금을 막론하고 권력은 인간의 욕망 중에 가장 강력한 소욕이다. 인간의 욕망이 권력의지와 결합하면 상상 못한 방향으로 그 인격을 바꿔 놓을 수 있다. 우리는 종종 초심을 잃었다는 말을 많이 한다. 특별히 권력의 자리에 오른 사람들이 시간이 지나 달라진 모습을 보일 때 그렇게 말한다. 아일랜드 트리니티 칼리지의 신경심리학자인 이안 로버트슨Ian Robertson은 "권력에 뇌가 지나치게 노출되면 여러 문제들이 발생한다."고 말한다.16 로버트슨의 연구는 권력과 관련된 동물보노보연구를 기초로 하기 때문에 윤리적 인격을 지닌 인간에게 그대로 적용하는 데는 한계가 있다고 볼 수 있지만, 동물만도 못한 사람들의 행동을 목격하는 것은 그렇게 어려운 일이 아니다.

독일에서 활동하는 한국계 철학자인 한병철은 『권력이란 무엇인가』에서 권력의 속성을 철학적으로 풀어간다. 권력은 권력자로 하여금 자신의 에고를 타인 속에서 실현시킬 수 있게 하는 촉매제라고 말한다. 시공의 한계 속에서 역량이 제한된 세계에 머물던 에고가 타인을 통해 자기완성을 가능케 하는 실제적 힘이 곧 권력이라고 보고 있다.17 타자를 통해 에고를 실현함으로써 한계를 모르는 자유를 구가하게 된다는 것이다. 주목해야 할 것은 이 에고의 실현이 중독성을 지닐 뿐 아니라 가속성으로 이어져 권력의 크기가 클수록 더욱 심화되는 현상으로 나타난다는 문제를 안고 있다는 점이다. 만일 권력자에게서 권력을 제거하는 경우, 그는 이전에 누리던 자유와 해방감의 상실로 인한 엄청

---

16) 이안 로버트슨, 『승자의 뇌』, 이경식 역 (서울: RHK, 2024), 176-7.
17) 한병철, 『권력이란 무엇인가』(서울: 문학과지성사, 2012), 21-22.

난 충격을 받는다.[18] 역사 속에서 절대 권력자가 권력을 상실하는 경우, 자살로 종지부를 찍는 경우를 우리는 종종 목격한다. 고대 이집트 왕 바로는 사후 세계를 대비하여 거대한 피라미드를 쌓게 하였다. 피라미드의 규모로 보아 여기에 동원된 노예 노동력은 상상을 초월하는 것이었을 것이다. 절대 권력을 지닌 자들은 권력을 통해 상상을 현실로 둔갑시키는 역사를 만들었다. 이런 면에서 권력은 욕망을 현실화하는 생산적 측면이 있는 것은 사실이지만 통제되지 않는 욕망은 권력을 만나 비윤리적이고 착취적인 행태를 보이곤 한다.

물론 모든 권력이 다 악하다거나 권력 행사는 모두 부정적 결과로만 이어진다고 볼 수는 없다. 어떤 유형의 리더가 그 권력을 사용하느냐에 따라 그 결과는 다르다. 일반 사회에서도 리더가 권력을 함부로 사용해서는 안 된다는 사실을 늘 경고해 왔다. 사람들 중에는 이타주의적이고 의협심이 강한 특징을 지닌 사람들도 있다. 그런 이들에게 권력 따위는 혐오 대상일 수 있다. 그러나 그런 유형의 사람들조차도 권력의 자리에 오르면 변질되는 것이 권력의 생리이다. 권력은 그것이 작은 것이든 큰 것이든 인간의 죄성과 결합하여 발동하게 되면 깊이를 알 수 없는 죄성의 근원에 이른다. 권력 안에도 긍정의 가능성이 존재한다는 것을 인정한다 하더라도 권좌가 지닌 유혹에서 벗어날 수 있는 사람을 만나기는 쉽지 않다. 그래서 예부터 현자들은 권력의 근처에도 가지 않았던 것이다.

인간 타락 이후 하나님의 창조질서에서 벗어난 인간은 살 길을 찾아 인간 스스로 힘의 질서를 만들어 내었다. 바벨탑 사건은 인간들이 만든 질서 위에서 발생하였다. 바벨탑은 민중들이 함께 힘을 모아 자발적인 노력으로 쌓아올린 탑이 아니다. 바벨탑 계획의 배경에는 그 사회가 이미 철저한 권력 사회였음을 암시한다. 지배자와 피지배자의 사회 구조가 이미 존재하고 있었음을 보여

---

18) 위의 책, 51-83.

줄 뿐 아니라 그럴싸한 명분까지도 언급된다. 인간의 성취를 드높이고 재난을 대비함으로 강력한 인간 구심체를 만들자는 것이다. 인간들이 스스로를 구원하겠다는 강렬한 의도가 담겨 있음을 보여준다. 성경본문은 이렇게 기록한다. "성읍과 탑을 건설하여 그 탑 꼭대기를 하늘에 닿게 하여 우리 이름을 내고 온 지면에 흩어짐을 면하자 하였더니창11:4" 성읍 곧, 초기 도시 문명을 암시하는 표현이다. 도시 문명을 준비하였다고 하는 것은 이미 그 사회 속에 계급이 존재했음을 방증한다. 이것은 권력시스템에 의해 지배하는 자와 지배받는 자가 존재했다는 것이다. 도시문명을 통해 형성된 국가 체제는 어느 시대에나 권력을 중심으로 구성되었고 그에 따른 지배 구조를 만들었다. 이것은 인간의 삶에 억압과 불평등과 부조리를 낳게 만드는 요인이었다. 그럼에도 불구하고 인간의 역사는 권력과 그 통제에서 벗어난 적이 없었다. 성경에서조차 이런 역사의 구태를 그대로 기록한다. 이것은 하나님의 창조질서의 공백을 대체하는 인간의 어쩔 수 없는 노력에서 비롯된다. 그리스도가 이 땅에 오신 목적은 이런 힘의 구조, 권력에 의한 질서를 전복시키는 하나님 나라 실현에 있다.

예수께서 제자들과 동행 중 잠시 머물렀던 자리에서 제자 야고보와 요한의 어머니가 예수께 무언가를 요구한 사건은 성경 본문을 접하는 사람들에게 씁쓸한 웃음을 자아내는 장면이다. 야고보와 요한의 어머니가 예수께 주의 나라에서 두 아들을 좌우에 앉게 해 달라는 간청을 하자 주변에 있던 제자들이 분히 여기는 대목이 나온다. 여기서 예수님의 반응이 주목된다. 예수님은 제자들을 불러 따로 세우시고 이르시되 "이방인의 집권자들이 그들을 임의로 주관하고 그 고관들이 그들에게 권세를 부리는 줄을 너희가 알거니와 너희 중에는 그렇지 않아야 하나니 너희 중에 누구든지 크고자 하는 자는 너희를 섬기는 자가 되고 너희 중에 누구든지 으뜸이 되고자 하는 자는 너희의 종이 되어야 하리라. 인자가 온 것은 섬김을 받으려 함이 아니라 도리어 섬기려 하고 자기 목숨을 많은 사람의 대속물로 주려 함이니라"고 단호히 말씀 하시게 된다. 이 에피소드에서 예수께서는 이방인의 집권자들이라는 표현을 사용하신다. 그러니까 당시의 계급화된 사회에서는 지도자가 권력자였음을 시사해 주고 있다. 이들이 보여주는 권력 행사는 자기의 욕망을 좇는 행태로 나타나고 있다.

여기에 반하여 예수님은 자신을 따르는 제자들이 적용해야 할 모습은 섬기는 것이고 그리스도의 대속적 삶으로부터 교훈 받아야 함을 가르쳐 주셨다. 로버트 그린리프는 성경 본문으로부터 이와 같은 섬김의 원리를 원용하여 "서번트 리더십"이란 개념을 정립하였다.19) 리더는 섬김의 삶을 통해 비로소 진정한 리더십을 드러낼 수 있다. 섬기는 삶을 반영하지 못하는 리더십은 진정한 변화를 이끌어 낼만한 것이 못 된다. 섬기는 자만이 따르는 자들의 자발적이고 자원의 마음을 발현시킬 수 있는 것이다. 세상의 권력자는 권력을 휘두를수록 깊이를 알 수 없는 권력의 맛에 심취하고 이를 목격하여 그 권력의 주변부에서 떡고물을 먹으려는 자들과 이에 분노하여 거짓된 힘의 위세를 꺾어버리려는 자들 간의 갈등으로 늘 세상은 어지럽고 혼란하다. 그러나 성경의 원리에 입각한 리더의 모습은 예수 그리스도의 가르침을 반영한다. 그린리프의 '섬김의 리더십'이 일반 사회에서 얼마만한 파급 효과를 가져왔는지 확인할 길은 없지만 통례적으로 나타나는 일반 지도자들의 모습과는 근본적으로 다른 것을 제시했다는 면에서 전복적인 접근방식이라 할 것이다.20)

---

19) Robert K. Greenleaf, *Servant Leadership*: *A Journey into the Nature of Legitimate Power and Greatness* (Clinton, NJ: PaulistPress, 2002)
20) 『거꾸로 된 리더십』 *UPSIDE-DOWN leadership*을 쓴 테일러 필드는 이렇게 말한다. "하나님이 일을 행하시는데 있어서 하나님만의 방식이 있음을 우리가 이해하지 못한다면, 우리의 리더십은 결국 실망과 절망으로 끝나게 될 것이다. 이 길을 따르기 위해서는 무계획의 계획(planless plan)으로 살아야 한다. 이를 위해서는 신실한 믿음과 충성과 당당한 태도가 필요하다." 테일러 필드, 『거꾸로 된 리더십』, 이선숙 역 (서울: 아가페북스, 2013), 99.

6. 교회는 창조 질서 속 리더를 요한다

교회가 그리스도의 몸이라는 자연 원리의 유비를 사용했다는 점을 다시 재론하지 않더라도 교회는 사물적 집합체가 아니라 사람들로 이루어진 구성체이다. 교회가 다양한 사람들로 이루어진 구성체라는 점에서 인간의 다양한 특성들이 갈등의 요인으로 작용할 수 있다. 그도 그럴 것이 실제로 신약에 나오는 1세기 교회의 모습을 검토해 보면 이상적인 천사들의 모임 따위로는 묘사된 적이 없다. 오히려 여러 부정적 사례들이 목격된다. 고린도 교회는 문제 많은 교회로 유명하다. 그 교회의 여러 문제점들에 대해서 사도 바울은 엄한 가르침을 담아 서신을 보냈다. 역사상, 어떤 교회도 완전하고 이상적인 교회는 존재하지 않았다. 교회는 문제점들과 상처들로 얼룩졌다. 그렇다면 지상의 다른 조직이나 기관들처럼 조직 관리를 위해 강력한 지도자가 필요한 것이 아닐까? 실제로 인간들이 만들어 온 역사의 현장에는 조직을 휘어잡을 통제력과 기술을 지닌 존재에 의해 모든 소란과 소요는 평정되는 경우가 있었다. 그리고 사람들은 이를 영웅 리더의 중요성, 강력한 리더십의 필요성으로 집약해 말해 왔다.

혼란한 상황 속에 등장한 영웅의 모습을 연상해 보라. 이런 주장이 설득력 있게 느껴지지 않는가? 틀린 말이라고 할 수는 없다. 세상의 리더는 조직을 되살리고 시대의 문제를 혁파하는 방식으로 두각을 나타낸다. 사람들은 그 모습에 열광한다. 세상 질서를 만드는 리더의 방식은 이렇듯 한 사람의 탁월성에 기초한다. 그러나 사람들이 주목하는 영웅적 리더십의 모습은 많은 경우에 아름답게 조작된 이야기에 불과할 때가 많다. 이런 인간 승리를 보여주는 리더십 이야기에는 항상 조직의 주가를 올리고 문제 사태를 전격적으로 해결해 가는 리더십이 등장한다. 교회를 일종의 조직 수준으로 인지하는 사람들은 교회마저 그런 리더가 필요하다고 생각한다. 그러나 이런 생각은 착시 효과에서 비롯된다. 교회는 그런 세상 조직이 아니기 때문이다.

교회는 하나님의 질서 속에서만 그 본질을 유지할 수 있는 실재이다. 교회가 세상 리더십에 자리를 내어 주게 되면 세상 조직으로 변질된다. 세상 조직은 하나님이 아니라 인간에 주목하고, 그런 조직의 리더는 사람들이 원하는 결과를 만들어내기 위해 진력한다. 교회성장주의가 성경적 가치관을 무력화시키는 시대에, 교회는 성장의 논리에 빠져 정작 다다라야 할 신앙의 원리를 저버리는 사태를 맞고 있다. 존 맥아더는 미주 한인 언론기관과의 인터뷰에서 이러한 성장주의 논리가 지닌 문제에 대해서 다음과 같이 말한 바 있다. "탁월한 경영자를 잘 세우면 무너져 가는 기업도 한 순간에 회생할 수 있듯이 교회도 하나님의 축복이 아니더라도 목사의 언변, 영리함, 전략 같은 것을 통해 얼마든지 가능하다."[21] 맞는 말이다. 교회는 원래 그런 방식으로 유지되는 일반 기업과는 다른 존재라는 것을 우리는 다시 한 번 되새김질해야 한다. 왜냐하면 교회는 하나님의 창조 질서 속 생명의 원리를 따라 성장하고 보존되기 때문이다. 맥아더의 말은 전적으로 옳은 말이다. 세상의 성장 논리에 익숙한 현대의 교인들은 교인수와 재정의 증가가 곧 성공적 교회의 모습이라는 매우 위험한 관점에 사로잡혀 있다. 그러다 보니 이런 식의 성공적인 교회를 이끌 CEO형의 지도자를 원하고 있는 것이다. 이런 현상은 교인들의 인식에 한정된 것이 아니다. 교회성장을 주제로 하는 컨퍼런스에 가보면 교회를 수자적인 면에서 급성장시킨 전략가를 강사로 세우는 경우가 흔한 일이다. 거기에 하나님의 창조 질서나 교회의 원형에 대한 내용은 별로 거론 되지 않는다.

하나님의 질서는 모든 지역 교회가 그리스도의 몸이라고 하는 전제와 연결되어 있다. 모든 지역 교회는 서로 경쟁의 대상이 되어서는 안 된다. 교회는 세

---

21) LA 중앙일보, 2014.3.4., 22-23면.

상이 만들어 가는 생존의 법칙이 아니라 하나님이 주관하시는 조화의 법칙을 따라 보존되어야 한다. 그러나 안타깝게도 현대의 교회들은 서로 간에 경쟁과 비교 우위를 통한 생존에 급급하고 있다. 이는 하나님의 질서와는 관계없는 세상의 질서를 따른 결과이다. 미국 교회의 성장과 쇠퇴를 연구한 학자들에 따르면 1960년대 초반에 미국 교회는 쇠퇴하기 시작하였다.[22] 그런데 1960년대 미국 교회의 쇠퇴 과정에서도 메가처치 수는 지속적인 증가 추세를 보였다. 물론 미국 내 개신교인의 숫자는 계속 감소하고 있었다. 이런 현상에 대한 분석에 따르면, 성장기에 교회는 세상과의 윤리적 경쟁에 승리하였다. 그러나 쇠퇴기의 교회는 지역 교회 간에 경쟁력 있는 교회들만이 수평이동을 통해 성장하게 되었다.[23] 경쟁력 있는 교회는, 설교 스피치, 다양한 프로그램, 여러 편의 시설, 탁아 및 자녀 교육 시설 등 종교 소비주의에 입각해 가성비 높은 종교 상품을 제시하는 교회를 말한다. 이는 신앙의 척도와 본질을 모르는 일반 세속인들조차 호감을 가질만한 교회이다.

실제로 미국의 최근 교인들의 교회 출석 행태를 보면, 더 이상 신앙 고백에 따른 확신이나 신학적 입장 등 신앙 정체성에 따라 교회를 선택하는 경향이 낮아지고 있다. 이제 교인들은 가성비 높은 종교 상품을 파는 교회에 출석하는 경향이 높아지고 있다.[24] 신앙의 본질보다는 호감 가는 종교 상품을 선호하는 쪽으로 기울었다는 말이다. 이러한 현실을 민첩하게 감지할 줄 아는 세속적 풍조에 별다른 경계심이 없는 약삭빠른 종교 지도자들은 여기에 편승하여 화려한 종교 상품을 내놓는다. 교계에 세속 풍조가 만연해도 아무런 의식조차 하지 못하는 교인들은 그런 화려한 상품을 따라 수평이동을 감행하는 일에 전혀 거

---

22) Hoge, Dean R. & David A. Roozen (eds), *Understanding Church Growth and Decline: 1950-1978*, (N.Y.: The Pilgrim Press, 1981).
23) 은준관 외, 『현대와 신학』 (연세대학교 연합신학대학원, 1993), 12.
24) 심민수, 『교회론』 (성남: 나와너, 2020), 93-6.

리낌이 없다. 이런 현상은 미국에서 이미 보편적인 현상이 되고 말았다. 이런 현실 속에서 교회의 리더 격인 담임목사나 설교자는 목양적 우선성보다는 지역교회의 상품성을 높이는 쪽으로 목회철학과 설교 스타일의 변화를 보이고 있다. 문제는 이런 현상이 미국 교계에서 CEO형 지도자를 선호하는 경향과 밀접하게 연결되어 있다는 것이다.

현실적인 현상과는 다르게, 성경에서 제시하는 교회는 하나님의 창조질서 아래서 비로소 존속 가능한 특이한 실재라는 것이다. 하나님의 창조질서는 교회의 머리되신 그리스도가 성령을 통해 몸된 지체들을 조화롭게 세워 가시는 것이다. 모든 지체들은 각기 은사를 따라 자신의 역할을 감당하는 것이고 교회의 리더십에 속한 모든 직분자들은 사명감과 청지기 의식을 통해 교회의 모든 지체들을 섬기는 것이다.[25] 여기에는 어떤 계층이나 계급도 존재하지 않는다. 그리스도 외에 다른 중심성은 필요하지 않다. 성령께서 교회의 직분자들을 통해 각각의 은사를 발현시키실 뿐이다. 목회자도 재직도 각기 자기 몫을 감당하면 되는 것이다. 특히, 교회의 직분자들 간에 함께 하는 섬김이야말로 섬김을 원칙으로 하는 팀 리더십이다. 이런 질서가 확립되면 교회는 살아 있는 몸과 같은 원리가 그대로 구현된다.

반면에 종교적 상품화로 변질되어 버린 교회에서는 설교자의 설교가 미진하여 상품성이 떨어지거나, 경기 하락으로 교인들의 재정 상태가 나빠지면 교회는 타격을 입게 마련이다. 그러나 하나님의 창조질서, 생명의 법칙이 작동하는 교회에서는 연약함의 문제이든 사회 급변의 문제이든, 세상의 문제로 인해 교회가 흔들리는 일은 없다. 참된 교회는 본디 인력이나 금전에 의해 작동

---

[25] 존 맥아더는 미주 한인 언론과의 인터뷰에서 다음의 인상적인 말을 건넸다. "나보고 담임목사라고 하는 건 분명 나이 때문일 것이다. 나는 이 교회에서 아무런 권위가 없다. 난 설교자로서 성경을 가르치는 일을 맡고 있다. 나에게 권위가 주어질 때는 하나님의 말씀을 전할 때뿐이다. 그 권위도 그리스도의 말씀으로부터 위임된 것이다. 나의 경험, 직책, 교육 배경 등 그 어떤 것에서도 비롯된 게 아니다." (LA 중앙일보, 2014.3.4. A22-3면)

되는 것이 아니기 때문에 오히려 어려운 시기에 그 진가를 보인다. 하나님이 세워 가시는 창조질서를 이해하는 직분자들이 있을 때, 교회의 고난 시기는 오히려 교회의 생명력을 더욱 왕성하게 한다. 이 참된 교회의 리더십은 모든 생명의 원천이 하나님이시며, 하나님이 아니고는 새 생명의 탄생도, 신앙의 성숙도, 교회의 존속도 불가능하다는 것을 매순간 재확인 한다. 이것이 세상에서는 찾아볼 수 없는 교회 리더십 작동의 결론이다.

3장 · 하나님 나라를 지향하는 리더십

하나님 나라를 지향하는 리더의 속성은 세상을 지향하는 리더의 속성과 대조적이며 전복적인 모습을 띤다. 둘 사이에는 일부 공통점이 있을 수 있으나 근본적 차이점이 존재한다.[26] 그 차이를 좀 선명하게 하기 위해서 앞서 살펴보았던 ship의 용례에 맞춰 하나님 나라를 지향하는 리더십을 살펴보자.

1. 신앙 리더의 품격: 하나님 나라의 향기

하나님 나라를 지향하는 리더의 품격은 어떤 모습일까? 일반 사회에서는 지도자들에게 가까이 다가갈수록 향기가 아니라 인간적인 냄새가 난다. 어떤 이들은 인간의 냄새를 낭만적으로 이해하지만 그것은 문학적인 묘사일 뿐이다. 인간적인 냄새를 좋아할 사람은 없다. 그러나 참된 그리스도인 리더에게서 나는 향기는 아름답다. 이는 성령으로부터 공급된 품격이기 때문이다. 일반 사회에서 리더에게 일차적으로 요구하는 것은 성과다. 고도의 윤리적이고 인격적인 품격을 굳이 기대하지 않는다. 일부 고위 공직자들이나 선거를 통해 세워지는 정치인들에게 잠시 윤리적 잣대를 들이대는 경우는 있지만 그 외의

---

26) 영적 리더십이라는 주제를 다루는 책들이 많다. 이 개념은 성경적 리더십 개념에 기초하여 신앙 원리가 내면화된 리더십을 의미한다. 이 리더십 개념은 교회의 직분자가 지닐 리더십과, 사회생활 가운데서 그리스도인 리더가 드러내야 할 신앙적 리더십을 모두 포괄한다고 볼 수 있다. 라인하트는 이와 관련하여 흥미로운 말을 했다. "영적 리더십이란 주제는 세속적인 경영 원칙에다 성경 구절 몇 마디를 갖다 붙여 놓은 것 이상의 중요한 무엇이 분명히 있다." 스테이시 라인하트, 『당신의 리더십을 전복시켜라』, 주상지 역 (서울: 베다니출판사, 2005), 32.

사람들까지 높은 윤리적 기준을 제시하지 않는 것이 현 상황이다. 따라서 유명인이 비윤리적인 행동을 한다고 해도 그에게 법적인 문제만 없으면 그것은 가십거리로 흘러가고 마는 것이 지금의 시류이다.

일반 사회에서도 윤리적 가치와 공동체 기여를 강조하는 리더십 이론들이 존재한다. 윤리적 리더십과 서번트 리더십이 여기에 해당된다. 이 리더십 이론들은 사회 가운데서 매우 가치 있는 결과를 낳기 위한 선한 삶의 원리를 제시한다. 이 이론들이 요구하는 윤리성은 사회와 조직을 건전하게 이끌 수 있는 소중한 원천이 될 수 있다. 하지만 세속화된 사회에서 이런 원리가 내면화된 리더를 찾는 것은 쉽지 않다. 이러한 원리에 부합하는 훌륭한 인물은 대개 기독교적 영향권 아래에서 나타난다. 물론 비기독교 사회에서도 훌륭한 인물들이 더러 나타나 사회에 좋은 영향을 남길 수 있다. 이는 하나님의 일반 은총 가운데서 특별히 준비된 인물임이 분명하다.[27] 그러나 현대의 상대주의적 가치체계 아래서 철저히 개인주의화된 문화 관점을 따라 사는 현대의 리더들에게 절대적 기준을 가진 윤리성이나 서번트 의식을 갖춰야 한다는 요구는 실제로 실효성을 얻기 어렵다. 품격의 문제는 기독교적 범주 안에서 비로소 가능하다. 신앙을 갖춘 리더만이 품격 면에서 상당한 수준의 영적 성숙도와 윤리 의식을 갖출 수 있기 때문이다.

사도 바울은 목회서신인 디모데전서 3장 2절, 8-9절에서 신앙 리더에 해당되는 직분자가 지녀야 할 리더의 품격에 대해서 이렇게 말한다. "2 그러므로 감독은 책망할 것이 없으며 한 아내의 남편이 되며.… 8 …일구이언을 하지 아니하고…9 깨끗한 양심에 믿음의 비밀을 가진 자라야 할지니" 여기서 "책망할 것이 없어야 한다."는 말은 헬라어 원문에서 아네필렙토스^{ἀνεπίλημπτος}로

---

27) 방글라데시에 유누스(1940~현재)라는 인물이 있다. 무함마드 유누스는 방글라데시의 은행가이자 경제학자이며 사회운동가이다. 빈민들에게 무담보 소액대출을 제공하는 그라민 은행을 설립하여 빈곤퇴치에 앞장선 공로로 2006년 노벨 평화상을 수상하였다. 『위키백과』

표현된다. 비난 받을만한 것이 없어야 한다는 뜻이다. 그러니까 외부로부터 송사를 당할만한 결점이 없어야 하며 비판을 받을 여지가 없는, 잘 갖추어진 품격의 소유자여야 한다는 말이다. "한 아내의 남편이 되며" 이 구절의 배경을 알 필요가 있다. 고대 이스라엘 사회에는 일부다처제가 오랜 세월 동안 관습처럼 이어져 왔다.28 그러나 주후 2-3세기에 감독의 자격을 기록한 『사도 정경』, *Apostolic Cannons* 13장에 이런 기록이 나온다. "침례를 받은 이후, 두 명의 여자와 결혼을 했거나 첩을 둔 자는 감독이나, 장로나 집사로서 안수 받을 수 없으며 안수 받은 사제의 명단에조차 올려 져서는 안 될 것이다." 하나님 나라를 지향하는 신앙 리더에게 세상의 관습과 가치관을 전복시키는 품격은 놀라운 것이 아니라 자연스런 것이다. 그것은 하나님 나라로부터 비롯된 향기다.29

"일구이언 하지 아니하고" 한 입으로 두 말을 하는 것을 일구이언一口二言이라 한다. 한 번 한 말은 반드시 지키고 말 바꾸기를 하지 않는 일관성 있는 모습을 가리키는 말이다. 헬라어 원어는 "딜로고스$\delta\iota\lambda\acute{o}\gamma o \upsilon\varsigma$하지 아니하고" 이 말은 "두 가지 목소리로 말하지 아니하고" 라는 뜻이다. 일구이언 하지 않는 모습은 자신의 말 한마디에도 책임을 질 수 있는 정직한 성품을 소유한 사람들에게서 볼 수 있는 모습이다. "깨끗한 양심에 믿음의 비밀을 가진 자라야 할지니" 이 조건은 양심과 믿음의 내용을 담고 있다. 우리 주변에도 더러 선량한 성품을 타고난 사람들이 있을 수 있다. 하지만 좋은 성품을 타고난 사람도 세상 풍파를 거치고 나면 못 쓸 사람으로 변질되는 경우를 우리는 종종 목격한다. 반면에 신앙 리더는 과거 인생 초기에 부족하고 모난 부분이 있었을지라도 참

---

28) 요세푸스의 『유대 고대사』에는 "조상으로부터 내려온 전통적인 관습에 따라 남자는 한 사람 이상의 아내와 생활할 수 있다."고 기록되어 있다. 요세프스, 『유대 고대사 I』, 김지찬 역 (서울: 생명의말씀사, 2006), 17:1,2.

29) https://agape-biblia.org/literatura/Constitutions-of-the-Holy-Apostles.pdf, 이 자료는 2세기 후반에서 3세기 초반 혹은 4세기에 시리아(안디옥) 교회 학자들에 의해 기록된 것으로 보고 있다.

된 신앙인으로 거듭나게 되면 신앙의 성숙과정에서 깨끗한 양심과 고매한 인품을 지니게 된다. 이것이 믿음의 비밀이요 하나님 나라의 시민이 경험하는 세상이 알 수 없는 전복적 모습이다.

2. 신앙 리더의 행위: 하나님 나라 수행

리더의 품격에 이어 리더의 행위를 다루어 보자. 품격과 행위, 그리고 이어지는 태도정신는 분리된 것이 아니다. 서로 연결되어 있고 대부분 통합적으로 작동한다. 그럼에도 불구하고 이를 구별하여 조명하게 되면 신앙 리더의 조건에 대한 좀 더 구체적인 그림을 볼 수 있다. 하나님 나라에 속한 신앙 리더는 그의 행위 속에 하나님 나라를 반영함이 필수적인 조건이다. 세속적인 행위가 아니라 오로지 하나님의 통치 아래 살아가는 인물로서의 행위를 드러낸다. 목회서신은 이런 모습을 구체적으로 나열한다. 디모데전서 3장 2-3절은 이렇게 말한다. "2 … 절제하며 신중하며 단정하며.… 3 술을 즐기지 아니하며 구타하지 아니하며.…" 신앙 리더가 보여야 할 행동에 대해서 2절은 절제하고 νηφαλιος 신중하고 σώφρων 단정한 행동을 요구한다.

행동에 절제가 있는 사람들은 말에도 신중함이 묻어난다. 세상의 높은 지위를 지닌 사람들은 그 지위에 따라붙는 기득권으로 인해 시간이 지남에 따라 특권의식에 사로잡히는 경우가 많다. 평범한 사람도 지속적으로 특별대우를 받게 되면 그것을 당연시 하게 되고 특권의식이 그의 자의식과 결합된다. 특권의식이 자의식이 된다고 하는 이치는 왜 세상의 모든 권력자들이 초기의 모습을 버리고 변질되는 결말로 이어지는 지, 그 이유를 이해하는 데 도움이 된다. 신앙 리더에게도 이런 문제가 나타날 수 있다. 문제는 그것이 주변에 부정적 영향을 크게 미칠 수 있다는 것이다. 절제는 성령충만함에서 비롯된 열매이

다. 갈5:22-23

절제 있는 행동은 신중하고 단정한 모습으로 이어진다. 신중한 행동은 변함없는 자기성찰을 전제로 하여 복잡한 상황 가운데서도 중심을 잃지 않으면서 자신의 입장을 견지하는 것을 의미한다. 이런 행동은 말씀의 원리가 깊이 내면화될 때 비로소 가능한 행동이다. 사회에 잘 알려지지 않은 평범한 신앙인이 성령에 붙들린바 되면 세상에서 특별한 훈련을 받은 사람들에게서 나타나는 절제와 신중함이 발현된다. 그리고 거기에 하나가 더 준비된다. 겸손한 행동이다. 이들은 모든 좋은 것이 성령님으로부터 기인된 것임을 자각하기 때문이다.

단정하다는 것은 품행이 바르다는 말이다. 때로는 모습이나 복장이 훌륭하고 바르다는 표현으로도 쓰인다. 세상에서는 지도자급 인사가 되면 그들의 행색이 달라진다. 명품을 입어야 체통이 서고 기사 달린 차를 타야하고 1등석에 탑승해야 하고 수준급의 식당을 드나듦이 자연스럽다. 이것이 격에 맞는 모습이라고 생각하는 것이 일반적인 통념이다. 그러나 예수님은 광야의 침례 요한을 극적으로 묘사하는 자리에서 이렇게 말씀하셨다. "너희가 무엇을 보려고 나갔더냐 부드러운 옷 입은 사람이냐 보라 화려한 옷을 입고 사치하게 지내는 자는 왕궁에 있느니라눅7:25" 하나님의 사명 맡은 자의 진솔하고 수수한 삶의 일상을 묘사하고자 예수님은 세상 사람들이 부러워하는 왕족이나 귀족들, 상류층들의 화려함의 모습과 요한의 모습을 대조시켜 묘사하셨다.

3절에 "술을 즐기지 아니하며μὴ πάροινον"라는 조건이 신앙 리더에게 요구된다. 어느 시대에나 술은 사람들 사이에 많은 논란을 일으켰다. 본문에서 "술을 즐기지 아니하며"라는 표현은 원어의 의미로는 "술에 미치지 아니하며"라는 뜻으로 중독의 문제를 다루고 있다. 여기서 술은 중독의 대표적 사례를 보여준다. 현대의 사회적 병리 현상은 다양한 유형의 중독 현상을 계속해서 확대시켰다. 중독 사회에서 과연 온전한 모습의 리더가 등장할 수 있을까? 중독은 언제나 건전한 인물과는 거리감이 느껴지는 일탈 행동의 하나이다. 세상 지도자들은 밀려드는 스트레스로 인해 다양한 중독에 빠지는 경우를 보게 된다. 스티븐 코비의 연구에 따르면 1940년대 이전까지 미국 사회에서 사회적 지도자가 된다는 것은 인격적으로 성숙된 인물이라는 것을 입증하였다고 한다. 그러나 그 이후 미국 사회에서 성공한 사람들이라는 것이 그가 윤리적으로 성숙한 사람이라는 것을 보장하지 않는다는 점을 밝혔다.[30] 이것은 과거 기독교적 영향 아래 건전한 사회였던 미국사회가 어느 덧 세속성에 밀려 전복되어 버린 결과이다.

3절은 구타의 문제까지도 다룬다. 가부장적인 고대 사회에서 여성에 대한 남성들의 폭력 행위는 자주 목격되는 일이었다. 아울러 귀족이나 주인이 노예나 종에게 행하는 폭력 행사 역시 흔한 일이었다. 부모들이 자식에게 가하는 과격한 폭력적 모습 또한 무심결에 자행되는 현상이었다. 폭력 행위는 단순히 물리적 폭력에 국한 된 것만이 아니다. 정신적 폭력 역시 물리적 폭력 이상으로 피해자에게 엄청난 가해를 입힐 수 있다. 오늘날처럼 매스미디어와 SNS가 발달된 시대에는 사실 무근의 페이크 정보가 온 세상을 뒤흔드는 일이 흔하게 발생한다. 유튜브는 개인의 발언이나 행위가 영상으로 제작되어 전 세계인을 상대로 전혀 방어벽 없이 유포되기 쉬운 플랫폼이다. 교계에서 극단적인 집단을 이끄는 리더의 선동적인 주장이나 다른 입장의 사람들에 대한 공격적인 언동이 유튜브 영상을 통해 널리 퍼지면서 정신적 폭력 행위들이 만연하고 있다. 그것은 성경의 가르침에 깊은 애정과 존경심을 지닌 신앙 리더에게서는 결코 있어서는 안 될 행동이다.

하나님 나라에 속한 리더는 하나님의 다스림 가운데 머물기를 기뻐하기에

---

30) 스티븐 코비, 『성공하는 사람들의 7가지 습관』 (서울: 김영사, 1998), 22-3.

하나님 나라를 위한 행동에 집중한다. 하나님의 통치를 받는 리더는 하나님의 뜻을 수행하는 일로 인해 세상의 리더들이 일반적으로 우선시 하는 행위와는 다른 길을 간다. 그는 욕망과 경쟁과 성취로 범벅이 된 세상의 화려함을 뒤로 하고 낮은 자리, 비주류의 마당, 소외된 곳을 향해 섬김의 손을 내밀기를 주저하지 않는다. 그것이 하나님으로부터 주어진 역할이라는 확신 때문이다. 이런 모습은 성경 속 인물이나 교회사 속 사례에서 실로 진정성을 지닌 참된 그리스도인 신앙 리더들에게서 나타나는 공통된 모습이다. 그는 하나님 나라의 수행자이다.

3. 신앙 리더의 태도(정신): 하나님 나라 지향

목회서신은 하나님 나라를 지향하는 신앙 리더들에게 하나님 나라의 큰 그림 아래서 이 땅의 사적 이득을 취하는 길과는 대조되는 길을 제시한다. 디모데전서 3장 3절과 8절의 일부 말씀이다. "3 돈을 사랑하지 아니하며 8 더러운 이를 탐하지 아니하고" 1980년대 이후 세계는 정보, 통신, 교통, 문화가 실시간으로 교류하는 시대를 살아가고 있다. 문자 그대로 지구촌화를 나타낸다. 동시에 물질주의와 자본주의의 세계적 확산을 심화시켰다. 이는 전 세계인들에게 자본을 우상시하는 정신세계를 심화시켰다. 이제 자본주의로 인한 시장논리는 모든 삶에 우선순위적 위치를 차지하게 되었다. 그래서 짐 월리스는 『가치란 무엇인가』 제2장의 제목으로 "시장, 하나님이 되다."라는 제목을 붙였다. 그는 이 글에서 "시장은 생태계를 파괴하는 외래종처럼 모든 것을 집어 삼키고 말았다. 시장은 우상이 되었다." 고 묘사하면서 오늘날 "시장은 우리의 '금송아지'이다. 이것은 우리가 궁극적인 충성을 맹세하는 우상"[31]이라고

---

31) 짐 월리스, 『가치란 무엇인가』, 박세혁 역 (서울: IVP, 2011), 46.

월리스는 현실 세계를 고발한다.

그렇다면 시장과 돈이 무슨 관계가 있단 말인가. 어떤 이는 돈이 악도 선도 아니며 사람이 돈을 어떻게 다루느냐에 달렸다고 말한다. 문제는 돈을 사랑하는 마음이 문제라고 말한다. 물론 돈을 사랑하는 마음이 문제가 맞다. 그러나 자본주의 시장논리 차원에서 돈은 단순히 화폐의 의미에 머무는 것이 아니다. 돈은 이미 인격화되었고 이제는 신격화된 시장을 작동시키는 수단이다. 자본주의에서 돈자본은 시장과 결합하여 엄청난 힘을 발휘한다. 시장은 돈자본을 매개로 모든 것을 상품화한다.[32] 이제 시장에 내다 팔 수 없는 것은 존재하지 않는다. 인간의 두려움과 욕망에서부터 인간이 지닌 신체 장기까지 모든 것은 상품화되어 돈으로 환산된다. 이 모든 상품의 거래를 맡은 곳이 바로 시장이다. 이렇듯 시장은 어떤 형태로든 돈이 거래되는 곳이다. 이제 시장에서 돈의 역할은 가시적인 것과 비가시적인 것, 모두에 관여한다.

인간의 모든 기술과 재주와 욕망이 한데 어우러진 소비시장은 한 순간도 쉬지 않고 하루 24시간 돌아간다. 돈이 돌아가는 시장에서 주인 행세를 할 수 있는 인간은 없다. 결국 인간 모두는 노예로 전락하여 돈을 최고의 가치로 섬기는 시장에서 쪽방 신세가 된다. 그 시장에서 인간의 욕망은 상품화되며 주종이 뒤바뀌고, 앞뒤가 전도되면, 인격과 비인격의 차이가 사라지고 선과 악의 경계가 제거된다. 여기엔 도덕도 윤리도 더 이상 의미가 없고 돈과 시장의 논리가 교리가 된 신흥 종교만이 존재한다.[33] 기존의 종교마저도 돈과 시장이 만들어내는 이 신흥 종교에 포획되고 흡수된다. 다른 길은 없다. 이제 이 시장을 건드리는 자, 그에게 돌아오는 것은 이단자라는 비난뿐이다. 이런 세상에서 과

---

32) 마이클 샌델,『돈으로 살 수 없는 것들』, 안기순 역 (서울: 와이즈베리, 2012), 19-29; 짐 월리스,『가치란 무엇인가』, 49.
33) 하비 콕스는 이제 자본주의 시장 경제가 만들어 가는 체계를 유사종교에 빗대었다. 하비 콕스,『신이 된 시장』, 유강은 역 (서울: 문예출판사, 2018), 21.

연 교회 리더들의 선택은 무엇인가. 성경은 '돈을 사랑하지 아니하는' 자만이 교회의 리더가 되어야 한다고 말한다. 신앙 리더의 길은 세상의 정신을 전복시키는 사상적 이단자의 길임을 보여 준다.

성경 본문으로 돌아가 3장 8절에 신앙 리더가 지녀야 할 태도는 '더러운 이를 탐하지 않는 것'이다. 성경시대 유대사회는 공동체적 의식이 몸에 배어있는 사회였다. 또한, 오랜 삶의 전통 속에 토라의 가르침이 일상에 그대로 반영되어 '고아와 과부'를 돌보는 문화가 돋보였다. 아울러 유대 민족 속에 도도히 흐르는 선민사상은 혈통주의로 나타나 자기 혈통 내의 사람들을 형제애로 돌보았다. 그들은 회당을 중심으로 같은 지역에 거주하는 유대인들의 일상의 필요를 살피고 실제로 그 필요를 채우기 위한 봉사를 생활화하였다. 이 일은 매주 금요일에 진행되었으며, 두 명의 공식 실무자가 가정을 돌며 금전과 물품을 수집하고 이를 모아 회당 위원회를 통해 배분하는 방식이었다.[34] 유대 민족의 이런 좋은 관습은 초대교회에서도 그대로 이어졌다. 예루살렘 교회의 일꾼으로 세워졌던 인물들은 이런 일을 위해 앞장서도록 세워진 사람들이었다.행전 6:3

그런데 금전을 다루는 과정에서는 항상 예상치 못한 불상사가 생길 수 있었다. 당시 예루살렘은 구걸의 중심지였고 구걸은 부끄러운 것이 아니었다. 구걸행위는 구걸자를 돕는 사람들에게 명예를 안겨다 주는 일로 여겨졌고 구걸을 돕기 위한 모금행위는 매우 칭찬받을 일로 간주되었다.[35] 문제는 이런 사회 분위기에서 뜻밖에도 위선적 행동이 두 가지 형태로 나타날 수 있었다는 것이다. 하나는 장님, 귀머거리, 중풍병자, 앉은뱅이, 절름발이를 가장하는 자들 있었다는 것과 다른 하나는 돈을 모금하면서 일부를 빼돌리는 행위가 있을 수 있

---

34) 윌리암 바클레이, 『디모데전서』, 박근용 역 (서울: 기독교문사, 1993), 141.
35) 요아킴 예레미아스, 『예수시대의 예루살렘』, 한국신학연구소 역 (천안: 한국신학연구소, 1994), 160.

었다는 것이다. 유사한 사례로서 사도행전에 아나니아와 삽비라 부부가 나온다. 예루살렘 교회는 당시 유무상통의 공동체였다. 그 공동체의 나눔에는 어떤 강제성도 없었다. 그런데 이 부부는 나눔을 실천하는 자라는 명예를 얻고자 위선적인 행위를 벌이다가 발각되어 두 사람 모두 그 자리에서 급사하는 돌발 상황이 일어났다. 행전5:1-10 그들의 급사 사례는 순결한 교회를 유지하고 보존하기 위한 성령의 특별한 조치임이 분명하다. 교회의 신앙 리더는 바로 이러한 점에서 각별한 주의를 기울일 필요가 있다.

"더러운 이를 탐하지 않는 것"이란 표현은 적어도 세 가지 측면에서 그 함의가 드러난다. 예루살렘 교회가 1세기 유대 사회의 선한 관습을 계승하였다고 할 때 먼저 생각할 점은 첫째, 수금 행위와 같은 금전을 다루는 과정에서 도둑질과 같은 부정직한 행위가 있어서는 안 된다는 것이다. 둘째, 사리사욕을 위해 공식적인 지위를 이용하는 행위 역시 신앙 리더에게 있어서는 안 된다는 것이다. 셋째, 선한 행위를 가장하여 자신의 명예를 얻고자 하는 의도 역시, 결국에 더러운 이를 탐하는 것이 된다는 것이다. 따라서 명예를 얻으려는 숨겨진 의도 역시 조심해야 한다. 당시 바울은 사도로서의 직분을 이용하여 얼마든지 개인적인 부와 재물을 쌓을 수 있었을 것이다. 그러나 그에게 이런 사익추구는 전혀 목격되지 않는다. 사명자에게 필요한 것은 항상 자기 직분에 대한 명확한 정체성 자각과 불타는 사명의식이다. 이것이 신앙 리더가 지녀야 할 정신이다. 이런 정신은 개인의 사익을 넘어 하나님 나라의 큰 그림을 지향하는 사람들에게서 비로소 가능하다.

4. 신앙 리더의 역량: 은사 따라 하나님 나라 실현

현대의 개인주의화되고 파편화된 시대 정신 속에서는 개인의 사생활에 대한 무한대의 보호 장치가 작동하고 있다. 더 이상 '공동체'나 '이웃' 같은 개념은 사회학자들이 쓴 교과서에서나 찾아 볼 일이다. 요즘 젊은이들의 세대에서는 극단적 개인주의와 나르시시즘이 판을 치고 있다. 이런 시대에 젊은 세대들에게 조직 사회에 적응하라고 가르친다고 해서 순순히 따를 것이라 기대하는 것은 불필요한 기대이다. 사회 분위기가 이 지경에 이른 지금, 조직을 관리하는 책임자들에게 있어서 사람을 다루는 기술은 그 어느 때보다도 중요시되고 있는 것이 사실이다. 사회 조직에서 경영자가 지닌 전문기술 역량을 다루는 글을 보면 대동소이하다. 흔히 눈에 띠는 것이 의사소통 기술, 동기유발 기술, 조직의 변화를 이끌어내는 기술 등 소속 구성원들을 어떻게 잘 다루는지 하는 문제에 집중한다. 이렇듯 주로 경영전문가가 지닌 개인적인 차원의 역량에 초점을 맞추고 있다

　세상 상황과 교회 상황은 결국 동일한 인간과 관련된 문제이므로, 공통분모를 가지고 있는 것이 아닐까? 물론 사람을 대한다는 면에서는 같다고도 할 수 있다. 그러나 교회는 단순한 세상 조직과는 결을 달리하며, 작동의 원천적인 원리가 다르다는 것을 이미 살펴본 바 있다. 그리스도의 몸을 이루는 모든 지체들은 서로 협응하여 서로를 세우는 역할을 한다. 신앙 리더는 먼저 성령으로부터 생명의 에너지를 공급받아 그 동력으로 미성숙한 지체들을 섬김으로써 그들로 하여금 각기 제 기능을 감당할 수 있도록 성장을 돕는다. 이 돕는 과정에서 신앙 리더직분자는 먼저 경험을 통해 얻은 지혜로 인생의 본보기를 보여주는 역할을 담당한다. 이 모든 과정에서 성령께서는 직분자를 포함하여 모든 지체에 은사를 주시고 하나님의 성품을 공급하신다. 이것이 교회가 움직이는, 세상 조직과는 근본적으로 다른 작동원리다. 이런 맥락에서 직분자가 필요로 하는 요건을 설명하는 디모데전서 3장을 다시 주목해 보자. 교회 직분자들의 리더십 역량과 관련하여 디모데전서 3장 2, 4절은 이렇게 말한다. "2 가

르치기를 잘하며 4 자기 집을 잘 다스려 자녀들로 모든 공손함으로 복종하게 하는 자라야 할지며"

우선 '가르치기를 잘하며' 라는 구절을 보자. 이 표현을 이해하기 위해서는 히브리-유대 문화를 이해할 필요가 있다.36 헬라 문화권에서 가르친다는 의미는 종종 스승이 제자 혹은 학생들을 거의 일방적으로 가르치는 경향으로 나타난다. 비록 소크라테스처럼 산파술이라 하여 잠재하는 것을 끌어내는 것을 중요시 하였던 인물도 있지만 대부분의 스승들은 자신의 세계관을 제자들에게 주입하는 형태를 보였다. 이 말은 헬라문화에 영향 받은 중간기 팔레스타인 지역의 문화도 일방적인 가르침의 행태에서 벗어나지 못했음을 암시한다.37 그러나 예수님의 가르침의 모습을 보면 기존의 랍비들과 같지 않았음을 성경의 기록은 보여준다. "이는 그 가르치시는 것이 권위 있는 자와 같고 그들의 서기관들과 같지 아니함일러라마7:29."

그렇다면 예수님을 통해 절정에 이르렀던 히브리유대 교육적 유산은 무엇일까? 필자의 경험을 하나 나누는 것이 도움이 될 듯하다. 오래 전, 이스라엘 히브리대학교에 유학 시, 지도교수와의 첫 만남은 아직도 필자에게 강렬한 인상으로 남아 있다. 지도교수님께 첫 인사를 드린 순간이었다. "많이 가르쳐 주십시오." 그러자, 지도교수의 답변이 압권이었다. "너는 나에게서 배우고 나는 너에게서 배운다." 바로 이것이 히브리유대 교육 정신이다. 히브리 유대 교

---

36) 성경에서 비록 이 단어가 헬라어 디다스케인(διδάσκειν)으로 기록되었지만 원래 이 단어는 히브리-유대 문화의 관점에서 이해해야 한다. 최근에 신구약 중간기 후반의 팔레스타인 지역의 역사와 문화를 연구하는 학자들에 의해 유대의 헬라화에 대한 전문적인 연구들이 쏟아져 나오고 있다. 이 연구물들은 유대 사회가 전반적으로 헬라화 되었다는 논조의 주장이다. 하지만 그런 연구들은 유대의 헬라화를 침소봉대한 측면이 없지 않다. 마르틴 헹엘, "유대교와 헬레니즘,"「신약논단」, 제17권 제3호 (2010년 가을), 833.

37) 비록 당시 유대사회의 여러 측면이 헬라적 영향권에 있었다는 점을 무시할 수는 없지만 동시에 종교적 영역에서 유대교와 헬레니즘의 대결이 첨예했다는 점도 사실이다. 이것은 유대 백성들의 삶에 깊이 뿌리를 내리고 있던 토라적 세계관을 통해 유대주의의 정신과 정체성을 유지 확보하려는 끊임없는 노력이 나타났음을 말해 준다. 브루스 M. 메츠거, 『신약 성서 개설』, 나채운 역 (서울: 대한기독교출판사, 1993), 44.

육을 말할 때 또 하나 주목해야 할 핵심 코드가 있다. 쉐마 교육이라는 것이다. 신명기 6장 4절에 나오는 말씀이다. "쉐마, 이스라엘"은 "들으라 이스라엘이여" 하는 말이지만 "순종하라 이스라엘이여"라는 말로도 해석될 수 있다. 야훼의 말씀을 듣는 것과 그 말씀에 순종하는 것이 유대인들에게는 호환되어 사용될 수 있는 말이다. 따라서 이스라엘 백성들에게 정신의 앎과 일상의 삶은 분리되지 않고 통합되어 있음을 보여준다. 그들은 정신과 육체, 이론과 실천, 지식과 행위를 하나로 결합시켜 생각한다. 헬레니즘의 이원론적 주장과 대조되는 히브리-유대이즘의 일원론적 입장 혹은 통전적 입장 차이를 확인할 수 있다.

1세기 히브리유대 교육 유산을 이어받은 기독교 교육 현장에서 신앙 리더는 강제성을 띤 일방적 교수 행위가 아니라, 먼저 얻은 지혜를 나누며 삶의 본이 되어줌으로써 가르침의 과정을 펼쳤다. 이것이 바로 진리를 향한 상호적 가르침과 서로 간 배움의 길이다. 본문에서 가르치기를 "잘 하며" 여기에 방점이 또 있다. 이 본문은 신앙 리더의 가르침의 행위가 은사로부터 비롯되었음을 시사한다. 엡4:7,11-12 만일 은사로부터 나온 것이 아니라면 그 사역은 일관성 있게 지속되기 어렵다. 교회에는 어떤 계급이나 신분 고하를 반영하는 제도적 장치가 없는 것이 원칙이다. 만일 제도적 장치가 있는 곳이라면 그곳에는 계급과 신분에 따른 강제성을 반영하는 권력 행사가 일어난다. 하지만 신앙적 리더십 현상은 은사를 따른 자발적 행위가 성령에 의해 펼쳐지는 방식이다. 이 과정에 영적 질서가 세워진다. 이 질서는 어떤 계급적 장치보다도 우월하다. 자발적 동기로부터 작동되기 때문이다.

초대교회가 신앙 리더를 세우는 조건사항에 가정에서 보여주는 역량을 중요하게 다루었다는 점에 주목할 필요가 있다. 본문 5절에 다음과 같은 구체적인 설명이 나온다. "사람이 자기 집을 다스릴 줄 알지 못하면 어찌 하나님의 교회를 돌보리요" 가정을 제대로 다스리지 못하는 자가 어떻게 교회의 신앙 리더로서의 책임을 완수할 수 있겠는가. 가정에서 잘 다스리는 모습을 보여주어야 한다는 말은 다음과 같은 두 가지 의미로 부연할 수 있다. 하나는 교회의 신앙 리더는 가정을 먼저 돌보아야 한다는 것이다. 다른 하나는 가정의 사례가 결국 교회의 사례를 만들어 낸다고 하는 그 연관성에 대한 의미이다. 이런 내용을 바클레이는 다음같이 쉽게 풀이하였다. "교회의 일에 충성한다는 이유로 자신의 가정이나 가족을 돌보지 않는 것은 결코 덕이 될 수 없고 명예로운 것도 아니다. 사랑과 마찬가지로 크리스천의 일은 가정으로부터 시작되는 것이다."[38] 가정 내부의 문제는 개인 프라이버시로 가려지는 현대라 하더라도 성경의 가르침은 신앙 리더에게 가정으로부터 자신의 역량을 입증할 것을 주문한다. 하나님 나라는 저 멀리 있는 외계의 어떤 곳이 아니라 지금 내 안과 내 가정 안에서 펼쳐지는 나라이다. 세상과는 거꾸로 가는 전복적인 모습이다.

5. 신앙 리더의 지위: 세상과는 거꾸로 가는 아름다운 지위

일반 조직의 리더십을 다루는 책들을 보면 리더의 지위와 관련하여 "지위는 리더십이 아니다."라고 소개한다.[39] 이 말은 당연한 말이기는 하지만 과연 한국과 같은 유교적 배경을 지니고 여전히 군사문화적 잔재가 남아 있는 집단주의 조직 사회에서도 이 주장이 과연 공감을 받을 수 있을까? 오히려 이것은 교회나 비영리 목적의 사적 모임에서나 가능한 표현이다. 한국 사회에서는 한 조직의 지위를 얻게 되면 그를 일단 그 조직의 지도자라고 생각한다.[40] 직장 조

---

38) 윌리암 바클레이, 『디모데전서』, 127.
39) 존 맥스웰, 『누가 최고의 리더가 되는가』, 이형욱 역 (파주: 넥서스BIZ, 2015), 1장.
40) 리더십을 전문적으로 연구하는 학자들은 리더와 보스를 구분한다. 필자도 여기에 공감한다. 그런데 한국말로 번역하는 경우에 리더는 지도자로 보스는 관리자로 번역하는 것이 통례이다. 필자는 여기엔 공감하지 않는다. 이 문제에 대해서는 이미 1장에서 밝힌 바 있다. 필자는 리더

직에서 지위가 주어지면 그에 해당되는 책임과 역할도 부여된다. 그는 그 지위로 인해 원하든 원하지 않든, 비자발적인 힘을 갖게 된다. 그는 주어진 권한 안에서 타인을 강제할 수 있는 합법적인 힘을 소유하게 되었다는 말이다. 이 지위가 가져다주는 힘의 논리로 인해 상사와 부하 간에 많은 부작용이 발생하게 된다. 공무원 조직이든 일반 기업 조직이든 아니면 군대 조직이든 그 조직을 움직이기 위해 생겨난 지위는 결국 강제성이라고 하는 피치 못할 속성으로 인해 부작용의 개연성을 시작부터 안고 간다. 이런 부작용을 최소화하기 위해 조직들은 자체적인 보완 방안의 하나로 소위 리더십 개발이라는 이름의 재교육 프로그램을 만들어 운영하는 사례가 많다. 문제는 비자발성의 속성을 지닌 조직을 자발성을 지닌 리더십으로 보완하겠다는 시도는 쉽지 않은 작업이라는 것이다.

『해리 프리그의 비밀전쟁』이란 영화가 있다. 폴 뉴만 주연의 이 영화는 제2차 세계 대전을 배경으로 준장 계급 5명의 영국군 장성들이 한꺼번에 이탈리아 군대에 포로로 잡히면서 벌어지는 이야기다. 이 영화의 전개는 영국군 장성들이 이탈리아 군에 포로로 잡혔지만 장성에 걸맞은 특별 대우를 받는 상황에서 시작된다. 계급화된 군대 문화는 연합국이든 주축국이든 할 것 없이 어느 곳에나 통용되고 있었다. 장성 5명이 포로가 되었다는 사실이 영국군 본부에 전달되자 영국군 본부는 그들을 구출할 계획을 세우게 된다. 이 일을 위해 특별한 인물을 발탁하게 된다. 그 발탁된 인물이 군대에서 4번씩이나 탈영했던 해리라는 이름의 일등병이었다. 그는 군 장성들을 탈출시키라는 작전 명령을 받고 적지에 투입된다. 그는 작전의 일환으로 장성들이 잡혀 있는 지역에 제 발로 걸어 들어가 장성 포로들과 합류한다. 그런데 이 침투공작에서 해리가 달고 들어간 계급장이 소장이었다. 침투부대에서 의도적으로 해리에게 잡힌 장

를 인도자로 번역할 것을 제안한다.

성들 보다 한 단계 높은 계급장을 달아 준 것이다. 젊은 나이지만 소장 계급장을 부착하고 들어가야 준장 5명에게 지시가 먹혀들어 가고 그들을 통솔할 수 있게 된다는 이유였다. 여차여차하여 모두를 탈출시키는 과정에 희극적 요소가 담겨 있다. 설정 자체가 영화이므로 다소 우스꽝스러운 모습이 웃음을 자아내지만 적어도 군대문화 만큼은 매우 사실적이고 현실적으로 묘사하는 이야기다.

군대는 여러 조직들 중에서 가장 강제성이 높은 조직이다. 이런 조직 속에서 자발적 동기를 불러일으키고 구성원들로 하여금 자원하는 행동을 유발시키겠다는 시도는 여타의 다른 조건이 함께 제공될 때 일시적으로 가능할 수 있다. 그렇다고 모든 경우에 적용 가능한 것도 아니다. 약방의 감초가 일부 기능을 제한적으로 발휘한다고 해서 모든 경우의 근원적 치료제라 주장한다면, 그것은 분명히 비논리적인 것이 될 것이다. 다른 예를 더 들어보자. 교사 한 분이 학생들을 잘 다루어 학급을 잘 운영하고 있었다. 그는 헌신적인 사람이고 자기 전공분야에서도 학식이 높을 뿐 아니라 티칭 능력도 탁월하여 학생들에게 인기가 높은 선생님이다. 자연히 학생들은 그를 잘 따른다, 이런 경우에 이 교사는 리더십이 좋다고 말한다면, 이 경우는 앞의 사례와는 전혀 다른 경우라는 것이다. 영리 혹은 특수 목적 집단에서 지위를 통해 전체를 이끌어야 하는 리더와, 학생 개개인의 성장이라고 하는 비영리 목적을 위해 학급을 이끄는 선생님을 동일한 선상에서 다룰 수 없다. 다시 말해, 기업이나 군대조직에서 상급자와 하급자 사이의 관계구조와, 학교의 교사와 학생 간 관계구조를 동일시 할 수 없다는 말이다. 그 관계가 어떤 관계구조인가에 따라 리더의 지위 문제는 많은 차이를 보이므로, 다양한 케이스의 문제를 단순화하여 하나의 개념으로 추출하는 방식의 논리는 사실상 배꼽으로 배를 가리는 식이 되는 것이다. 이것은 일반화의 오류이자 단순화의 오류라고 할 수 있다.

교회는 일반 조직이 아니다. 신앙적 동기에 의한 자발성이 강조된다. 교회는 유기적인 관계 구조 속에서 모두가 자신의 은사를 따른 자발적 사역이 펼쳐지는 것을 원칙으로 한다. 그런 까닭에 일반 사회의 지위의 경우와 같은 잣대를 가져다가 그대로 적용할 수 없다. 따라서 교회의 직분자들은 세상의 지위와는 다른 지위를 지닌다. 사회에서 지위는 일종의 권력에 해당된다. 조직사회에서 높은 지위는 직위라 하여 그 이하 직위 수준에서는 소유할 수 없는 특별한 역할과 책임 그리고 기득권이 주어진다. 직위가 높아질 때 따라오는 힘과 특권은 거기에 미치지 못하는 사람들에게 부러움의 대상이 된다. 그런 이유로 하여 사람들은 더 나은 직위를 얻기 위해 무던히도 노력하게 되는 것이다. 그리고 그 직위를 얻게 되면 따라오는 특권으로 인해 한동안 취한 상태가 된다. 물론 이것은 사람 간에 차이가 많고 일시적인 현상일 수 있다. 하지만 갑작스럽게 얻은 특권은 인간을 변질시킬 수 있다. 반면에 교회 직분자들이 지닌 지위는 세상 직위나 직책에서 나타나는 우월한 위치를 의미하지 않는다. 남을 강제할 수 있는 권한에 관한 것도 아니다. 그저 신앙 공동체 구성원들의 인정과 공감 속에서 그들에 의해 주어지는 선물이다. 지위인 듯 지위 아닌 지위같은 비지위다. 성경 본문은 이를 "집사의 직분을 잘한 자들은 아름다운 지위딤전 3:13상"를 얻는다는 말로 표현하고 있다. 이런 면에서 교회 리더의 지위는 세상 리더의 지위와는 결코 동일하지 않다.

6. 리더의 관계: 하나님 나라의 행복 나눔

사람과 사람 사이의 관계는 결국 그 사람의 인생에 행, 불행의 단초가 된다. 관계가 좋은 사람은 행복한 사람이라는 것에 모두가 동의한다. '행복한 삶'의 조건을 연구해온 로버트 윌딩거라는 하버드대 의대 교수는 1938년부터 85년간 첫 참가자 724명에서 그들의 후손까지 포함해 1300명이 넘는 인원의 삶을 2년마다 추적, 분석한 방대한 데이터를 통해 행복의 결정적 요인은 부도 명예도 학벌도 아니었다고 결론을 내린다. 인생에 오직 중요한 한 가지는 사람들과의 따뜻하고 의지할 수 있는 관계라고 강조하였다.[41] 결국, 사람들과의 관계가 인생의 행복을 좌우한다는 결론이다.

디모데전서 3장에서 신앙 리더는 주변 사람들과 어떤 관계를 지녀야 하는가 하는 점에 대한 교훈적 단서를 찾아보자. "3 다투지 아니하며.… 2 나그네를 대접하며.… 7 외인에게서도 선한 증거를 얻은 자.…" 교회도 다양한 배경을 가진 사람들로 구성되었기 때문에 사람들 간의 갈등을 피할 수 없다. 인간이 원죄를 범한 직후 첫 번째로 저지른 관계상의 문제행동은 아담이 하와에게 책임을 전가한 것이다. 아담의 책임전가 행동은 당연히 아내와의 갈등을 자아내기에 충분하였다. 인간 안에 죄가 들어와 나타난 첫 번째 변화는 사랑의 대상이 다툼의 대상이 되었다는 것이다. 가인과 아벨의 관계에서도 인간의 죄성은 동생에 대한 증오와 살인으로 여실히 드러났다. 인간이 지닌 이웃과의 갈등은 인류가 태어나면서부터 운명처럼 따라붙은 인간관계상의 부조화 현상이다.

세상 누구도 불편한 관계를 지닌 대상을 달가워하지 않는다. 세상 조직에서는 리더가 갑의 위치에 있기 마련이다. 상위 직위자는 조직 안에 불편한 관계를 지닌 대상을 조직에서 제거되거나 자리를 이동시키는 방식으로 갈등요소를 피한다. 만일 그런 불편한 상황에서조차 상급 직책을 지닌 리더가 부하 직원을 품고 이해하는 모습을 보인다면 관계상의 어려움을 호인스럽게 풀어낸 탁월한 리더로 인정을 받게 될 것이다. 이는 상하직급이 분명한 상황에서

---

41) 로버트 월딩거, 『세상에서 가장 긴 행복 탐구 보고서』, 박선령 역 (서울: 비즈니스북스, 2023), 443.

예상을 뛰어넘는 행동을 통해 오히려 반대급부를 발생시킨 사례가 된다.

관계상의 어려움이 교회 상황의 경우에는 어떨까? 교회의 모든 구성원은 수평적 관계에 있는 터라 불편한 관계가 벌어지는 경우, 교회에서는 사소한 문제도 세상의 일반 조직보다 더 심각하게 번질 수 있다. 교회에서 문제를 해결하는 최선의 원리는 직분자가 섬김의 자세로 자신을 낮추어 갈등의 요소를 해소하는 방법이다. "으뜸이 되고자 하는 자는 먼저 섬기는 자가 되어야 하리라 마20:26" 교회의 구성원 간의 갈등의 문제는 신앙 리더에게 주어진 매우 큰 과제이다. 교회의 리더가 되는 것은 갈등 문제를 십자가를 통한 화목의 신학으로 극복하는 자가 되는 것이다.

신앙 리더에게 주어진 관계상의 과제는 화목의 문제에만 국한 되지 않는다. 보다 적극적으로 주변과 외인들에게까지 그 폭을 넓힌다. "나그네를 대접하며 φιλόξενον." 고대 근동 지역의 풍습은 나그네를 대접하는 것을 미덕으로 여겨졌다. 이스라엘 땅의 상당 부분은 기온이 높은 사막 지대여서 물이 적고, 몸을 피할 곳도 마땅치 않아 지역 주민들의 도움이 없이는 나그네가 길을 가기에 부적절한 환경조건을 지닌 곳이다. 특히 이스라엘 사람들은 절기 행사를 치루기 위해 유다지역 뿐 아니라 중동 여러 지역의 디아스포라 유대인들까지 예루살렘을 찾아 나오는 경우가 많았다. 이런 경우, 토라의 가르침을 따라 나그네와 고아와 과부와 같이 도움을 필요로 하는 어려운 처지의 사람들을 돕는 문화가 널리 심어져 있었다.

그런가 하면 그리스도인들 가운데는 순회하는 교사나 전도자가 있었다. 이들에게 그리스도인 가정의 접대는 그들에게는 감격스런 일이었다. 그 이유는 당시의 사회적 분위기는 그리스도인들에 대해 비우호적이었고 때로는 적대적인 상황으로 전개되는 경우가 빈번하였기 때문이다. 이런 상황에서 복음의 신을 신고 순회 사역을 다니는 그리스도인 사역자들에게 따뜻한 접대를 베푸는 것은 덕을 세우는 일이었다. 이러한 섬김은 서로에게 하나님의 축복을 나누는 일이었다. 낯선 나그네를 대접하는 과정은 단순한 풍습이 아니라 그리스도인들 간의 교제를 통해 형제애를 확인하게 되는 과정이었다.

신앙 리더에게 주어진 관계상의 문제는 여기에 머물지 않는다, 당시 나그네들 중에는 집이 없는 노예들도 많이 있었다. 이들을 접대하는 일은 쉬운 일은 아니었을 것이다. 그러나 그리스도인들, 특히 교회를 인도하는 신앙 리더는 이런 대상에게까지 선한 모범을 보여야 했다. 더구나 나그네를 잘 대접하는 것은 그 대상을 그리스도인만으로 한정시키지 않고 있다. 이 점은 다음 구절에서 드러난다. "외인에게서도 선한 증거를 가진 자"라야 한다는 것이다. 주변 사람들과의 관계는 이제 외인에게까지 선한 증거로 확대되고 있다. '외인'이라는 표현은 그리스도인이 아닌 자를 의미한다. 그가 만나는 모든 사람들에 대해 선한 증거를 갖는 것은 신앙 리더의 조건이었다.

이상에서 보듯 신앙 리더는 일반 사회에서는 다루지 않는 영역에까지 본이 되는 모습을 보여야 한다. 이는 우리의 인성으로는 어려운 일입니다. 성령님으로부터 성품과 능력을 공급 받지 않으면 이룰 수 없는 일이다. 이렇듯 원천에서 오는 차이가 세속의 리더와 신앙 리더의 특성 차이를 만든다.

4장·신앙 리더의 리더십 전개 과정과 결과

리더십이란 용어는 '리더'라는 단어에 접미사인 '십'-ship이 붙어 형성된 단어라는 것을 앞서 제시한 바 있다. 여기서 ship은 품격, 행위, 태도정신, 역량, 지위, 주변사람들과의 관계 등의 의미로 leader의 개념을 확장한다. 여기에 더하여 리더십 개념은 리더의 역할이 미치는 과정 혹은 그 결과를 다루는 문맥에서도 사용된다. 실제로 리더의 역할이 펼쳐지는 과정과 결과는 사회 조직에도 늘상 주목받는 주제이기 때문에 그 원리를 찾아 리더십 개발에 반영하려는 시도들이 계속되어 왔다. 그러므로 남은 지상을 통해 교회 직분자들에게 필요한 리더십 전개를 위한 준비, 전개 과정의 유의할 점, 그리고 리더십이 남길 수 있는 결과를 다루어 보겠다.

1. 리더십 전개를 위한 준비

디모데전서에는 다음의 구절을 통해 리더십이 펼쳐지기 위한 준비 과정에 필요한 시사점을 소개해 준다. 이 구절은 바울이 디모데에게 전한 말이지만 실제로는 교회 안의 모든 신앙 리더들에게 해당되는 말이기도 하다. "6 네가 이것으로 형제를 깨우치면 그리스도 예수의 좋은 일꾼이 되어 믿음의 말씀과 네가 따르는 좋은 교훈으로 양육을 받으리라".딤전4:6

여기서 "형제를 깨우치면" 이 말이 매우 의미심장하다. 이 구절의 원문에서 사용된 '휴포티세메노스'ὑποτιθέμενος는 '휴포티세미'ὑποτίθημι에서 유래된 말인데, 이 단어는 "알아가게 해 준다."는 의미를 담고 있다. 그러니까 일방적으로 가르치는 것이 아니라 조언하고 암시하고 자문하는 과정을 통해 신앙인이 스스로 진리를 터득해 가도록 돕는다는 것이다. 신앙의 리더는 율법사들처럼 일방적이고 강압적인 방법이 아니라, 온유하고 친절한 자세로 형제에게 배움의 과정을 선사함으로써 그들이 스스로 옳은 길을 깨닫도록 하는 방식으로 사람을 일깨워 준다는 것이다.

그런데 놀랍게도 리더 자신도 이러한 과정을 거치면서 자기의 성장을 경험하게 된다. 한 마디로 이중의 효과가 나타나게 되는 것이다. 본문 6절을 표준새번역에서는 이렇게 기록한다. "그대가 이런 교훈으로 형제자매를 깨우치면, 그대는 믿음의 말씀과 그대가 지금까지 좇아온 좋은 교훈으로 양육을 받아서 그리스도 예수의 좋은 일꾼이 될 것입니다." 바울은 디모데에게 형제자매를 깨우치는 이런 섬김의 과정이 오히려 자신에게 성숙의 과정임을 시사하고 있다. 교회의 구성원은 사역의 현장에서 은사를 따라 사역함으로써 교회의 모든 구성원을 세워주는 역할을 한다. 이 과정에서 그 사역자의 역할을 보고 신앙 공동체의 구성원들이 그를 인정하게 될 때 그는 직분자리더로 세워지는 것이다. 이런 절차가 교회의 리더가 세워지는 원래의 방식이다. 요약하면, 사역의 현장에서 한 사람이 자기 은사를 따라 좋은 열매를 맺을 때 교회 구성원들이 그 열매를 확인하여 직분자리더로 세워서 그 사역을 지속하게 하는 것이다. 교회는 마땅히 세워져야 할 인물을 세움으로써 교회를 든든하게 하는 것이다. 이처럼 직분자가 세워진다고 하는 것은 공동체 모두의 공감 속에서 자연스런 원리에 따른 것이며 이 자연스런 원리의 적용은 다른 지체를 제대로 섬기고 공동체 전체에 유익을 드러내는 결과로 이어진다. 아울러 그 자신이 은사의 지속적인 개발을 통해 자신의 성장을 경험하게 되는 것이기도 하다. 바울은 이 점을 다음과 같이 디모데에게 말한다.

> 네 속에 있는 은사 곧 장로의 회에서 안수 받을 때에 예언을 통하여 받은 것을 가볍게 여기지 말며 이 모든 일에 전심전력하여 너의 성숙함을 모든 사람에게 나타나게 하라 네가 네 자신과 가르침을 살펴 이 일을 계속하라 이것을 행함으로 네 자신과 네게 듣는 자를 구원하리라딤4:14-16

신앙 리더가 리더십을 발휘하는 과정은 본인이 갖추고 있는 역량만큼만 발휘되는 것이 자연스럽다. 실제로 남을 섬기고 일깨우는 작업은 일방적인 역할로 그치는 경우가 많아서 지속성이 떨어지게 된다. 금방 소진된다는 말이다. 자신이 지닌 것 이상으로 무언가를 내놓는 것은 자신을 소진시키는 정도를 넘어 병들게 한다. 예컨대, 프로 야구 경기에서는 선수를 보호하기 위해 투수로 하여금 한 게임당 개인 투구수를 제한하여 그 이상의 공을 던지지 못하게 한다. 한국 프로야구의 초창기 역사를 보면 팀의 승리에만 집착하던 나머지 지나치게 많은 공을 던졌던 투수가 얼마 못가 선수생활을 그만두게 되었던 실제 사례들이 있었다. 선수에게 무리한 요구를 하다가 그가 병들어 선수 생활을 못하게 만든 것이다. 한꺼번에 더 많은 황금알을 얻겠노라고 거위의 배를 가른 격이다. 어떤 종류의 운동경기이든 선수보호가 우선시 되어야 한다. 마찬가지이다. 자기 속에 없는 것을 억지로 짜내다 보면 부작용을 일으키기 마련이다. 과도한 것은 어느 것이든 문제를 발생시킨다. 그리스도인은 "따르는 좋은 교훈으로 지속적으로 양육을 받아서" 과도한 역할로 무리가 되는 일이 없어야 한다. 이런 원리는 교회 직분자에게도 동일하게 적용된다. 특히, 신앙의 말씀으로 지속적인 양육을 받아야 하는 것은 직분자에게 더욱 요청되는 일이다. 본문에서 바울은 디모데에게 이 점을 권면하고 있다. 동시에 모든 교회 리더들에게도 동일한 권고를 하고 있는 것이다.

2. 리더십 전개 과정의 유의점

교회 직분자가 교회사역을 하다보면 자신도 모르게 세상에서 익숙했던 생각을 그대로 가져다 사용하려는 관성이 나타난다. 그래서 바울은 디모데에게 권면하면서 그에 따른 유의사항을 알려준다. "7 망령되고 허탄한 신화를 버리고 경건에 이르도록 네 자신을 연단하라 8 육체의 연단은 약간의 유익이 있으나 경건은 범사에 유익하니 금생과 내생에 약속이 있느니라 9 미쁘다 이 말이여 모든 사람들이 받을 만하도다.딤전4:7-9"

여기서 "망령되고 허탄한 신화"란 당시 에베소 교회 내의 거짓된 가르침을 염두에 두고 바울이 주의를 준 것이다. 소아시아 지역을 휩쓸고 있던 사상은 영지주의 사상이었다. 당시 이 사상은 고대 그리스 시절의 신화들과 소아시아 지역의 신비주의 종교 신화들이 뒤엉켜 영계에 대한 허황된 사상을 유포하고 있었다. 이 사상은 소아시아 지역 사람들에게 오랫동안 익숙한 신화들을 버무려 엮어낸 탓에 그 지역민들은 자연스럽게 이 사상을 흡수하였다. 또한, 고대 그리스의 성속이원론에 근거하여 거룩한 영혼을 추구하기 위해 속된 육체를 금욕적으로 다루어야 한다는 주장이 가르쳐졌다. 이에 반대하여 바울은 육체의 연단에 대한 한계를 말하면서 그리스도인이 근본적으로 추구해야 할 것은 경건이라고 교훈하고 있다. 이 경건εὐσέβεια은 하나님을 믿음으로서 그분의 거룩한 성품을 닮는 것을 말한다.

야고보에 따르면 참된 경건은 "자기를 지켜 세속에 물들지 아니"하며 어려움에 처한 사람들을 돌보는 것약1:27이라고 말한다. 이것은 당시의 영지주의 신화가 개인 금욕적 연단을 통해 성장해야 한다고 주장했던 것에 반해, 바울은 그리스도인의 성장은 예수님을 닮아가는 가운데 그 말씀의 교훈을 따라 어려움에 처한 사람들을 섬기는 가운데서 형성되는 것임을 교훈한 것이다. 오늘날 일반 리더십에서는 의사소통 기술이나 세련된 이미지 관리기술 따위의 소재들을 강조한다. 물론 이런 것들도 어느 정도 유익이 있을 수 있다. 그러나 신앙 리더가 보여주어야 할 것은 세속에 물들지 않고 예수님이 보여주신 진정한 섬김과 돌봄의 본보기를 따르는 것이다. 이것은 결국 예수님의 성품을 따라 사는 것이 신앙 리더의 본분이라는 말이다. 이러한 삶의 모본만이 교회 안에서 다른 지체들의 마음을 진심으로 움직여 자발적으로 따를 수 있게 한다.

"10 이를 위하여 우리가 수고하고 진력하는 것은 우리 소망을 살아계신 하나님께 둠이니 곧 모든 사람 특히 믿는 자들의 구주시라" 신앙 리더는 어떤 상황에서도 자신의 정체성을 담아내는 행위와 지향점을 놓쳐서는 안 된다. 세상의 많은 리더는 결국 배의 키를 잡고 있는 선장과 같다. 세상이라고 하는 대양 속에 있는 선장은 세상의 풍랑과 바람을 타는 기술자라고 할 수 있다. 바다는 항상 잔잔한 것만이 아니다. 때로는 광풍이 일어 산더미 같은 파도가 덮치고 거친 풍랑이 사람들을 위협한다. 선장은 그의 기술과 능력으로 많은 사람들을 그 풍랑에서 살려내기도 하고 때로는 파멸에 이르게 할 수도 있다. 그런데 교회의 리더는 그 역할이 다르다. 그는 다만, 키를 잡고 있는 사람일 뿐 진정한 배의 선장이 아니다. 교회의 선장은 그리스도이시며 키를 주관하는 분도 이분이시다. 교회의 리더는 그분의 지시를 따라 키를 움직여야 하다. 교회의 키를 잡은 신앙 리더는 배의 진짜 주인이신 그리스도의 지시를 따르는 것이 가장 안전한 길임을 알아야 하고 그 길만이 모두를 구하는 길이라는 사실을 확신해야 한다.

세상 사람들은 리더에게 "비전을 보이라, 목표를 성취하라"고 요구한다. 따라서 세상의 리더는 제 역할을 감당하기 위해서 시대정신Zeit Geist을 통찰하고 트렌드에 따라 대상자고객들의 취향과 감성을 직관하며 거기에 걸맞은 비전을 제시하고 실행한다. 그러나 신앙 리더, 특히 교회 인도자격인 담임 목회자는 그런 타입의 세상 지도자가 아니다. 그의 소임은 교회 구성원 모두가 한 마음으로 그리스도를 소망하게 하는 것이다. 이 소망은 그저 먹이를 던져주는 주인을 바라보는 견공의 바라봄이 아니다. 이 소망은, 결국 세상에서 얻을 것은 화려한 초라함이며 거짓된 욕망이며 속빈 강정 같은 허망함이라는 것을 깨달아 알고 있기에 품게 되는 최종의 거룩함이다. 이것은 세상 대부분의 승자들이 추구하고 패자들이 부러워하는 소욕 따위와는 완전히 대조되는 것이다. 그래서 전복적이다. 이 소망은 유일한 진리를 발견했기에 갖는 동기이며 사막 한복판에서 발견한 생명수를 향해 나아가는 절박함이며 지상의 어떤 것과도 비견될 수 없는 순결한 소원이다.

 세상은 거센 풍랑으로 그리스도인들을 끊임없이 위협한다. 바다가 잔잔해 지면 위협이 사라진 것으로 오해할 수 있다. 모든 것이 잔잔해 진 시기에는 바람이 불지 않아 오히려 앞으로 전진 하지 못하게 되는 또 다른 문제가 발생한다. 외부 문제가 지나가고 나면, 이제는 반대로 내부에서 분열과 갈등문제가 일어나게 된다. 외부의 위협으로 인한 시험이나 내부의 갈등으로 인한 고통의 시간은 교회 구성원들에게 있어서 모두 어려운 시간들이다. 이런 시기에 교회의 리더는 탁월한 리더십을 발휘하여 모든 문제를 해결해야 한다고? 그런 사람은 세상의 영웅이다. 성경의 관점에서 볼 때, 교회에는 영웅이 필요한 것이 아니다. 교회는 전혀 다른 유형의 사람들의 모임이다. 교회는 성령에 붙들린 바 된 리더의 안내를 받아 모두가 그리스도를 바라보는 소망 가운데서 한마음을 이루는 것이 가장 중요하다. 바울은 디모데에게 그 점을 상기시키고 있는 것이다. 인간 영웅은 외부의 위협요소를 외교술이나 탁월한 전문지식으로 차단하고 내부의 갈등을 찾아 제거하려 할 것이다. 물론 더러는 잘 해 낼 것이고 더러는 오히려 그 리더가 제거되는 결말을 보게 될지도 모른다. 그러나 교회는 그런 식으로 문제를 해결하는 길과는 다른 길을 간다. 외부적 환경문제이든 내부의 갈등 문제이든 그 문제의 근본 원인은 대개 죄의 문제이고 죄의 해결은 그리스도 밖에 없다. 그래서 구주이신 그리스도만이 소망인 것이다. 바울은 이것을 가르치라고 디모데에게 강력히 권고하고 있는 것이다. "10 이를 위하여 우리가 수고하고 힘쓰는 것은 우리 소망을 살아 계신 하나님께 둠이니 곧 모든 사람 특히 믿는 자들의 구주시라 11 너는 이것들을 명하고 가르치라"

3. 리더십에 필요한 요소와 그 결과

지난 20세기 많은 사람들에게 영감을 주었던 영국 글레스고 대학의 성서신학자이면서 설교가였던 윌리엄 바클레이1907-1978는 그리스도인이 어떤 정체성으로 살아가는 존재인가를 다음과 같이 정확히 집어내었다.

> 참다운 그리스도인은 자기 자신을 규칙이나 계율에 예속시킴으로써 하나님을 섬기는 것이 아니다, 그것은 하나님의 창조를 모욕하는 일이다. 그리스도인은 하나님의 선한 은사를 감사함으로 받고 하나님께서 모든 것을 선하게 만드신 세계 속에서 살고 있다는 것을 늘 자각하는 것으로써 하나님을 섬기고 있는 것이다. 더욱이 하나님께서 주시는 것을 남들과 서로 나누어 갖고 마음으로부터 감사함으로 하나님을 섬기는 것이다.[42]

바클레이는 참다운 그리스도인의 모습을 정확하게 그려낸다. 모든 선함의 창조적 의미를 자각하고 이웃과 나누면서 살아갈 때 이것이 하나님을 제대로 섬기는 것이라고 본 것이다. 참된 그리스도인의 전형적인 삶을 정교하게 그림

---

42) 바클레이, 『디모데전서』, 156.

으로써 감탄이 나올 지경이다. 교회의 리더는 바로 이 점에서 모본이 되어야 한다. 바울은 디모데에게 이렇게 교훈한다. "이 모든 일에 전심전력하여 너의 성숙함을 모든 사람에게 나타나게 하라 네가 네 자신과 가르침을 살펴 이 일을 계속하라 이것을 행함으로 네 자신과 네게 듣는 자를 구원하리라딤 4:14-16"

이 본문은 리더가 갖춰야 할 리더십의 세 가지 핵심 요소를 제시하면서 그에 따른 직접적인 결과를 설명한다. 첫째는 모든 일에 전심전력하는 모습이다. 신앙 범주 안팎에서 전심전력하는 모습은 모두에게 본이 된다. 열심 있는 모습은 누구에게나 "보시기에 좋았더라"다. 일반적으로 사람은 자신이 게으르면서도 다른 사람의 게으름을 용납하지 못하는 경향을 가지고 있다. 기독교에서 게으름은 죄다. 반면에 모든 일에 전심전력하는 모습은 리더들에게 필수적인 것이다. 이를 지켜보는 주변 사람들은 그로인해 감동을 받고 배우고 싶은 동기를 얻는다. 둘째, 리더는 모든 사람들에게 자신의 성숙함을 보여줄 수 있어야 한다. 특히 인격적으로 성숙을 보여야 한다. 성숙된 사람은 미성숙한 사람을 품고 그의 약점을 덮어줄 수 있는 사람이다. 교회의 리더는 이 면에서 탁월한 면을 보이는 것이 필요하다. 그렇게 준비된 리더는 다른 지체들을 인도할 만한 준비가 된 것이다. 셋째는 은사를 발휘할 사역을 일관성 있게 지속하는 것이다. 리더에게 있어서 일관성은 필수적인 속성이다. 바람처럼 파도처럼 힘에 밀려 요동하는 것은 교회 리더로서의 자격을 갖추지 못한 것이다. 교회의 리더는 세상의 트렌드와 유행을 따르는 경영자들과는 다르다. 자신에게 주어진 사명을 은사에 기초하여 일관성 있게 지속하는 것, 그것이 교회의 신앙 리더가 보여주어야 할 모습이다.

지금 제시한 리더가 갖추어야 할 세 요소는 사실상 일반 리더십에서도 공유되면 유용한 것들이다. 그 면에서는 교회의 리더들과 사회의 리더들이 별반 다를 것이 없어 보이는 듯하다. 하지만 이미 밝힌 대로, 리더십의 원천과 목적에 근본적인 차이가 있다. 신앙 리더십의 원천은 성령의 은사와 그분으로부터 오는 성품이며 그 리더십의 목적은 따르는 자들을 구원의 길, 성화의 길로 인도하는 것이다. 그들에게 부자 되는 길을 안내하기 위함이 아니다. 그들에게 성공의 길을 지도하기 위한 것도 아니다. 그들로 하여금 세상에서 높은 지위와 권력을 얻도록 하는 것이 목적이 아니라는 말이다. 더더구나 기업의 경영자들처럼 과업을 성취하여 보너스를 더 받게 해주는 것이 아니다. 세상의 전문기술자들처럼 배우는 자들로 하여금 재능을 연마케 하여 자기성취감, 자기실현감을 북돋워 주는 것도 아니다. 위대한 장군처럼 승리를 얻어 승자의 쾌감을 나눠주는 것도 아니다. 교회의 리더십의 목적은 궁극점이 다르다. 그 근본 목적은 하나님 나라이다. 목적의 차이는 근본의 차이다. 목적이 다르면 종착점이 다를 수밖에 없다.[43] 교회 리더는 세상과 본질적으로 다른 목적을 위해 쓰임 받는 존재이다. 최종 목적의 차이는 결과의 차이도 보여준다. 이런 점에서 성경의 원리를 터득한 신앙 리더의 리더십은 세상의 원리와는 다른 길을 보여준다. 그런 면에서 전복적인 길이라 표현할 만하다.

---

43) 아도람 저드슨은 버마 현지에서 사역한 미국인 최초의 선교사였다. 그는 선교사로서 전심으로 쏟은 사역에서 가시적 결과를 얻는 데는 큰 성과가 없었다. 심지어 그가 사역한 첫 7년간 한 명의 회심자도 얻지 못했다. 그럼에도 저드슨은 위대한 리더였다. 그의 영향은 아들에게 이어졌고 그의 발자취는 수많은 후대 선교사들에게 남겨졌다. 결과적으로 그는 선교사로서 귀중한 유산을 물려주게 되었다. 그는 하나님 나라의 밀알이요 누룩이었다. 그로 인해 당시로서는 비가시적이었으나 사실은 더 크고 진심어린, 수많은 열매가 맺어졌다. 테일러 필드, 『거꾸로 된 리더십』, 18-9. 성취 결과가 미미한 리더를 세상 사람은 결코 반기지 않는다. 그러나 하나님 나라의 방식은 세상 방식과는 반대되는 경우가 흔하다.

나오며

　본 글은 성경의 관점에서 교회의 리더들이 갖춰야 할 리더십의 문제를 다루었다. 우리는 여러 측면의 개념 분석을 통해 성경적 리더십은, 세상의 지도자들에게서 나타나는 관례적 개념인식과는 근본적인 차이가 있음을 살펴보았다. 현재 교계에서 소개되고 있는 수많은 리더십 관련 서적들을 보면 의사소통 기술, 대인관계기술, 이미지 메이킹 기술, 사람 다루는 기술 등등 일반 기업이나, 행정기관에서 활용되고 통용되는 기술 중심의 리더십을 그대로 소개하는 경향이 크다. 물론 이런 접근방식이 무의미한 것은 아닐 것이다. 그러나 성경의 근본적 교훈을 간과한 채로 주변적인 것만을 다루게 되면 근본 문제를 놓치게 된다. 우리에게 가장 중요한 것은 하나님 나라, 예수 그리스도의 주권, 구원의 복음이다. 리더십은 단지 그 하부 개념에 속할 뿐이다. 리더십 개념이 기독교의 중심 개념을 넘어, 그 위에 위치하게 되면, 주객이 전도되는 결과로 이어질 수 있다. 결국 그것은 기독교를 전복시키는 행위이다. 이제는 통례적인 리더십 개념을 전복시켜야 한다. 그것이 문제를 바로 잡는 길이다.
　교회는 신앙인들에게 세상으로 나아가기 위한 훈련소와 같은 기능도 한다. 훈련소에서의 훈련과 준비는 배속될 부대생활을 위한 것이다. 잘 훈련된 훈련병만이 부대생활을 온전히 풀어나갈 수 있다. 마찬가지로 신앙 리더들은 신앙 공동체를 통해 성숙의 과정, 내면화의 과정을 제대로 거칠 때에 비로소 사회 현장에서도 자기 몫을 무리 없이 감당할 수 있게 된다. 이렇게 할 때 교회는 세상과 무관하지 않으며 교회에서 터득한 리더십은 그리스도인들이 세상을 이롭게 하는 모본임을 증명하는 도구가 될 것이다. 세상에서 모본이 되기 위한 더 구체적인 이야기가 이 책의 2부 3부 4부에서 계속된다.

참고문헌

도널드 크레이빌.『예수가 바라본 하나님 나라』. 김기철 역. 서울: 복있는 사람, 2014.
로버트 뱅크스 & 버니스 M. 레드베터.『신앙의 눈으로 본 리더십』. 파주: 살림, 2008.
로버트 월딩거.『세상에서 가장 긴 행복 탐구 보고서』. 박선령 역. 서울: 비즈니스북스, 2023.
마르틴 헹엘. "유대교와 헬레니즘."「신약논단」, 제17권 제3호 (2010년 가을): 829-869.
마이클 샌델.『돈으로 살 수 없는 것들』. 안기순 역. 서울: 와이즈베리, 2012.
브루스 M. 메츠거.『신약성서개설』. 나채운 역. 서울: 대한기독교출판사, 1993.
스테이시 라인하트.『당신의 리더십을 전복시켜라』. 주상지 역. 서울: 베다니출판사, 2005.
스티븐 코비.『성공하는 사람들의 7가지 습관』. 서울: 김영사, 1998.
심민수.『교회론』. 성남: 나와너, 2020.
요세푸스.『유대 고대사 Ⅰ, Ⅱ, Ⅲ, Ⅳ』. 김지찬 역. 서울: 생명의 말씀사, 2006.
요아킴 예레미아스.『예수시대의 예루살렘』. 한국신학연구소 역, 천안: 한국신학연구소, 1994.
윌리암 바클레이.『디모데전서』. 박근용 역. 서울: 기독교문사, 1993.
윤방섭.『리더십 이해』. 서울: 학현사, 2019.
은준관 외.『현대와 신학』. 연세대학교 연합신학대학원, 1993.
이안 로버트슨.『승자의 뇌』. 이경식 역. 서울: RHK, 2024.
제리 마나스.『나폴레옹』. 정진영 역. 서울: 김영사, 2005.
제임스 C. 헌터.『서번트 리더십』. 김광수 역. 서울: 시대의 창, 2013.
존 맥스웰.『누가 최고의 리더가 되는가』. 이형욱 역. 파주: 넥서스 BIZ, 2015.
짐 월리스.『가치란 무엇인가』. 박세혁 역. 서울: IVP, 2011
테일러 필드.『거꾸로 된 리더십』. 이선숙 역. 서울: 아가페북스, 2013.
피터 G. 노스하우스.『리더십의 이론과 실제』. 김남현 역. 서울: 한빛아카데미, 2023.
하비 콕스.『신이 된 시장』. 유강은 역. 서울: 문예출판사, 2018.
한병철.『권력이란 무엇인가』. 서울: 문학과지성사, 2012.

Chemers, Martin M. *An Integrative Theory of Leadership*. NY: Psychology Press, 1997.

Cox Harvey. The Market as God.

https://www.theatlantic.com/magazine/archive/1999/03/the-market-as-god/306397/

Hoge, Dean R. & David A. Roozen (eds) Understanding Church Growth and Decline: *1950-1978*. N.Y.: The Pilgrim Press, 1981.

Strong-Maeng Hebrew and Greek Korean Concise Dictionary. https://www.etymonline.com/

https://agape-biblia.org/literatura/Constitutions-of-the-Holy-Apostles.pdf

https://www.ansantimes.co.kr/news/articleView.html?idxno=13436

2부
아나뱁티스트 리더십을 말하다

한림대학교 명예교수
안동규

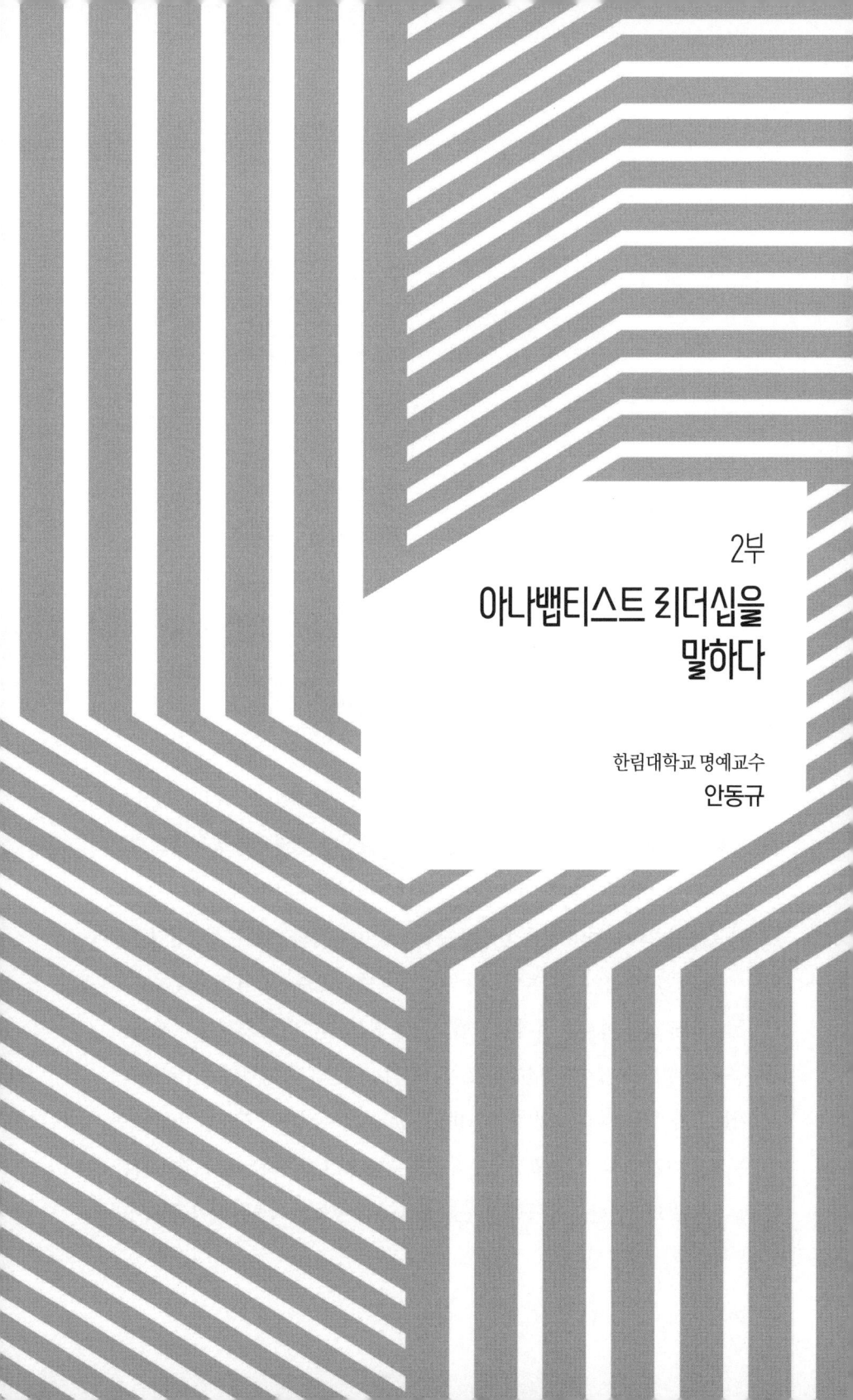

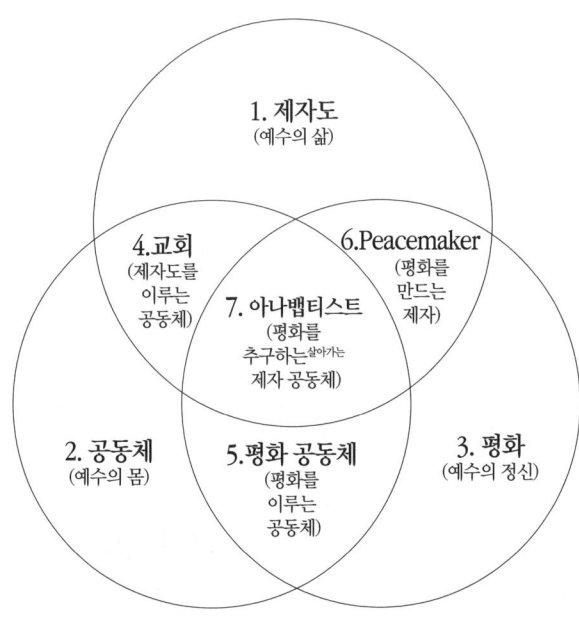

아나뱁티스트 리더십 모형

그림으로 설명한 아나뱁티스트 리더십모형은 아나뱁티스트 리더십을 이해하기 쉽게 한 눈으로 볼 수 있게 단순화 한 것이다. 제자도와 공동체 그리고 평화는 아나뱁티즘을 3단어로 요약하는 대표적인 표현이다. 제자도는 예수를 따르는 사람과 삶들이다. 공동체는 예수의 몸이다. 평화는 예수의 정신이다.

예수의 사람들인 제자들이 예수의 정신인 평화를 추구하며 예수의 몸인 공동체와 교회를 이루는 것이 아나뱁티즘의 핵심이다. 위의 모형에서 제자도, 공동체, 평화가 겹치는 7번이 바로 아나뱁티스트인데 즉 평화를 추구하는살아가는 제자공동체이다. 4의 영역은 바로 교회인데 이것은 제자도를 이루는 공동체를 그리고 5는 평화공동체로서 평화를 이루며 살아가는 공동체와 기관, 운동들을 의미한다. 6의 영역은 Peacemaker 즉 평화를 이루는 제자들을 의미한다. 단순화된 경향은 있지만 제자도, 공동체, 그리고 평화를 이해하는 길잡이 역할을 할 것이다. 필자는 이것을 아나뱁티스트 리더십 모형으로 확장한 것이다. 즉 제자도는 제자도 리더십으로 공동체는 공동체 리더십으로 그리고 평화는 평화 리더십으로 확장하여 이해하면 아나뱁티스트 리더십을 이해할 수가 있는 것이다. 리더십을 중심으로 생각한다면 제자도 리더십은 리더십의 주체로서 제자를 강조한 것이다, 서번트 리더십과도 통하는 개념이다. 리더가 예수의 제자로서 제자도를 완성하는 것이 제자도 리더십의 본질이다. 제자도 리더십은 아나뱁티스트의 핵심이다. 공동체 리더십은 리더십을 개인이 아닌 공동체적으로 발휘하는 것을 의미한다. 즉 공동체의 공동체에 의한 공동체를 위한 리더십을 말한다. 자주 회자되는 Of the people, By the people, For the people의 표현과 상통한다. 공동체 리더십은 공동체가 리더십의 객체나 대상으로 이해되는 것이 아니라 주체로서 리더십이 발휘되는 것을 의미한다. 공동체 리더십은 아나뱁티스트에게서 배우는 지혜다. 평화 리더십은 리더십의 우선 지향점, 방법, 목적이 평화라는 것이다. 평화로의 길은 없다. 평화가 길이다. 평화 리더십은 평화를 최고가치 절대가치로 삼은 아나뱁티스트에게서 배우는 가치다.

들어가며(더크 이야기)

한 장의 판화가 아나뱁티스트가 누구인지, 그들의 삶과 신념이 무엇인지를 가장 분명하게 말해주고 있다. 얀 루이켄Jan Luyken의 동판은 '순교자들의 거울'이라는 책에 실려있는 작품으로 전 세계의 아나뱁티스트의 교회와 가정 그리고 기관들에 가장 많이 걸린 그림이다. 순교자 더크 윌렘스Dirk Willemes에 대한 그림인데 더크는 네덜란드의 아스페른에 사는 젊은이였는데 그가 십대 때에 아나뱁티스트를 만나 세례를 받고 법으로 금지된 가정교회에 참여하며 그리스도의 제자도에 관한 비전을 가지고 아나뱁티즘의 신앙을 따르며 살다가, 더크는 체포되고 감옥에 갇혔다. 그러나 탈출을 위해 천으로 연결한 줄로 창문을 통해 감옥을 빠져나왔고 그는 도망치며 안전한 곳으로 계속 달렸다.

그가 탈옥한 날은 이른 봄날이었고 그때 까지도 녹지 않았던 연못에 이르렀을 때, 더크는 자신을 잡으러 뒤쫓아 오던 간수가 얼음이 깨어지면서 물에 빠진 것을 알았고 반사적으로 얼음과 연못 속에 빠진 간수를 그림에서 보듯이 양 손을 뻗어 구해주었다. 더크는 강저편 상관의 명령때문에 더크는 다시 자신이 구해진 간수에게 잡혔고 체포되어 탈출하기 힘든 아스페레교구 교회성체에 갇혔다. 더크는 아나뱁티스이었기에 이단으로 몰려 심한 고문을 받고 결국 화형을 선고받고 1569년 5월 16일 자신이 행한 그리스도 사랑의 실천의 댓가로 화형을 당해 순교하였다. 여러 세기에 걸쳐 이 그림은 보는 사람의 상상력을 사로 잡고 아나뱁티스트의 제자도, 평화, 순교적 따름이 과연 무엇인지를 이해하는데 도움을 주었다.

1장 · 아나뱁티즘/아나뱁티스트란 무엇인가.

16세기 종교개혁시기에 일어났던 몇몇 다양한 운동 중에 하나인 아나뱁티스트Anabaptist는 급진적근원적 종교개혁Radical Reformation 으로 구분되어 재세례파, 재침례교, 재세례신앙운동 등 다양하게 번역되어 불려지고 있다. 본 문에서는 아나뱁티스트와 아나뱁티즘으로 번역없이 직접 사용하려고 한다. 아나뱁티즘은 영어로는 rebaptism을 의미하는데 그것은 당시 반대파인 루터파가 유아세례를 거부한 아나뱁티스트에게 냉소적으로 붙여진 '재세례를 주장하는 사람들'로 불렷기 때문이다. 급진적으로 번역한 Radical의 어원적인 뜻은 라틴어의 뿌리Radius라는 의미인데 급진적이라기 보다는 근원적으로 해석하는 것이 바람직할 것이다. 가톨릭과 당시의 지배 계급 그리고 루터의 입장에서 보면 아나뱁티스는 급진적이었을 것이고 초대교회나 진정한 개혁을 추구하는 사람들의 입장에서 보면 근원적이라고 볼 수 있다. 그렇기 때문에 아나뱁티스트는 초대교회와 원형적 그리스도 교회로의 개혁을 추구했던 전복적upside-down, subversive, revolutionary종교개혁운동으로 이해될 수 있다. 하버드대학교Harvard University의 교회사 신학자인 조지 윌리엄스George Williams는 종교개혁을 두 가지 유형으로 구분하였는데, 첫째는 루터, 츠빙글리, 칼빈 등 주류의 개혁자들의 온건한 개혁운동을 관료적 개혁Magisterial Reformation 으로, 둘째는 재세례파를 중심으로 다른 과격한 그룹들을 급진적 개혁 'Radical Reformation'으로 명칭하였다. 루터의 개혁은 근원적/급진적 개혁자들에게는 반 쪽의 개혁이고 그들에게는 받아들일 수 없는 불만족한 운동이었다. 주류 개혁자들은 AD 313년 콘스탄틴 이후 형성된 크리스텐덤Christiandom, 기독교 제국의 국가교회제도화한 교회와 관료 그리고 지방정부의 지원과 보호를 받고 개혁을 이루었기 때문이라고 할 수 있다.[1] 따라서 주류개혁자의 사상을 개혁 'reformation'이라고 한다면 아나뱁티스트의 사상은 복귀, 회복restitution, 전복으로 볼 수 있다.

아나뱁티스트 리더십은 아나뱁티즘으로부터 나온다. 16세기의 종교개혁 운동 당시의 역사성과 맥락성으로 볼 때, 박해공동체로 살았으며, 예수의 제자도를 철저하게 따르던 사람들에게 아나뱁티스트 리더십은 그들에게 어울리는 옷이 아니다. 리더십이 아니라 제자도가Discipleship 그들에게 걸 맞는 복장이다. 하지만 리더십을 영향력이라고 보면 강력한 리더십이 아나뱁티스트 공동체에 존재한 것을 깨닫게 된다. 아나뱁티스트는 리더보다는 리더십을 중요시하는 운동이고 가치였기 때문이다. 아나뱁티스트 리더십을 이해하려면 아나뱁티스트와 아나뱁티즘을 이해하는 것이 필수적이다. 아나뱁티스트 리더십이라는 표현 자체가 형용모순oxymoron이라고 할 수 있다. 서로 모순적인 표현으로 구성된 전복적인 표현이기도 하다. 기존 리더십과 리더십에 관한 다양한 이론과 주장을 전복upside down해야 함을 발견하기 때문이다. 이 책 전체에 흐르는 이미지는 회복/복원/전복이다. 리더십을 성경적으로 바라보는 것 자체가 전복적 시도다. 서번트 리더십과 뒤에서 나오는 코칭의 리더십도 전복성이 드러난다. 아나뱁티스트는 기독교 역사로 보면 가장 radical급진적, 근원적, 전복적인 그룹이었다. 초대교회로의 전복과 회복을 추구했던 아나뱁티스트에 대한 개관과 그에 따른 리더십을 도출하는 것이 이 장의 과제다.

---

1) 이상규의 『우리에게 평화를 주소서』 (2021) 기독교 평화론의 역사 SFC p155 참고

1. 아나뱁티스트 역사(이야기)와 신앙

1525년 1월 21일 스위스 취리히의 펠릭스 만쯔Felix Mantz의 집에서 츠빙글리의 온건한 개혁노선에 반대한 콘라드 그레벨Conrad Grebel을 중심으로 급진적 종교개혁자들이 모여서 유아세례에 반대하며 신자들의 세례와 신자들의 교회를 주창하는 모임이 시작되었고 그 날 서로에게 세례를 주면서 근원적 종교 개혁운동이 시작되었다. 그들은 예수를 따르는 자로서의 제자도discipleship를 중시했고, 평화를 성경과 복음의 핵심가치로 삼았으며, 개인보다는 공동체를 우선시하는 아나뱁티스트이었다 스위스 형제단Swiss Brethren을 주도하고 초기 아나뱁티스 운동의 선구자라 할 수 있는 스위스의 콘라드 그레벨 Conrad Grebel은 1524년 다음과 같이 말하였다. "참된 그리스도인들은 세속적인 검을 이용하거나 전쟁에 관여해서는 안 된다. 왜냐하면 그것은 사람들의 생명을 파멸시키기 때문이다.… 그리스도의 복음과 그 복음을 받아들이는 사람들은 검에 의해 보호받는 것도 아니고, 검으로 자신을 보호하지도 않는다."[2]

아나뱁티스트는 어떤 사람들인가. 로마 가톨릭 신학자 프란츠 아그리콜라 Franz Agricola는 1582년 "재세례신자들의 끔찍한 실수들에 대하여"라는 자신의 책에 다음과 같은 글을 남겼다. "현존하는 이단 분파들 중, 재세례신자들보다 더 겸손하고 독실한 사람들은 찾아 볼 수 없다. 거짓말을 하지 않으며, 속이지 않고, 맹세하지 않으며, 싸우지 않으며, 거친 말을 사용하지도 않으며, 무절제하게 음식을 먹거나 마시지도 않으며, 개인의 생활을 외부로 드러내지도 않는다.… 거룩한 하나님의 성령께서 인도하시는 모습으로서 겸손, 인내, 정직, 청결, 절제, 단도직입적인 솔직함은 어디에서나 발견되고 있다." 또한 세바스티안 프랑크sebastian Frank는 재세례신앙 운동을 반대하였지만 그들에게 공감

---

[2] 위의 책 P166 인용.

을 가진 사람이었는데 같은 시기에 다음과 같은 글을 남겼다. "재세례신자들은… 곧 수많은 추종자들을 얻었으며, 하나님에 대한 열정을 가진 많은 신실한 영혼들을 이끌어 내었다. 이는 그들이 오직 사랑과 믿음과 십자가만 소유하고 있었기 때문이었다. 그들은 각자가 매우 겸손하였고 엄청난 고난 아래에서도 인내했다. 그들은 연합과 사랑의 증거와 더불어 서로 떡을 떼었다. 그들은 신실한 모습으로 형제들이라 불렀다.… 그들은 모든 박해를 인내와 겸손으로 받아들이며 순교자로서 죽어갔다."

1세기 초대교회의 상황들은 데자뷰처럼 16세기 종교개혁 당시에 그대로 재현 되었다. 루터와 칼빈 그리고 츠빙글리 같은 종교개혁사상가들 또한 가톨릭의 박해를 받은 것은 주지의 사실이다. 하지만 그들의 개혁은 국가와는 등을 지지 않는 관료중심의 개혁이었기에 국가의 보호와 봉건 영주들의 도움으로 가톨릭으로부터 해방되는 성공을 이룬 것은 사실이지만 국가에 귀속되는 '국가와 교회의 분리'의 시각에서 보면 반쪽의 성공이었다. 초기의 아나뱁티스트 운동을 주도한 스위스 형제단Brethren은 루터와 츠빙글리 같은 개혁가들이 새로이 세우려 하는 국가교회의 체계를 거부하고 아나뱁티스트의 핵심이라 할 수 있는 믿는 자들의 세례believers' baptism을 강력히 주장하며 유아세례를 반대한 것이다. 유아세례는 국가와 교회의 결합체계를 이루는 근원점이라고 할 수 있다. 교회의 멤버십과 국가의 멤버십이 유아세례의 세례증으로 연결되었기 때문이다. 현대말로는 교인증과 주민등록증이 하나로 된 구조를 말하는 것이다. 초대교회의 시각에서 보면 종교개혁은 50%의 개혁인 것이다. 아나뱁티스트는 달랐다. 그들은 급진적이고 근원적인 교회의 개혁과 전복을 원했던 것이다. 1세기 초대교회로의 회복이 아나뱁티스트가 추구했던 방향이었다. 그러기에 가톨릭 교회, 당대의 프로테스탄트 교회 그리고 국가로부터 3중의 박해를 받은 것은 아나뱁티스트에게는 당연한 귀결이었다. 주류 개혁주의자들과 관료사회에서 보면 아나뱁티스트 운동은 체제전복적인 운동이었다. 재세례 운동을 완전히 포기하도록 3중가톨릭, 프로테스탄트, 국가의 가혹한 박해와 지속되는 순교가 유럽 전지역으로 확산되었던 것이다. 박해의 정점은 스파이어 의회에 의해서 1529년 모든 재세례신자들에 대한 재판없는 사형을 확정했다는 사실이다.

가톨릭과 루터주의 그리고 아나뱁티즘을 비교하는 것이 아나뱁티스트를 이해하는데 필요하다. 첫 번째 관점은 기독교의 순수한 본질과 구원에 대한 관점이다. 그것은 세 그룹간의 차이는, 성례적, 성직주의적 제도를 통해서 신적 은혜를 받아들이는 것이 본질인가가톨릭의 입장, 아니면 그리스도를 믿는 믿음에 의해서 구원과 하나님의 은혜를 경험하는가루터주의의 입장, 아니면 제자도를 통한 삶 전체의 획기적인 변화가 기독교의 본질인아나뱁티즘의 입장의 차이로 나타난다. 둘째는 교회가 무엇인가에 대한 관점의 차이라고 볼 수 있다. 교회는 제도가톨릭도 아니고, 하나님의 말씀을 선포하는 도구루터주의도 아니고, 개인적 경건을 위한 방법경건주의도 아니고, 아나뱁티스트의 교회론은 형제사랑Brotherhood으로서 그것은 바로 교회가 온전하게 표현해야 하는 이상적인 그리스도인의 삶의 모습을 들어내어야 하는 것이다.[3] 기독교의 본질인 구원론과 교회론에서의 차이때문에 아나뱁티스트는 가톨릭과 프로테스탄트의 공동의 적이 되어 박해와 순교의 현장으로 갈 수 밖에 없는 본질적인 이유라고 볼 수 있다.

2. 메노 시몬스(Menno Simons): 아나뱁티스트의 리더

메노 시몬스는 1496년 네덜란드의 비트마슘에서 태어났다. 메노는 자신

---

3) 『재세례신앙의 비전』 *The Anabaptist Vision*, 해럴드 벤더, 의 P112 참조.

의 목숨을 보존하기 위해서 항상 쫓기는 인생을 살았으며 그의 업적은 수많은 글쓰기와 저서를 통해서 아나뱁티스트의 신학과 신앙 그리고 삶을 체계화 시킨 것이다. 다시 말하면 그리스도와 가르침을 어떻게 실천할 수 있는가를 삶과, 설교, 저서들과 그리고 그리스도를 따르는 자들에게 재세례를 줌으로서 아나뱁티스트와 메노나이트 운동의 지평선을 넓힌 리더다. 그의 좌우명은 '이 닦아 둔 것 외에 능히 다른 터를 닦아 둘 자가 없으니 이 터는 곧 예수 그리스도라' 고린도전서 3장 11절이다. 메노는 '성경을 해석할 때, 모든 말씀은 성령에 의해, 그리스도와 제자들의 가르침, 행하심과 모범을 따라 해석해야만 한다'고 표현하였다. 즉 성령과 말씀과 그리스도의 모범에 따라 성경을 해석하는 입장을 갖고 있다. 그가 쓴 모든 책 25권의 첫 페이지는 '이 닦아 둔 것 외에 능히 다른 터를 닦아 둘 자가 없으니 이 터는 곧 예수 그리스도라' 고린도전서 3장 11절을 의도적으로 사용하였다. 메노의 어록중에 가장 많이 인용되는 말은 "예수의 음성을 듣고, 그를 믿고, 그를 신뢰하고, 그를 따르고, 그 안에서 희망을 갖고, 그와 함께 머물라. 그의 뒤를 따르기 위해 부지런히 애쓰고, 너 자신을 그리스도의 성령과, 그리스도의 말씀과, 그리스도의 인생에 맞추라."4이다. 종교개혁의 전후 시대는 난세이면서 영웅을 필요로 하는 세대였다. 마키아벨리, 에라스무스, 루터, 츠빙글리, 캘빈 그리고 메노 시몬스와 같은 인물들이 개혁운동의 리더였던 것이다.

종교 개혁 당시에 아나뱁티스트의 많은 제자들이 있었지만 박해와 순교를 통해서 리더십을 지속적으로 유지하기 힘든 상황에서 메노의 역할은 매우 값지고 의미를 갖고 있다고 볼 수 있다. 그는 박해로 흩어져 있던 아나뱁티스트 그룹을 하나로 묶고자 노력하였고, 특히 뮌스터에서 혁명을 주도하였던 과격

---

4) 메노 시몬스의 전체 글모음은 The Complete Writings of Menno Simons, 1496-1561, p.63, 기념논문집 재인용 p.59

한 신비주의자들이나 폭력 사용을 옹호하는 열광주의자들을 철저히 배격하며 평화주의자의 신학과 삶을 아나뱁티스트들에게 확산시켰다. 그들에게 리더십을 제공하였으며, 제자도, 공동체, 그리고 평화를 강조하는 메노는 아나뱁티스트의 가장 귀한 선생가르치는 자임을 부인할 수 없다 국가와 교회의 분리, 신자의 세례, 교회의 자발적 멤버십, 양심의 자유, 평화의 실천은 현대 기독교가 메노와 아나뱁티스트에게 빚진 값진 유산임에 분명하다. 메노는 참된 '그리스도의 교회'의 징후들을 성경 속에서 다음의 여섯 가지로 설명하였다. ①우상숭배에 물들지 않은 순수한 교리, ②성서에 따른 성례 집행, ③말씀에 대한 순종, ④거짓 없고 진실한 형제애, ⑤하나님과 예수 그리스도에 대한 담대한분명하고도 공개적인 신앙고백, ⑥하나님의 말씀에 대한 순종으로 인한 핍박과 환난을 감수하는 자세.5

메노는 믿음을 가진 사람의 삶을 '그리스도의 새로운 피조물, 제자도의 삶, 거룩한 생활'로 표현을 하였다 메노는 평생 도망자신세로 거류하는 나그네의 삶을 사는 그리스도의 사도요 제자였다. 네덜란드 정부는 1542년 '당파의 두목'이라고 하면서 메노를 고소하고 급기야는 메노를 도와주는 사람은 누구든지 사형에 처한다는 칙령을 발표하였다. 메노당시에 아나뱁티스트의 리더들이 소수 있었지만 메노가 가지고 있는 사랑과 관용의 덕, 인내와 겸손의 미덕이 탁월하여 결국은 메노나이트라 불리우는 중요한 개혁운동의 창시자가 되었다고 볼 수 있다. 메노는 용기있는 리더였고, 관용과 사랑으로 섬기는 지도자였고, 여러 나라를 돌아다니며 복음을 그리고 아나뱁티즘을 전하였고, 바른 글을 계속해서 쓰는 문서사역자의 역할을 한 탁월한 스승이었다.

3. 아나뱁티스트의 신학과 신념

---

5) 메노 시몬스의 전체 글모음은 The Complete Writings of Menno Simons, 1496-1561, p.743

아나뱁티즘의 강조점

아나뱁티스트와 그 신학의 독특성은 다음과 같이 설명할 수 있다.

① **국가와 교회**: 아나뱁티스트는 국가와 교회와의 관계에서 교회의 우선성과 최종성을 강조하였다. 교회와 국가와의 분리를 당연시하였으며, 아나뱁티스트에게 국가란 선한 사람들을 악한 사람들로부터 보호하기 위한 제도로 인식하였다. 국가는 세상을 위해 존재하기 때문에 세상을 통제하기 위해서 무력을 사용할 수 있지만, 그리스도인들은 교회에 속해 있기 때문에 무력과 폭력사용을 해서는 안된다고 확신하였다.

② **순교의 신학**: 종교개혁당시 시대에서는 아나뱁티스트로서 충실히 살아가는 것의 자연적 귀결은 박해와 고난이다. 그리고 박해와 고난의 끝은 순교다. 예수 따름이 세상과 적대적 관계로 치닫게 되고, 예수 그리스도의 radical근원적/급진적 제자도를 따르는 것은 고난과 박해 그리고 순교로 가는 길이다. 한 두 사람이 죽음을 선택하였으면 무엇이 소중한 것임을 깨닫게 하지만 계속적으로 수많은 무리와 평범안 사람들 -추정 컨데 5000여명의 순교자-까지 순교를 선택하였을 때는 이야기가 달라진다. 그들의 순교이야기는 그들이 추구하는 가치와 믿음이 궁극적 진리임을 역사와 시대가 인식하게 되는 전환적인 사건이다. 아나뱁티스의 순교의 이야기는 순교자의 거울이라는 -많은 아나뱁티스트 가정에 성경 옆에 놓여 있다는- 책에 나오며 2부의 앞에 나오는 더크 윌리엄스의 판화 그림이 가장 유명한 일화로 소개되고 있다. 요즘 데자뷰라는 말이 언론에 많이 나오는데 16세기의 아나뱁티스의 박해는 1세기 초대교회의 정확한 데자뷰다, 예수를 radical하게 따른 1세기 그리스도인이라 불리우던 예수의 제자공동체초대교회와, 아나뱁티스타라 불리우는 16세기의 예수따름의 제자공동체는 진정한 동질의 데자뷰 운동이다.

③ **복종의 신학**: 복종-독일어 Gelassenheit-을 강조한 메노는 '복종을 통

해 말씀이 육신이 되어 우리안에 거하셨던 것처럼, 말씀에 대한 복종을 통하지 않으면 우리가 그 말씀을 제대로 알 수 없다'고 하였다. 종교개혁 당시에 루터의 신학이라 할 수 있는 이신칭의 즉 믿음으로 의로워 진다는 입장과 메노의 그리스도안에서 새로운 삶에 대한 강조점복종의 신학과 신앙의 차이가 종교개혁의 주류인 프로테스탄트와 비주류인 급진적 아나뱁티스트간의 차이다. 특히 산상수훈의 예수의 가르침을 말씀 그대로 복종하였다. 그러한 복종의 신학이 제자도, 공동체, 평화의 신학으로 확장되어 아나뱁티스트의 뿌리근원를 만들었다. 그러한 복종의 신앙은 복종의 자연적 귀결인 박해/순교의 결과로 이어졌다고 볼 수 있다.

④ **평화의 신학**: 무저항과 비폭력은 아나뱁티즘의 핵심이다. 예수 그리스도의 사역은 평화와 화해의 사역이고, 예수 그 분 자체가 평화다. 예수가 평화이기 때문에 평화를 추구하는 것은 제자도의 중심을 이룬다. 예수를 따르는 제자들은 종교 개혁 시작부터 폭력을 사용하여 다른 사람에게 고통을 주어서는 안 되는 것을 확신하고 있었으며, 이에 수반되는 고통, 고난, 박해 그리고 순교의 현장까지 비폭력 평화주의의 삶을 살았다. '안으로 성령과 불의 세례를 받고, 밖으로 주의 말씀을 따라 물의 세례를 받은 사람들은 인내, 희망, 침묵, 그리고 하나님의 말씀 외에는 어떠한 무기도 가져서는 안 된다.'는 메노 시몬스 1561 말에 혁명적으로 복종Radical Subordination하는 평화주의자들이다. 그들의 평화주의의 신념은 최초의 신앙고백서라 할 수 있는 16세기의 슐라이트하임 고백서를 시작으로, 메노나이트 및 아나뱁티스트 분파메노나이트, 후터라이트, 아미쉬의 다양한 고백서Confession에 검을 사용하거나, 무기를 들거나, 총을 들거나, 전쟁을 수행하는 일련의 모든 폭력적 행동에 철저하게 반대를 하며 지금의 평화주의나 반전사상에 선구자적 역할을 하였다. 아나뱁티스트의 주류인 메노나이트 신앙고백Confession of Faith이 1995년의 총회에서 채택되었는데

22조인 평화, 정의, 무저항에서 축약해 요약해 보면, "우리는 평화가 하나님의 뜻이라고 믿는다.… 하나님께서는 비록 세상을 평화롭게 창조하셨지만 인간은 불의와 폭력의 길을 선택했다.… 하나님께서 인간과 창조물에게 바라는 평화는 예수 그리스도 안에서 가장 완벽히 드러났다.… 우리는 그리스도를 따르는 사람들로서 예수의 평화와 정의의 사역에 참여한다.… 우리는 교회로 하여금 한결같이 선으로 악을 극복하기를 지도하시고 우리에게 정의를 행하도록 권한을 부여하시는 그리고 영광스럽고 평화로운 통치의 소망으로 우리를 붙들어 주시는 은혜와 평강의 하나님께 영원한 충성을 다한다."[6]

4. 아나뱁티스트의 대표적 신학자와 사상:

대표적인 신학자와 그의 사상을 이야기하는 것이 아나뱁티즘을 이해하는 지름길이다. 필자의 지식과 경험의 한계로 세 명의 신학자를 소개하고자 한다. 아나뱁티스트를 세상에 처음으로 학문적으로 소개한 신학자는 헤럴드벤더Harold Bender이고 가장 영향력을 미친 신학자는 존 하워드 오더John H. Yoder이며, 체계적으로 초대교회의 역사, 평화교회 등을 연구한 알란 크라이더Alan Kreider를 대표적으로 들 수 있다. 한국에도 이 들의 책이 번역으로 소개되어 아나뱁티스트 이해에 많은 도움을 주고 있다.

헤럴드벤더Harold Bender, 1897-1962: 벤더는 많은 일을 하는 학자이지만, 그는 항상 평화를 위해 애쓰는 사람이었다. 북미와 유럽에서 열리는 많은 평화를 위한 회의와 활동 그리고 운동에 관여하였다. 벤더는 1927년 '메노나이트 계간지'를 창간하고 후에는 백과사전을 편찬하였다. 메노나이트 교회 역사 속에서 그는 탁월한 리더십을 발휘하였고 그리스도의 평화, 사랑을 강조하고 실천

---

6) 『메노나이트 신앙고백』, 메노나이트 신앙고백 편찬위원회, 1998, KAP.

하였던 20세기의 메노나이트의 리더라 할 수 있다. 1942년 미국 교회사학회장이었던 벤더의 연설로 발표된 재세례신앙의 비전 'The Anabaptist Vision'은 그 이후 많은 사람이 광범위하게 인용하여 아나뱁티스트의 핵심비전을 3가지로 요약하였다. 첫째는 제자도Discipleship로서 기독교 본질을 이루는 새로운 개념이며, 둘째는 형제애Brotherhood로서 교회의 새로운 개념이며, 셋째는 사랑과 무저항의 새로운 윤리a new ethic of love and non-violence이다.[7] 이 3가지는 기독교의 본질, 교회의 본질, 기독교인의 본질을 설명한 것이다. 이러한 3가지 강조점은 제자도를 기독교의 본질로, 형제됨과 가족을 교회공동체로 보는 공동체주의 그리고 무저항과 사랑을 기본으로 하는 평화의 3가지 축으로 아나뱁티스트 신앙과 신학을 자리매김한 것이다. 아나뱁티스트 신학자인 팔머 베커Palmer Baker는 벤더의 3가지 아나뱁티스트 비전에 근거하여 세 문장으로 요약하였다. ①예수는 우리 신앙의 중심center of our faith이다. ② 공동체는 우리 삶의 중심center of our life이다. ③ 화해는 우리 사역의 중심center of our work이다.[8] 유럽 전역에서 가해졌던 끔찍한 박해는, 이 운동의 영향력이 얼마나 컸으며, 시기를 놓치기 전에 이 운동이 더 이상 확산되지 못하게 억압해야 할 가톨릭, 루터, 츠빙글리 당국이 처한 급박성이 얼마나 절실했던가를 증명해 주고 있다.… 급기야는 스파이어 의회에 의해서 1529년 모든 재세례신자들에 대한 재판 없는 사형을 확정했다.… 재세례신자들에 대한 끔찍한 박해와 그들의 순교는 단순히 이 운동이 얼마나 컸던 가에 대한 것뿐만 아니라 사람들 안에 일어난 비전이 얼마나 열정적이었는지를 증명해 주는 것이었다.[9] 16세기 종교개혁과 아나뱁티스트 운동을 해석하는 시각은 다양하지만 밴더를 통

---

7) 위의 책 P70 인용
8) 팔머 베커, 『아나뱁티스트 신앙의 정수』 "Anabaptist Essentials", 대장간 (2023)
9) 『재세례신앙의 비전』 'The Anabaptist Vision' 해럴드 벤더를 부분 인용하였음. 2008, 한국 아나뱁티스트 센터 출판부

해서 재세례신앙 운동의 본질을 주류 기독교 교회와 학자들에게 정확하게 소개를 한 것이다. 벤더는 '재세례신앙 운동이야말로 종교개혁의 정점이요, 루터와 츠빙글리가 처음에 가졌던 비전을 성취한 것이며, 재세례신앙 운동이야말로 원래 그리스도와 제자들이 가졌던 신약교회의 비전으로서 그 무엇과도 타협하지 않고 생각과 행동을 일치시킨 복음주의적 프로테스탄티즘이라고 보아야 한다.'라는 관점을 제시하였다. 두 번째 신학자는 문제의 요더라고 할 수 있다. 걸출한? 아나뱁티스트 신학자인 존 하워드 요더John Howard Yoder[10]의 방대한 연구와 작품이 출판되면서 21세기에 아나뱁티스트 평화에 관한 관심이 고조되었다. 크리스차니티 투데이라는 기독교 주간지는 20세기 가장 큰 영향을 끼친 책 100권을 2000년에 발표하였는데 다섯 번째 책으로 선정된 것이 요더의 『예수의 정치학』이었다. 13인의 기독교 지성, 『아나뱁티즘을 말하다』라는 저서는 아나뱁티스트가 아닌 다른 교단의 탁월한 신학자들제임스 맥클랜던, 스탠리 하우어와스, 리처드 마우, 리처드 헤이스 등의 경험과 글을 모은 책인데 한결같이 요더의 사상과 글에 많은 영향을 받고 최소한 요더의 생각을 지지하던 신학자들이 두루 존재한다는 사실을 깨닫게 해 준다.[11] 필자 또한 그의 책과 글로 씨름 아닌 씨름을 한 적이 많은데, 글이 심오하고 복잡하고 광범위한 것은 그가 해박한 연구자라는 사실을 부인할 수는 없다. 그러나 그가 저지른 성적 일탈과 성폭력 사건은 더 이상 그를 과도하게 신학적으로 언급하기에는 많은 불편한 점이 있다. 요더는 배울 것은 있지만 따를 수가 없는 신학자로 필자는 이해하고자 한다. 요더에 대한 불편함은 사라지지 않을 것이다.

---

10) 요더에 대한 논의는 이 글에서 자세히 할 수 없지만, 그가 저지른 일련의 행동(성추행과 성폭력)은 그의 신학을 거론하기 힘들 정도로 그를 추락시켰으며 여기서도 가능한 인용을 안 하려고 한다. 그가 쓴 금세기의 명저 '예수의 정치학'은 많은 사람에게 영향을 끼쳤고 아나뱁티즘을 세상에 널리 알린 공헌이 있지만, 그가 저지른 죄로 말미암아 '요더의 정치학'은 실패했다고 볼 수 있다. 그가 쓴 모든 책과 논문은 배우고 싶지만 따를 것이 없는 지식이 된 것이다.
11) 리처드 헤이스외 『아나뱁티즘을 말하다. Engazing Anabaptism』, (2001), 2015년 번역, 대장간

알란 크라이더 Alan Kreider, 1941-2017: 크라이더는 고센대학교, 프린스턴대학교, 하이델베르크대학교에서 역사를 전공하였고, 하버드 대학교에서 역사학 박사학위를 취득했다. 역사학자이면서 교회사가로서 초대교회, 기독교 평화주의 전통을 주로 연구하였으며, 옥스퍼드 대학교와 미국의 AMBS 아나뱁티스트 신학교에서 오랫동안 교수직을 수행했다. 한국에서는 그의 책이 5권 정도 번역되었고 『회심의 변질』대장간, 2012과 『초기 교회와 인내의 발효』, IVP, 2016가 대표적이다. 필자가 AMBS의 교환교수로 2013년 엘카르트에 1년간 머물면서 그의 방과 필자의 방이 붙어 있었기에 많은 감동과 배움과 교류를 하면서 아나뱁티스트의 신학자며 존경받는 리더의 면모를 확실하게 확인할 수 있었다. 그와 같은 메노나이트 교회를 다니면서 교회의 리더십이 무엇인지를 필자에게 각인시켜 주었다. 늘 웃는 그는 탁월함의 학자이며, 배려의 지도자요 겸손의 리더였다. 크라이더는 『평화교회』라는 책에서 평화에 대한 신약 성경의 관점을 다음과 같이 요약했다. ①평화는 하나님의 뜻과 사역의 중심이다. ②평화는 하나님의 사역에 대한 우리의 응답이다. ③평화의 의미는 넓다. ④평화의 사역은 고통이 따른다. ⑤평화 사역은 고통스럽지만, 그 결과는 놀랍게 나타난다. ⑥평화는 하나님의 능력을 통해 이루어진다. ⑦예수께서 평화의 본을 보여주셨다. ⑧평화는 교회를 위한 것이다. ⑨성경의 평화는 특별한 비용이 들지 않는다. 교회의 시대구분을 프리크리스텐덤, 크리스텐덤기독교 제국, 포스트 크리스텐덤으로 구분하여 설명하였는데, 특히 회심conversion이라는 개념을 통해서 회심의 변질로 콘스탄틴주의와 기독교의 국가공인 이후 기독교의 타락을 설명하였다. 초대교회의 회심을 강조하면서 현대를 사는 우리에게 회심의 원형인 초대교회의 예수제자운동 당시의 기독교 제자도를 강조하였다. 그는 역사학자로서 초대교회의 문헌연구를 통해서 초대교회의 삶과 신앙을 재조명하면서 거류민paroikoi으로 살았던 그리고 나그네 같은 Resident Alien

제자도 공동체에 대한 예배, 선교에 관한 관점 등을 새롭게 제시하였다.

5. 아나뱁티스트의 전복의 제자도와 전복적 리더십

2부 '아나뱁티스트 리더십을 말하다'에서 핵심 키워드는 전복[12]이라는 개념이다. 전복이라는 말은 문자 그대로 뒤집는 것을 의미한다. 영어로는 upside-down, inside-out, subversive, radical, revolutionary, 등으로 표현되는 개념이다. 역사적으로 기독교에서 전복의 의미는 다음 3가지로 드러났다고 볼 수 있다. 첫째는 예수 그리스도에게서, 둘째는 예수를 따랐던 예수제자 공동체인 교회에게서 그리고 셋째는 종교개혁의 역사에서 두드러지게 드러난다고 볼 수 있다. 첫째로 예수의 전복성이다. 예수는 태어남부터 삶과 죽음 부활 모든 것이 전복적이라고 할 수 있다. 하나님말씀이 성육신하신 것은 '하나님이 인간이 되신' 전복성의 최대치라고 볼 수 있다. 그의 가르침, 행동, 삶은 참 하나님이며 참 인간의 모습이 무엇인지를 보여주는 전복적인 인생이다. 산상수훈의 가르침을 보라. 우리의 사고와 윤리관을 전복시키고 있지 않은가. 가난한 자와 고아와 과부 그리고 이방인 약자 병자 소외된 자에 대한 그의 편애적인 관심은 전복적이 아니면 무엇이겠는가. 십자가에서 아무 기적도 행하지 않는 비폭력 무저항의 대속적 행위와 죽음은 세상을 뒤집는 전복적인 사건의 백미라고 할 수 있다. 종교적으로 보면 기존의 갇혀 있는 유대교와 성전유대주의를 전복시키고 예수를 따르는 제자들과 함께 그리스도 공동체교회를 시작하신 예수는 전복 그 자체다.

---

12) 전복적 리더십을 뒤집는 리더십으로 표현하는 것이 객관적이지만 전복이라는 단어가 너무 과격(?)하게 쓰이는 경우가 많아서, 의도적으로 전복적 리더십을 사용하였다. Radical 리더십으로 이해하는 것도 가능한데, 래디컬은 리더십과 아나뱁티스트를 공통적으로 담고 있는 표현이다.

둘째로 초대교회의 전복성이다. 교회 역사에서 전복의 역사는 초대교회에서 시작되었다. 기존의 유대교, 성전주의자, 성전기득권세력과 대항한 초대교회의 예수제자공동체 운동이 바로 전복의 운동이었다. 또한, 이방인을 포용적으로 흡수하여 하나님의 새로운 사회로서 교회를 시작한 것 또한 충분히 전복적이라고 볼 수 있다. 이방인/유대인, 여자와 남자, 가난한 자와 부자, 등등 계급과 신분과 상황들을 전복시켜서 하나의 공동체를 만든 전복적 공동체인 것이다. 교회운동의 꼭짓점적인 사건은 AD 313년 초대교회와 기독교 공동체운동이 로마가 기독교를 공인하면서 국가의 종교로 된 것은 교회가 로마를 전복시킨 사건이라고 볼 수 있다. 소위 크리스텐덤Christendom, 기독교제국, 기독교왕국이 시작된 것이다. 역설적으로 꼭짓점이라는 것은 그다음부터는 하강곡선을 그린다는 의미인데 로마의 이교도 체계를 전복시키며 탄생한 국가교회체계인 로마가톨릭기독교이 국가와 손을 잡으면서 초대교회의 원형과 본질, 제자공동체의 하나님나라운동은 변질, 왜곡, 그리고 하강과 타락을 경험하면서 중세 암흑기까지 계속되었다고 볼 수 있다.

세 번째의 전복성과 전복운동은 루터와 츠빙글리 등의 종교개혁자들에 의해서 시작된 종교개혁운동이다. 종교개혁의 불씨를 잡아당겼던 루터와 개혁자들의 공은 매우 귀한 것이다. 하지만 엄밀하게 말하면 루터의 개혁은 50%의 성공이다. 루터의 주장인 '이신칭의'로 믿음에 의한 구원의 신학은 회복되었지만, '만인제사장'은 구호로 남겨지고 국가교회의 체계에 흡수되어 가톨릭의 성직제도가 성직자목사와 평신도라는 새로운 성직주의로 탈바꿈하게 되면서 초대교회의 모습과는 거리가 먼 형태를 보이게 되었다. 교황과 가톨릭교회로부터의 해방은 되었지만, 국가와의 분립은 이루지 못하여 국가교회의 구조를 띠는 반쪽의 개혁을 이룬 것이다. 종교개혁의 시작은 교회개혁운동이고 교회전복운동이다. 아나뱁티스트는 달랐다. 소위 급진적이고 근원적인 개혁과 전복을 주장하면서 그들이 가지고 있는 교회론인 신자들의 교회, 고백교회, 자유교회, 평화교회, 회중교회를 주장하면서 루터교회, 개혁교회, 성공회와 다른 길을 가게 된 것이다. 그것은 초대교회와 같은 고난과 박해의 여정이었다. 아나뱁티스트는 종교개혁의 전복적 제3의 물결이었다.

기독교 세계관 또한 전복적 세계관이다. 기독교 세계관의 핵심은 창조, 타락, 구속과 완성이다. 세계관이란 하나님께서 창조Form 하셨고 인간은 죄로서 자신과 피조물을 왜곡시켰고Deform, 그리스도가 십자가로서 회복 구속 재창조Reform 그리고 종말론적 완성을 향하여 가고 있다는 신앙관이다. 즉 Form에서 Deform으로 그리고 이제 Deform 된 세상과 모든 피조물을 그리스도를 통하여 회복/전복시켜서 원래의 상태인 Form으로 만드는 것이 우리의 세계관인 것이다. 따라서 세계관은 전복적이어야 하는 것이다. 위에서 제시한 4가지의 전복성의 중심은 그리스도. 그리스도를 통해서 구원, 회복, 복원, 전복의 역사가 일어나야 한다. 이것은 온전함과 완전함을 의미하는 샬롬의 세계관이라고 말할 수 있다.

전복은 뒤집는 것을 말한다. 잘 되어있는 것, 정상의 것 그리고 옳은 것을 뒤집으면 왜곡/타락/변질을 일으킨다. 하지만 변질된 것, 잘못된 것, 비정상적인 것, 옳지 못한 것을 뒤집으면 정상과 옳은 것으로 회복된다. 이것은 회복, 구속, 복원이다. 원형으로 돌아가는 것이다. 아나뱁티스트의 눈에는 교황의 교회, 루터 그리고 츠빙글리의 교회는 왜곡된 형태이었다. 교회의 원형은 무엇인가? 보이지 않는 우주적 교회universal church는 뒤집혀 지지도 않았고, 뒤집히지도 않는 하나님께서 시작하시고 그리스도가 주도하고 성령이 함께하는 하나님의 사람들이고 그리스도의 몸이다. 역사적으로 이러한 교회의 모습은 교회의 원형에 가까운 그리스도를 따르는 예수 제자공동체의 초대교회라고 할 수 있다. 그러나 가시적 교회로서 역사적으로 존재하였던 교회는 계속해서 안타깝게도 변질되고 왜곡을 반복하고 있다. 지금도 진행형이다. 전복의 성경적 개념은 엄밀하게 말하면 회복과 구속 그리고 샬롬이다. 샬롬은 그리스도와의 화해를 통해서 성취되는 전복적 열매이다. 전복적 리더십을 강조하는 이유는 리더와 리더십에 전복의 DNA를 심어야 한다. 아나뱁티스트에게서 배울 수 있는 리더십은 그들의 전복적 삶과 믿음, 신념들이다. 온전하게 하는 방법으로서 바꾸고회개, 뒤집어서개혁, Reform 변혁Transform시키는 것이다. 초대교회의 지도자인 바울은 이것을 분명하게 로마서 12장 2절에서 말하고 있다. "너희는 이 세대를 본받지 말고 오직 마음을 새롭게 하여 변화를 받아 하나님의 선하시고 기뻐하시고 온전하신 뜻이 무엇인지 분별하도록 하라" 영어 표현은 Form과 관련되어 본받지 말고를 be not conformed로 그리고 변화를 받아 be transformed 되어있는데 전복적인 내용을 담은 전복적뒤집는 명령이다.

2장 · 제자도 리더십

1. 제자도란 무엇인가?

제자도는 기독교의 본질을 이루는 개념으로서 재세례신앙의 비전과 뿌리다. 제자도는 '각 신자제자의 삶 전체와 그가 속한 공동체 그리고 사회 전체에 획기적인 변화가 일어나는 개념으로서 그리스도의 가르침과 모범을 좇아 개인과 공동체 그리고 사회가 그리스도를 따르며 그의 주되심에 순복하는 개념'으로서 제자도를 통해서 하나님 나라가 이루어 지는 것이다. 하나님 나라는 하나님 사람들이기 때문이다. 그들은 그리스도의 제자들이고 자발적 공동체를 이루며 하나님 나라를 이루며 그리스도에 순복하며 살아가는 우주적 교회다. 16세기 아나뱁티스트 운동이야말로 초대교회의 운동 복사판이라고 할 수 있다. 박해와 순교를 받는 아나뱁티스트를 이끄는 것은 누구인가? 리더들인가? 아닐 것이다. 그들은 박해와 순교의 현장에서 죽어 나갔으므로 리더가 본을 보인 것은 분명하지만 지속적 리더십을 발휘한 것은 아니었다, 원동력은 무엇인가? 그들은 누구의 위로를 받으며 살았을까? 누구의 말을 듣고 순종하며 살았는가? 그들의 스승이고 주인이신 예수다. 그들의 위로자고 도움자인 성령이다. 그리고 그들에게 주어진 하나님의 말씀이다. 예수의 말씀인 성경이다. 예수의 영인 성령을 따르고 성령의 충만으로 살아가는 아나뱁티스트들은 분명 예수의 제자들이고 성령의 사람들이다.

존 스토트John Stott는 오늘날 세계에서 가장 존경받는 성직자이며 전 세계 복음주의의 신학적 리더다. 2005년 '타임'Time지는 그를 세계에서 '가장 영향력 있는 인물 100인'에 선정한 바 있다. 필자는 그를 평생 4번 만났었는데, 처음은 1991년 시카고에서 개최되었던 IFES 세계총회, 두 번은 한국에 초청하여 1993년, 1999년 IFES 대회 기간 그리고 마지막은 필자가 2003년 5월 존을 만나러 런던에 그의 집을 방문하였을 때다. 존 스토트는 필자에게는 멘토, 리더, 스승, 그리고 엉클 존이었다. 필자가 그의 회고록 『존 스토트 우리의 친구 1921-2011』의 한국판 책에 그를 회고하는 저자로 영광스럽게 참여하면서 쓴 마지막 부분을 소개한다. "내가 만난 존은 BBC와 관련이 많은 사람이다. 그가 담임하던 런던의 올소울즈 교회가 유명한 BBC 방송국 뒤편에 있었고, 존 자신을 특징짓는 말이기도 한 데, 그가 평생 중요하게 여긴 가치가 BBCBiblically Balanced Christian, 성경적으로 균형 잡힌 그리스도인이고, 그가 가장 사랑한 것 세 가지가 BBCBible, Bird, Christ, 성경, 새, 그리스도이고 그가 좋아했던 색은 파랑Blue이고 좋아했던 식품이 초콜릿Chocolate이었다. 지금 이 시간에도 내 연구실의 사진 속 존은 푸른 옷을 입고 새를 바라보며 웃고 있다. 엉클 존 당신을 사랑합니다."

수많은 베스트셀러를 쓴 신학자 존이 마지막으로 기획해서 쓴 책은 Radical Discipleship, 급진적 제자도 이다. 책의 내용을 중심으로 정리해 보면 그리스도인신약 성경에 3번밖에 안 나옴보다도 제자라는 정체성이 더 중요한 것이다. 예수가 택한 열둘은 사도이기 전에 제자였고, 3년 공생애 동안 제자로서 주님의 가르침 아래 있었다. 왜 급진적radical인가? 래디컬은 근본적인 문제를 들추어내고 대의에 철저하게 헌신한 이들을 가리키게 되었다. 그가 정리한 급진적 기독교 제자도의 여덟 가지 특성은 불순응, 닮음, 성숙, 창조 세계를 돌봄, 단순한 삶, 균형, 의존, 죽음이다. 놀랍게도 불순응non-conformity과 닮음

Christlikeness, 단순한 삶simple lifestyle은 급진적 제자도를 추구하는 아나뱁티스트의 전통과 삶과 동일하다. 그의 결론의 글은 "너희가 나를 선생이라 또는 주라 하니 너희 말이 옳도다. 내가 그러하다.요 13:13 모든 제자도의 기본은 예수님을 합당한 호칭으로 부를 뿐 아니라 그분의 가르침을 따르고 그분의 명령에 순종하겠다는 우리의 결단이다."13

16세기의 아나뱁티스트의 삶과 1세기 초대교회의 그리스도인이 삶과 신앙은 구별할 수 없을 정도로 닮아 있다. 아나뱁티스트의 역사학자인 알란 크라이더는 그의 책에서 초대교회의 그리스도인을 파로이코이 즉 외국인 거주자로서의 정체성을 가진 자들로 설명하였다. 즉 그리스도인들은 자기가 속한 나라에는 살고 있지만, 외국인 거주자일 뿐이고, 시민권은 하늘에 있는 사람들이고, 모든 사람을 사랑하지만 모든 사람에게 핍박을 받는 사람들이고, 사람들에게 비판을 받고 처형을 당했지만, 생명을 얻었고, 가난하지만 많은 사람을 부유하게 하는 자라고 설명하였다. 16세기의 아나뱁티스트가 그렇다. 그들과 초대교회의 예수제자들과는 사고, 행동, 관습, 말, 그리고 죽음까지도 너무나 닮은 것이다『메노나이트 신앙고백』의 17조는 제자도를 이렇게 설명한다. "제자도는 그리스도인이 공동체 관계 안에서 실천하며 사는 것이다. 우리는 개인으로서 예수를 따르도록 부름을 받았고 교회공동체 또한 제자도의 삶으로 부름을 받았다. 교회 안에서의 제자도는 규율과 상호 돌봄에도 밀접히 관련되어 있다. 그리스도의 제자들은 서로를 위한 그들의 사랑과 책임에서 어떻게 그들이 그리스도를 더 가까이 따를 수 있는가를 함께 배운다."14 또한 한국메노나이트교회연합MCSK, Mennonite Church South Korea이 공유하는「제주신앙고백문」은 제자도에 대해서 다음과 같은 고백을 서로 나눈다. "제자도: 가

---

13) 존 스토트, Radical Discipleship,『제자도』, (2010) P160, IVP
14)『메노나이트 신앙고백』, 메노나이트 신앙고백 편찬위원회, P122, 1998, KAP

난한 자, 갇힌 자, 억울하게 고통당하는 사람들에게 복음을 전하고, 나아가 원수까지도 사랑하신 예수를 본받아 우리는 다음과 일에 헌신한다. ① 우리는 나 중심의 삶을 탈피하여 하나님 나라의 정의를 구하고자 노력합니다. ② 우리는 산상수훈의 가르침을 기억하여 서로를 사랑하고, 연약한 자를 돌보고, 잘못한 자를 용서하겠습니다. ③ 우리는 신앙공동체 지체의 어려움을 알았을 때는 교회 전체가 함께 기도하면서 도울 방법을 모색하고, 어려움에 처한 자는 도움 받기를 거부하지 않겠습니다."

2. 크리스텐덤과 리더십

그리스도인으로서 그리고 또한 리더로서 시대를 바르게 이해하고 우리가 어떤 시대에 속한 것을 옳게 이해하는 것은 리더십의 핵심이다. 상황Context을 바르게 이해하여야 바른 리더십이 나온다. 아나뱁티스트의 입장에서 역사를 새로운 눈으로 구분하는 시각을 이해하는 것은 아나뱁티스트를 이해하는 데 매우 중요한 일이다. 메노나이트의 역사신학자인 알란 크라이더Alan Kreder교수는 기독교 역사를 셋으로 구분하여 프리크리스텐덤, 크리스텐덤, 그리고 포스트크리스텐덤으로 구분하였다. 우리는 지금 포스트크리스텐덤과 포스토모던이즘의 시간대에 살고 있다. 현대를 살고 있는 우리 그리스도인에게 포스트크리스텐덤을 이해하는 것은 매우 주요한 일이다. 포스트크리스텐덤의 변화와 특징은 다음의 7가지로 요약할 수 있다. 크리스텐덤에서 어떻게/어디로 이동하고 있는가에 관한 것이며 지금도 진행형이라고 할 수 있다. ① 중심에서 주변으로 이동, ② 주류 속에서 소수 속으로 이동 ③ 정착자에서 일시 체류자로 이동, ④ 특권층에서 다원성 속으로 이동, ⑤ 지배층에서 증인으로 이동, ⑥ 현상유지에서 선교의 자리로 이동, ⑦ 기관에서 운동으로 이동. 크리스텐덤에서는 기독교의 이야기와 교회들이 그 사회의 중심에 있었지만, 포스트 크리스텐덤에서는 주변으로 자리를 옮기고 있다. 또한, 과거에는 그리스도인이 사회의 주류를 이루었으나 지금은 소수자의 위치로 변하고 있고, 지금의 그리스도인은 이방인, 유랑자요 순례자로서 살아가며, 지배층의 문화에서 이제는 증인이 역할을 해야 하는 비주류의 삶을 살아가고 있다. 우리는 이제는 포스트크리스텐덤의 시대에 살고 있는 것이다. 이것은 요더와 아나뱁티스트 영향을 많이 받은 듀크대학의 탁월한 신학자인 스탠리 하우어워스Stanley Hauerwas가 강조하는 Resident Alien의 개념인데 우리가 바로 나그네 된 거류민이라는 존재라는 것을 의미한다. 그리스도인의 정체성이 하늘나라의 식민지를 사는 하나님 나라의 나그네 된 백성을 말하는 것이다. 16세기 아나뱁티스트는 국가로부터 박해를 받는 자로서 하나님 나라의 식민지에서 사는 나그네 된 백성들이었다.15

제도화된 기독교가 점차 쇠퇴하고 영향력을 잃어 가고 있는 포스트크리스텐덤 시대에 사는 우리에게 전복적 세계관은 기독교 신앙운동을 통해서 세상을 창조 질서의 원형대로 회복전복하기 위해 우리에게 필요한 것이다. 아나뱁티스트는 16세기의 상황과 기독교제국을 전복시키기 위해서 정치적 폭력과 권력을 일관적으로 거부하였고, 겸손히 자기희생적 사랑과 평화의 실천을 통해서 순교적 제자도를 이루어 나갔다. 21세기를 살아가는 우리 그리스도인에게 제자도의 삶은 무엇이고 제자도의 삶으로서 우리가 제자도 리더로 살아간다는 것은 무엇을 의미하는가? 전복적 리더십은 권력이 아니고 직위도 아니고 관리도 아니고 통치도 아니다. 우리의 삶을 전복시켜 예수의 제자가 되는 것을 말한다. 크리스텐덤을 지나 포스트크리스텐덤을 사는 현재를 살아가는 리더들은 시대를 읽고 변혁자transformer의 리더십을 삶으로서 증거해야 한다. 우리가 비순응자non-conrormist로서 전복적 리더가 되는 것이 진정한 리더십이다.

---

15) 스탠리 하우어워스, 『하나님의 나그네 된 백성』, 2008, 복있는 사람에서 참고

3. 제자도 리더십의 10가지 특징

제자도 리더십이란 무엇인가. 제자도와 리더십의 두 단어의 결합이다. 제자도는 위에서 설명한 데로 그리스도의 가르침과 모범을 좇아 개인과 공동체 그리고 사회가 그리스도를 따르며 그의 주되심에 순복하는 개념이고, 리더십은 앞장에서 설명하였지만, 단순히 말하면 누군가를 따르게 하는 영향력이다. 따름이 없으면 리딩은 존재하지 않기에 따름은 리더십의 필연적 요소다. 리딩이 없다면 따름 또한 없는 것도 당연한 이치다. 리더십이 이끔리딩의 영역이고 제자도가 따름의 영역이라면 제자도 리더십은 논리 모순적 표현이다. 영어에서는 이런 표현을 oxymoron모순어법, 형용모순이라고 한다. 침묵의 소리, 똑똑한 바보, 급진적 보수 등등 우리 삶에는 형용모순적인 표현이 많다. 제자도 리더십은 형용 모순적 표현이다. 섬김의 리더십, 종의 리더십 또한 모순어법이다. 제자도 리더십의 특징 10가지를 설명하고자 한다.

1) 리더십보다 followship(따름)이 중심이다.

역사가와 신학자들은 아나뱁티스트의 이미지를 두 가지로 설명한다. 첫 번째의 이미지는 진정한 종교개혁을 이룬 성서적 크리스천이고 두 번째 이미지는 자신의 사는 시대를 훨씬 앞서가는 사람들이라는 것이다.[16] 이들은 따름을 강조하며 초대교회를 회복하고자 했고, 세상과 엄격히 분리된 채 삶을 산 사람들이었다. 성서를 읽고 따르는 데 급진적으로 헌신 되어있는 자들이다. 아나뱁티스트를 포함한 인문주의자들이 종교개혁에 끼친 지대한 공헌 중 한 가지는 무엇이든 근원의 중요성을 강조한 것이고, 성서로의 회복을 통해서 교회를

[16) 코넬리우스 딕, 『아나뱁티스트의 역사』 메노나이트를 중심으로, 김복기 역, 대장간, 2013 P 610-616 참조

회복/복원restitution시키려 했던 점이다. 아나뱁티스트가 시대를 앞선 자들이라는 점은 지금은 모두가 당연시 받아들이는 교회론교회와 국가의 분리, 종교의 자유, 믿는 자들의 자발성, 신자들의 세례을 너무 앞서서 실천하고 지키고 따랐기 때문에 전복적인 이미지가 붙어 지게 된 것이다.

2) 주 예수 그리스도를 따르는 그리스도중심(Christocentric)이다.

아나뱁티스트의 지도자인 메노 시몬스와 더크 필립스Dirk Philips가 주장한다. "모든 성서는 우리에게 그리스도의 영, 복음, 삶의 본, 규례 그리고 관습을 보여준다. 교리와 삶과 본을 보여주신 예수님은 우리가 반드시 듣고 따라야 할 선생이요, 지도자요Leader, 안내자이다."17 아나뱁티스트들이 참된 그리스도의 삶과 행동에 깊은 관심을 가지고 있다는 사실, 즉 그리스도의 가르침과 본example을 그대로 실천하며 살았다는 그리스도중심적인 사람들이라는 것은 자명한 사실이다.

3) 말과 생각보다는 행동이 더 중요하다.

성경을 문자적으로 지키는데 헌신하였고 예수의 가르침과 본을 그대로 따르려고 최선을 다했기에 문자주의적이라고 비난을 받았다. 또한, 공동체와 공동체성 그리고 공동체주의를 강조하며 국가의 권위보다는 예수의 권위를, 국가의 합법적 폭력인 전쟁보다는 무기버림과 평화를 주창하였기에, 또한 아나뱁티스트의 한 부류인 아미쉬나 후터라이트 같은 경제공동체를 이루며 세속과는 벽을 쌓고 분파적으로 살아가는 그들의 모습을 통해서 분파주의자들로 비판을 받아 온 것이다. 영어 표현에 walk the talk와 talk the walk이라는 표현이 있는데 말한 것을 실천하는 것, 실천을 말로만 하는 것으로 번역될 수 있다.

---

17) 스튜어트 머레이 『아나뱁티스트 성서해석학』(2013), 대장간 참조

아나뱁티스트는 walk the talk다. 지행일치와 신행일치의 삶을 사는 것이 제자도 리더십의 특징이라 할 수 있다.

4) Gelassenheit 섬김과 낮아짐을 통한 복종을 실천한다.

독일어 Gelassenheit는 아나뱁티스트 영성의 확립에 크게 이바지했다. 하나님의 뜻에 온전히 그리고 철저하게 복종한다는 의미로서 하나님과 이웃사랑의 계명을 Gelassenheit로 표현하였다. 이것은 겸손의 모든 덕성을 함축하는 의미로서 단순함, 검소함, 복종, 순종, 연합을 의미하는 아나뱁티즘의 가치를 드러내는 단어다. 게라센하이트를 공동체 제자도의 규범적이고 실천적 가치로 받아들였다. 아나뱁티스트들의 리더들이 반복적으로 주장하는 순종복종, 따름을 즉 '아무도 삶 속에서 그리스도를 따르지 않는다면 그리스도를 알 수 없고, 그리스도를 알지 않고는 따를 수도 없다는 것'을 그들은 실천하며 살았다. 복종은 참제자의 길인데 그것은 일종의 '역행신학'을 의미한다. 참 제자는 주권, 권세, 권력, 지배, 통제와 정확히 반대되는 것을 지향한다. 혁명적 복종으로 불리는 아나뱁티스트의 관점이다. 이웃사랑의 중요성을 강조하면서 예수는 누가 나의 이웃인가? 라는 질문을 '네가 기꺼이 낯선 사람, 원수, 이방인의 이웃이 되겠느냐?'라고 전복적이고 역행적인 질문으로 바꾸었다. 예수를 상징하는 것이 무엇인가. 십자가, 대야, 빈 무덤, 말 구유, 모두가 섬김과 복종의 상징이다.

5) 산상수훈과 같은 전복적 세계관을 지향한다.

1544년 남부 독일의 아나뱁티스트 운동의 리더였던 필그림 마펙Pilgrim Marpeck은 산상수훈의 말씀인 마태복음 5장에 대해 다음과 같이 말하였다. "모든 육체와 세상과 땅 위에 속한 싸움, 분쟁, 전쟁들은 그리스도의 사랑의 법에 의해 폐지되고 취소되었다.… 그리고 그리스도께서 친히 그의 제자들에게 자신을 따르도록 요청하였다."[18] 산상수훈의 리더십은 전복적이라고 할 수 있다. 예수가 제자들무리가 아닌에게 하신 말씀이다. 산상수훈에는 전복적으로 여겨지는 이유는 말씀을 지키기 어려운 문제도 있지만 산상수훈의 윤리 자체가 가치관의 전복을 요구하기 때문이다. 예수가 보여준 리더십의 모습은 대부분 전복적이었다. 내가 선생이 되어 너희의 발을 씻겼으니.요한 13:13 선생이 제자의 발을 씻겨 주는 리더십은 산상수훈에 여러 가지로 나타난다. 급진적 제자도의 덕목인 불순응non-conformity의 자세가 산상수훈적 가치다. 도피주의와 순응주의의 극단에서 우리는 전복적 세계관을 가져야 한다. 즉 세상에서 도피하여 거룩함을 보존하려 해서도 안 되고, 세상에 순응하여 거룩함을 희생시키는 것도 피해야 한다. 산상수훈의 압축적 요약은 8복이라고 할 수 있으며 아나뱁티스트는 그것을 화평케 하는 자peacemaker로 이해하였을 것이다. 특히 산상수훈의마태 6장경제적 문제인 '돈과 재물을 겸하여 섬길 수 없다.'라는 말씀을 공동체로 살아가면서 실천적 제자도를 완성하였다고 볼 수 있다. 종교개혁 당시의 아나뱁티스트의 또 다른 이름은 산상수훈의 사람들이었다.

6) 개인적 제자도를 뛰어넘어 공동체적 제자도를 지향한다.

제자도의 시작은 개인적이고 개별적이다. 그러나 그 개인은 지체로서의 개인이고 공동체의 구성원으로서의 한 부분이며 자신의 이익보다는 타인과 공동체의 이익을 추구하는 이타적인 개인이다. 개인적 제자도를 말할 때 그것은 '자발적인 교회의 멤버십, 신자들의 교회, 그리고 믿는자의 세례'에서 시작되는 자발성을 의미한다. 당시의 종교개혁시대에서는 매우 의미 있는 주장이며 신념이다. 이러한 비전은 나면서부터 무덤까지 법과 권력에 의해 자동적으로

---

18) 해럴드 벤더의 『재세례신앙의 비전 The Anabaptist Vision』 P106 인용

교인이 되었던 미사 중심의 중세적 교회관과는 정면으로 충돌되는 사상이다. 또한, 참된 자발적 교회는 세상으로부터 분리되어 있으며 그리스도의 본질을 그대로 닮는 교회다. 세상에 순응하고conform, 짝하고 세속을 추구하는 교회는 참된교회라고 볼 수 없다. 현대를 살아가는 그리스도인에게 세상과 세속에 순응하지 않는 비순응의 원리는 적극적 제자도의 관점에서 생각해 볼 때 전복적인upside-down 세계관임이 틀림없다. 세상에 대한 비순응의 원리는 16세기나 현대의 시각에서도 볼 때, 갈등과 고난과 어려움을 불러들이는 상황을 만들어 낼 것이다. 아나뱁티스트에는 예수께서 친히 하신 말씀 "너희가 세상에서 환난을 당하나"를 문자 그대로의 상황으로 인식하였고 또한 "기뻐하라, 내가 세상을 이기었노라"하고 하신 말씀에서도 문자 그대로의 상황으로 살아갔을 것이다. 오늘을 살아가는 그리스도인에게 로마서 12장 1절의 말씀은 여전히 도전을 주고 있으며 그에 대한 응답을 적극적으로 하는 것이 현대를 살아가는 아나뱁티스트적인 순종일 것이다. 또한, 신약 성서에 나오는 바울의 편지는 공동체인 교회에 보낸 편지다. 한 가족으로의 공동체에게 보낸 리더의 편지다. 16세기의 아나뱁티스트 운동이 무자비한 박해 속에서도 빠르고 유연성 있게 전파되고 성장한 이유는 이 운동은 리더가 주도하는 운동이 아니기 때문이다. 교회는 작고 분권적이고 분산적인 구조와 리더십을 가지고 있었기에 가능하였다. 아나뱁티스트에게 교회관은 신자들의 교제를 강조한다. 교제라는 말은 독일어나 네델란드어가 영어보다 더 풍부한 의미를 전달하는데 그것은 3가지 의미를 동시에 가지고 있는데 첫째는 조직 및 제도, 둘째는 교제, 셋째는 여러 지체로 구성된 몸의 의미가 있다. 즉 교회를 조직, 교제, 몸으로서 통합적으로 보는 것이다.[19]

---

19) 메노 시몬스 기념 논문집 『다른 터는 없나니 *No Other Foundation*』, 대장간 (2018) P40 참조

7) Shalom(평화와 정의의 합)의 길을 추구한다.

메노 시몬스는 거듭남에 대한 교리를 상술하면서 다음과 같은 기록을 남겼다. "새로이 개심한 사람들은… 자신의 칼을 쳐서 보습을 만들고 창을 쳐서 낫을 만들 것이며, 더 이상 전쟁을 알지 못하는 평화의 자녀들이다.… 무력을 사용하는 것은 사람의 피나 돼지의 피를 같은 것으로 여기는 사람들에게 해당하는 것이다."[20] 메노나이트 신앙고백의 평화에 대한 요약 선언문은 "우리는 평화가 하나님의 뜻이라고 믿는다. 하나님께서는 세상을 평화롭게 창조하셨으며, 하나님의 평화는 우리의 평화이고 온 세상의 평화이신 예수 그리스도를 통해서 가장 완벽하게 드러났다. 우리는 폭력이나 전쟁이 우리의 상황을 변화시킨다 해도 성령의 인도함으로 평화, 정의, 화해, 무저항을 실천하신 그리스도의 길을 따른다."[21] 평화와 정의의 합으로서 샬롬을 이해하는 아나뱁티스트에게 평화의 절대성은 양보할 수 없는 가치다.

8) 예수따름의 본을 실천하여 제자삼기로 제자공동체를 확산한다.

제자 삼는 리더십은 성경 전체에서 분명하게 묘사되고 있다. 모세가 여호수아를, 엘리야가 엘리사를, 사무엘이 다윗을, 바나바가 바울을, 바울은 디모데, 디도, 누가를 제자 삼고 멘토링mentoring/구비시킴equipping하였다. 예수가 따르는 자들을 제자로 그리고 사도로 세우는 것은 제자 삼기의 원형이다. 제자 삼고 3년간 가르침과 배움, 이끔과 따름의 관계를 통해 제자공동체를 만들었다. 16세기의 아나뱁티스트에게도 이러한 이끔과 따름의 제자삼기는 유럽 전체에서 광범위하게 행해졌다. 박해공동체이었기에 정식 학교는 없었지만 메노의 삶에서 보듯이 머리 둘 곳 없는 예수처럼 메노는 리더로서 박해를 무릅쓰

---

20) 해럴드 벤더의 『재세례신앙의 비전 The Anabaptist Vision』 P108 인용
21) 『메노나이트 신앙고백』, 메노나이트 신앙고백 편찬위원회, P170, 1998, KAP

고 도망을 다니며 재세례를 베풀고, 설교하고, 가르치고, 글과 말과 행동으로 많은 아나뱁티스트의 제자를 만들어나갔다. 제자가 제자를 만드는 제자공동체가 바로 16세기의 아나뱁티스트들이다. 아나뱁티스트 리더들은 그들의 진정한 리더인 예수를 철저히 따름으로 따름이 무엇인지를 리더의 삶인 '리더의 예수제자됨'으로 보여줌으로써 많은 사람의 인도자가 된 것이다. 박해와 순교의 제자도를 지킨 아나뱁티스트 리더십들이 유럽의 여러 지역에서 재생산되어서 그들의 공동체를 유지할 수 있었다. 그리스도인에게 주어진 지상명령인 마태복음 28장 19절에는 주동사는 '제자를 삼다'가 명령형으로 기록되었고 나머지 세 동사는 가다, 세례를 베풀다, 가르치다 분사형으로 되어있어서 제자삼기 명령으로 이해되어야 한다. 즉 제자 삼는 방법으로 가서, 세례를 베풀고, 가르치다 제시된 것이다. 다시 말하면 지상명령은 제자 삼기 Disciplemaking다.

9) 자기희생의 대가를 지불하여야 한다.

아나뱁티스트는 국가가 지지하는 교회의 요구에 순응하기를 거부하였고 통치자가 택한 종교를 따르기를 거부하였으며 신자들의 세례와 신자들의 교회를 요구하며 당시의 국가교회체계와 반대하여 순교와 박해의 대가를 치를 수밖에 없던 시대를 살았다. 자유교회, 회중교회, 평화교회, 고백교회, 신자들의 교회의 원리들을 희생의 삶으로 실천한 그리스도의 제자들이다. 아나뱁티즘은 교단이라기보다는 전통과 가치에 가깝고 신앙운동이며 전복적 세계관이라고 볼 수 있다. 그들은 공동체가 극심한 박해 아래에서 살아남기 위해서 고립되고 분리되는 방법을 취했다. 그것은 생존적 선택이었다. 분리주의자라는 현대의 비난은 적절하지가 않다. 그것은 1세기 그리스도인들을 우리가 분리주의자/분파주의자라고 부를 수 없는 이유이기도 하다.

10) 제자도 리더십은 영적 리더십이고 성령 리더십- Spiritual Leadership 이다.

예수의 제자도 공동체가 시작된 것은 갈릴리에서 예수제자들로 시작되었다. 12명의 제자사도와 그를 따르는 여성들, 소수의 무리들, 치유받은 가난한 자들과 병든 자들로 구성된 예수따름의 소수의 제자공동체가 폭발적 확산을 이룬 것은 사도행전 2장에서 알 수 있듯이 오순절 성령강림 때였다. 전 세계로 흩어진 그리스도를 따르는 유대인과 하나님을 두려워하며 God Fearer 예수를 믿고 따르는 이방인이 성령충만을 받고 유대인/이방인의 벽이 무너지는 공동체인 교회를 이루며 예루살렘과 온 유대와 사마리아와 땅끝까지 확산되어 성장하게 된 것이다. 예수를 따르는 제자들과 이방인들이 함께 교회를 이루며 안디옥교회의 제자공동체로 성장하고 있었는데 주변 사람들은 예수의 제자들을 그리스도인이라고 불렀다. 누가복음과 사도행전은 누가가 쓴 한 권의 성경은 성령행전이라고도 불린다. 성령이 충만하고 성령에 이끌려 살아가는 Sprit-filled 예수의 제자들이었다. 박해와 순교와 고난을 통해 성장한 초대 그리스도인의 원동력은 무엇인가? 그들은 누구의 위로를 받으며 살았을까? 누구의 말을 듣고 순종하며 살았는가? 그들의 스승이고 주인이신 예수다. 그들의 위로자고 도움자인 성령이다. 예수의 영인 성령을 따르고 성령의 충만으로 살아가는 초대교회 그리스도인들은 분명 예수의 제자들이고 성령의 사람들이다. 아나뱁티스트는 성령을 성서의 해석자로 이해하였다. 아나뱁티스트 초기 운동의 리더인 한스 뎅크 Hans Denck는 "자연인은 성경을 이해할 수 없고 신성모독을 하지 않고 성경을 다룰 수도 없다. 성령의 도움 없이 진리를 찾는 자는 결단코 진리를 찾을 수 없고 사실상 죽음만 있을 뿐이다."라고 말하였다. 성령이 아나뱁티스트의 성경 선생이고 그들은 성경과 성령의 제자들이었다. 메노나이트 신앙고백서 18조는 '우리는 그리스도의 제자가 된다는 것이 성령 안에서의

삶을 알아가는 것이라고 믿는다.'로 시작된다.22

아나뱁티스트 운동은 16세기의 은사운동 또는 성령운동이라 할 수 있다. 당시는 계시보다는 이성을 중요시하는 합리주의의 영향력이 지배적이어서 개혁가들이나 아나뱁티스트에게는 이성적 믿음이 중요한 요소이었다. 그러한 면에서 보면 아나뱁티스트가 루터보다 더 성령을 강조한 사실은 놀라운 일이다. 메노는 "우리를 죄에서 자유케하고 담대하게하며 우리에게 기쁨과 평안과 경건함과 거룩함을 부여하는 것은 성령"이라고 말했다. 메노나이트 신학자 클라센은 "중요한 것은 성령이 그들의 삶 속에 들어왔다는 것"이며 "그들에게 중요한 것은 성령이 신자와 교회의 삶 속에 어떻게 역사하시느냐라는 것이다."라고 주장하였다.23 초대교회와 마찬가지로 성령의 강력한 역사하심이 16세기 아나뱁티스트에게도 역사하였다. 성경을 중시하고 예수를 말씀 그대로 따르는 제자공동체에게 성령의 중요성은 아무리 강조해도 지나치지 않은 것이다.

4. 3S Leadership 과 5B Leadership

아나뱁티스트 제자도 리더십은 삶과 따름의 리더십이라고 leadership by living & following 단순화할 수 있다. 그것은 ①어떻게 살아가는가 living, ②누구를 따라가는가 following, 그리고 ③무엇을 지켜내는가 keeping의 문제다. 즉 삶과 따름과 지킴의 신앙이다. 앞 부문 2부에서 설명하고 있는 현대의 리더십과의 연결을 시도해 보자. 아나뱁티스트 신앙과 성경에서 3S Leadership과 5B Leadership을 도출하였다. 3S는 Servant, Steward, Shepherd고 5B는 Being,

---

22) 『메노나이트 신앙고백』, 메노나이트 신앙고백 편찬위원회, P169, 1998, KAP
23) Walter Klassen, 『아나뱁티즘 Anabaptism: Neither Catholic nor Protestant, Pandora Press 24』, 대장간 역간

Belief, Belonging, Behavior, Becoming이다. 각각 종, 청지기, 목자 그리고 존재, 믿음, 소속감, 태도행동, 되어 나감성품이다

1) 3S Leadership: 종의 리더십섬김의 리더십, Servant Leadership, 청지기 리더십, 그리고 목자 리더십은 성경에서 나오는 예수의 모습이다. 그가 종이었고, 하나님의 청지기였으며, 우리의 목자인 것을 우리는 분명히 알고 있다. 따라서 예수의 리더십이라고 할 수 있다. 첫째 서번트 리더십이다. 앞 장에서 나오는 개념이어서 로버트 그린리프가 처음 소개한 개념이다.2부 참조 리더가 종이 되어 구성원의 필요를 채우는 리더십을 일반적으로 말하지만, 예수의 종 되심 그리고 동시에 선생 되시고 주되심으로 이해하고자 한다. 헤르만 헤세의 작품인 '동방순례'에 나오는 하인 레오의 모습으로도 설명이 가능하다. 제자도 리더십은 예수따름의 리더십이고 예수가 종으로 섬기러 오신 그리스도라는 점에서 서번트 리더십은 아나뱁티스적 세계관이다. '우리는 주인이 아니다. 종이다.'

둘째로 청지기 리더십의 모습이다. 예수는 하나님의 청지기다. 하나님이 보내신 agent대리인다. 청지기는 주인이 맡긴 것을 관리하는 자를 말한다. 달란트의 비유에서 우리에게 맡겨진 달란트를 관리하는 종의 모습이 바로 청지기이다. 성경은 교회의 지도자인 감독은 하나님의 거룩한 일을 맡은 청지기며딛 1:7 모든 교회 구성원들 또한 여러 가지 은사를 맡은 선한 청지기라고벧전 4:10 묘사한다. 창세기 1장 28절의 문화명령은 우리에게 청지기의 역할 다스리라는 하나님의 위임명령이다. 청지기의 聽은 한자로 들을 청을 말한다. 주인의 뜻을 듣고 뜻대로 행하여야 한다는 의미다. 헌신과 충성을 다하는 하나님의 일꾼인 것이다. 청지기 리더십은 바로 제자도 리더십인 것이다.

셋째로 목자Shepherd의 리더십이다. 예수의 자신에 대한 정체성의 표현 중 가장 많이 회자되는 것은 '나는 선한 목자다'이다. 목회라는 표현도 목자의 이

미지다. 목자를 pastor목회자라고 호칭할 때 쓰는 이미지는 바로 양치는 목자이다. 목자는 삯꾼이 아니다. 목자는 잃은 양 한 마리를 끝까지 찾아가는 그리스도의 모습이다. 세 가지 리더십의 모습인 종의 리더십, 청지기 리더십, 그리고 목자 리더십은 십자가에서 수렴된다. 십자가 리더십이 바로 종/청지기/목자의 리더십이고 예수의 리더십이며 그를 따르는 제자도 리더십이라고 할 수 있다.

2) 5B Leadership: 5B Leadership으로 제시하는 이유는 제자도와 리더십의 방향이 정체성존재, 믿음, 소속감, 태도행동, 성품되어 나감의 틀에서 설명되는 것이 바람직하기 때문이다. 리더십은 영향력이고 누군가를 따르게 함이고, 조직을 이끌어 나가는 것이라고 단순화한다면 리더십은 구성원에 대한 총체적이고 통전적인holistic접근이 중요함을 인식할 수 있다. 즉 구성원과 공동체의 통전적인 변혁을 추구하는 것이 바람직한 리더십의 접근법이라고 할 수 있다. Being은 존재와 정체성의 문제를 말한다. '나는 과연 누구인가?'의 존재론적인 질문으로 시작해서 '나는 도대체 누가 되어야 하는가?'의 당위적 질문으로 확장되어야 한다.

5B Leadership의 시작은 정체성에서 출발한다. 또한, Being으로서의 리더란 리더의 정체성이 리더십을 결정한다는 의미다. 리더의 정체성은 코람 데오Coram Deo의 정체성이다. '하나님 앞에서의 나'가 코람 데오인데 리더가 구성원 앞에서보다 하나님 앞에서의 어떤 정체성과 존재인가가 더 중요하며 리더십을 가름하는 중대한 지점이다. 나의 존재성은 하나님의 존재 앞에서 결정되는 것이다. 정체성의 부분에서 아나뱁티스트는 그리스도를 따르는 제자다. 제자의 길이 제자도인데, 弟子道의 도는 길 도 이며 도리의 도이다. 즉 제자의 삶이고 제자의 도리를 말하는 것이다. 道에는 머리 수首자가 갈 착辶변

에 합해진 글자다. 즉 도는 머리를 따르는 길이다. 그리스도 제자도에 잘 맞는 한자어가 道이다. 머리되신 그리스도를 따르는 길이 바로 도이다. '나는 길the way, hodos이다' 라고 외친 예수가 바로 道이다. 크라이더는 그의 책 『회심의 변질』에서 초대교회 제자들의 핵심을 3B로 정리하였다. 즉 신념Belief, 행동 Behavior, 그리고 소속Belonging으로 삶의 총체적 변화를 회심으로 파악하여 그러한 총체적 회심에는 반드시 신념과 행동 그리고 소속감에 대한 철저함이 요구된다고 주장하였다. "교회에서 회심이 실종되었고, 대신 구원의 확신이 주인행세를 하고 있습니다. 삶의 총체적 변화change를 의미했던 회심conversion이 실천적 윤리가 빠진 예식ritual이나 체험 위주의 회심으로 변질하고 만 것입니다."24

정체성Being은 자연스럽게 신념Belief, 태도/행동Behavior, 그리고 소속 Belonging과 연결이 된다. 정체성은 신념, 행동, 소속감의 합이기도 하다. 프리크리스텐덤초대교회 시대의 회심은 교회 예비자의 신념, 소속, 그리고 행동의 광범위한 변화를 요구하였던 시대다. 초대교회 시대의 그리스도인들이나 16세기 아나뱁티스트들은 박해라는 생명과 바꿔야 할 수도 있는 선택이 바로 제자신자가 되는 것이기 때문에 이들의 회심은 매우 진지하고 철저하고 급진적인 것이어야 했다. 정체성과 관련되어 필자가 좋아하는 영어 단어는 CHURCH교회와 CHRIST그리스도이다. 교회가 무엇이고 예수가 나에게 누구인가의 문제가 우리들의 정체성을 분명하게 들어내 주기 때문이다. 이 두 단어는 재미있는 단어다. 모두가 자음 5개와 모음 1개로 구성된 단어인데 영어에 모음 하나에 자음이 5개 붙어 있는 단어가 거의 없다. 발음하기 힘들기도 한 이유지만, chUrch와 chrIst에의 모음은 U와 I다. U 와 I가 없으면 소리가 날 수

---

24) 알란 크라이더 『회심의 변질 the change of conversion and the origin of Christendom』, 대장간 (2012)

없다. 필자만의 해석을 덧붙이면 교회는 U가 없으면 안 되고 그리스도는 I가 없으면 안 된다. 교회는 Uyou중심으로 타자 중심으로 돌아가는 공동체이고 그리스도는 나와의 관계가 중요하다. 그리스도교의 본질은 나 자신과 절대자와의 관계에서 시작되기 때문이다. 타자 중심의 교회와 나와 그리스도의 관계에서 CHURCH와 CHRIST를 이해하여야 한다.

다음은 믿음신념의 Belief다. 아나뱁티스트에게 믿음의 중요성은 종교개혁 초기부터 시작되었다. 더 철저하고 근본적인radical 개혁을 목적으로 교황과 교권의 타락으로부터 자유프로테스탄트를, 국가교회로부터의 해방아나뱁티스트을 추구하였기 때문에 아나뱁티스트가 추구하는 믿음은 이신칭의를 뛰어넘어 자유교회, 신자들의 교회, 고백교회, 회중교회, 평화교회로 향하는 교회론을 포함하며, 비폭력 평화주의로 순교까지 각오하는 그러한 믿음이었다.

다음의 B는 Behavior다. 행동으로 번역되며 태도를 포함하는 개념이다. 태도와 행동은 분리되기 힘들다. 행동을 강조하는 것은 제자들의 따름의 신앙이기 때문이다. 따름Nachfolge, Following에는 행동이 필연적이다. 따름 자체가 행동이며 행동을 수반하는 따름이 아나뱁티스트 그들이 가지고 있는 믿음의 모습이다.

다음의 B는 Belonging이다. '소속'이다. 쉽게 말하면 '우리가 남이가', '한 번 해병대는 영원한 해병대' 그러한 공동체를 중요시하는 집단 중심의 사고다. 현대 말로 보면 공동체와 공동체주의는 집단 지성Group Intelligence이 가장 잘 발휘되는 구조다. 아나뱁티스트의 순교이야기를 방대하게 기록한 『순교자의 거울, Martyr's Mirror』를 보면 공동체 집단지성집단 순교, 계속해서 끊임없이 지속되는 순교의 이야기의 놀라움을 보게 된다. 그들은 강한 소속감 때문에 순교의 삶을 소화시킬 수가 있었다. 소속감을 너무 강조하면 소위 분파주의의 위험성이 존재한다. 아나뱁티스트는 분명히 분파적인 삶을 살았지만, 분파주의자들은 아니다. 우리가 철저한 신앙으로 사는 그리스도의 제자리더라면, 우리는 세상과 구분되고 세속에 물들지 않는 비순응자non-conformist로 살아가야 한다. 왕따분파적인 삶이 그리스도에 속함 때문이라면 그것은 더 이상 왕따가 아니라 전복적인 인생을 산다는 의미다.

5B의 마지막 B는 Becoming이다. Being의 완성이다. Being의 진행형과 과정이 Becoming이다. 되어나감으로 번역하고 성품으로 읽는다. 우리의 성품은 궁극적으로 예수를 닮음으로 완성되어야 한다. 예수 따름의 진정한 목적은 예수 닮음이 아니겠는가? 메노나이트 예수마음교회는 예수촌교회에서 분가하면서 작명?의 고민 끝에 '너희 안에 이 마음을 품어라. 곧 그리스도 예수의 마음이니'의 빌립보서 2장 5절의 성경 말씀을 사용하였다. 뒷장에서 나오는 평화 리더십에도 성품으로서의 평화를 설명하고 있는데 성품은 기독교 리더십의 귀중한 목표요 가치. 성품으로서의 인내는 기본적으로 참고 기다리는 것이다. 상대방이 준비될 때까지 시간의 여유를 주는 것이다. 초대교회가 성장한 이유를 크라이더는 『인내의 발효』라는 책에서 인내가 어떻게 시간을 두고, 역사적으로 발효되어 초대교회의 성장과 성숙으로 이어지고 이어지는 가를 설명하였다. 리더십 또한 따름following이 궁극적인 목적이라면 따르는 자가 준비될 때까지 인내를 가지고 기다리는 것이다. 인내의 리더십이 리더의 바람직한 태도Behavior인 것이다. 또한, 존경받는 신학자 마르바 던Marva Dawn의 신학은 약함의 신학the theology of weakness으로 알려졌다. 그녀가 신체적으로 장애를 가졌지만, 공동체와 가난, 제자도 그리고 약함을 통한 하나님의 내주 등을 강조하며, '교회가 하나님의 내주tabernacling를 드러낼 수 있는 유일한 길은 교회가 능동적으로 약함을 취할 때 곧 십자가의 길을 걷는 것이다'라고 강조한다.[25] 이러한 사상 또한 전복적인 개념이다. 우리의 약함 안에 하

---

25) 마르바 던, 『세상 권세와 하나님의 교회 Powers, Weakness, and Tabernacling of God』, 복있는

나님이 내주하신다는 것이다. 약하고 약해진 내 안에 하나님이 내주하실 때 우리는 남을 돕고 축복해 줄 수 있는 것이다. 그것은 자발적 낮아짐이다. 낮은 자를 위하는 것이 제자도의 삶인데 그러기 위해서 자발적으로 낮아져서 우리는 약자와 낮은 자를 도울 수 있는 것이다. 제자들의 자발적 낮아짐은 하나님의 채움을 경험하게 되고 그것이 타인을 돕는 채움이 되는 것이다. 그리스도께 속하는 것이 그리스도의 채움을 경험하는 것이다. 아나뱁티스트가 강조한 소속 Belonging은 우리가 누구에게 속해서 누구에게 채움을 받는가의 문제다. 금세기 최고의 신학자인 존 스토트는 그의 마지막 유언서 같은 책인 The Radical Disciple급진적 제자도에서 제자도의 두 번째 특성을 Christlikeness예수 닮음으로 제시하면서 "나는 이 땅에서의 순례 여정의 끝이 가까워 오는 지금, 내 생각이 어디까지 이르렀는가 여러분과 나누고자 한다. 그것은, 하나님은 자기 백성이 그리스도처럼 되길 바라신다는 것이다. 그리스도를 닮아 가는 것이 하나님의 백성을 향한 하나님의 뜻이다Christlikeness is the will of God for the people of God."26 필자는 이 부분을 읽다가 눈물을 흘렸다. Uncle John존의 별명 호칭이 나에게 쓴 마치 바울이 제자 디모데와 디도에게 쓴 편지처럼 유언의 말처럼 들렸기 때문이다. 예수가 나를 따르라 했을 때 그것은 나를 본받으라 또한 나를 닮으라는 말씀이다. 토마스 아 캠퍼스Thomas A Campus의 책 『그리스도를 본받아 the imitation of Christ』은 세계적인 베스트 셀러가 된 이유 또한 이 주제가 얼마나 중요한가를 보여주는 것이다. 그리스도인들이 예수 그리스도처럼 사는 그리스도인이라면 다른 종교는 설 땅이 없었을 것이다. 전쟁과 폭력도 설 자리가 없을 것이며 세상은 천국으로 변했을 것이다. 제자도 리더십을 3S Leadership 과 5B Leadership 으로 현대의 리더십과 접목하여 설명하면서 다

사람, (2008) 참고.
26) John Stott, 『급진적 제자도 The Radical Disciple』, IVP 2010, P 29.

시 한번 제자도의 중요성을 강조하였다.

5. 제자도 7문 : 아나뱁티스트의 제자도 7문장

위에서 제시한 제자도의 10가지 특징과 3S 리더십과 5B 리더십에서 드러난 아나뱁티스트 제자도를 필자가 7문장으로 요약을 하며 2장을 마무리하고자 한다.

1 기독교는 제자도다.
2 제자도는 삶이다.
3 삶은 사람이고 사랑이고 샬롬이다.
4 사랑과 샬롬은 성경에서 나온다.
5 성경의 중심은 예수다.
6 예수를 따르는 공동체가 교회다.
7 그러므로 교회는 제자도다.

서술적으로 풀어 설명하면 '16세기 아납뱁티스트는 교회의 원형인 초대교회의 본질을 추구하는 운동이었고, 그 핵심인 제자도의 신앙으로 중세 기독교를 전복시키려는 운동이었다. 제자도의 핵심은 삶인데 그것은 사람이며 사랑이고 샬롬 그 자체. 이것은 성경에서 나오는데 성경의 중심은 바로 예수다. 예수는 신앙의 중심이고, 삶의 중심이고, 교회의 중심이고 그것을 이루는 길은 예수의 제자가 되어 예수따름을 삶으로 실천하는 것이다. 예수를 알아야 예수를 따르는 것이 되고, 예수를 따라야 진정한 예수제자공동체가 되는 것이다. 그것이 교회고 그래서 교회는 제자도다.'라고 할 수 있다.

3장 · 공동체 리더십

1. 공동체란 무엇인가?

공동체는 공통의 가치와 정체성을 가지고 특정 사회문화적 공간을 공유하는 사람들로 사전적 정의를 내릴 수 있다. 역사 이래로 사람들의 삶의 방식은 혈연, 지연을 기반으로 하는 가족, 씨족 등의 공동체에서 시작되어 국가와 민족의 공동체를 형성하며 살아왔기 때문에 그리고 다양한 공동체를 이루며 살고 있기 때문에 공동체에 대한 인식은 누구에게나 매우 자연적이다. '인간은 사회적 동물이다'라는 자연스러운 인간 이해는 우리는 공동체적 존재다라는 말과 별 차별성이 없다고 볼 수 있다. 교회는 공동체다. 교회church는 헬라어의 에클레시아ekklesia를 번역한 말로서 모임, 총회, 회중의 다양한 의미를 지니고 있다. 교회 운동을 주도한 사람은 예수의 제자들이다. 예수는 복음서의 기록을 보면 교회라는 표현을 세 번 밖에 안 사용했다. 바울이 사용한 에클레시아 즉 교회는 그의 서신에 60회가량 나오는데 바울이 서신을 보낸 공동체들을 지칭하는 데 사용하였다. 모든 공동체가 교회라 할 수는 없지만, 교회는 공동체다. 예수를 믿고 따르는 사람들이다. 성경은 공동체에 대한 몇 가지 은유를 사용하며 교회를 설명하고 있다. 건물, 몸, 가족, 으로 공동체를 은유적으로 묘사한다. 그리스도가 '터'라는 표현을 가장 좋아한 메노 시몬스와 아나뱁티스트는 건물성전로서의 교회와 공동체를, 그리고 건물의 터로서의 그리스도를 강조했다고 볼 수 있다. 공동체교회를 몸으로 비유하면서 교회는 머리 되신 그리스도와 지체된 제자들믿는 사람들로 구성되어 그리스도의 몸을 이룬다는 점을 강조하였다. 교회가 무엇인가?는 그리스도인에게는 궁극적이고 최종적 질문이다. 필자도 이 질문을 아직도 해 가면서 교회의 정체성과 여전히 씨름하고 있다. 그리스도인 나의 교회론이 나를 규정한다고 믿는다. 나의 교회론이 나를 빚어낸다. 우리가 공동체 리더십을 이야기할 때 그것은 교회의 리더십이라고도 볼 수 있다. 교회가 무엇인가. 메노나이트 신앙고백서는 교회를 이렇게 고백한다. "우리는 교회가 예수 그리스도에 대한 믿음을 통해 하나님의 구원을 받아들인 사람들의 모임이라는 것을 믿는다. 교회는 하나님의 통치를 선포하고 그 자체가 지닌 영광의 소망을 예견하는 세상에 보내진 제자들의 새로운 공동체다. 교회는 성령에 의해 확립되고 유지되는 새로운 사회다.", "우리는 교회가 하나님의 왕국을 선포하며 하나님 나라의 표시가 되기 위해 부름을 받았음을 믿는다. 그리스도께서는 교회로 하여금 그의 증인이 되고, 모든 족속으로 제자를 삼아 세례를 주고 그가 가르친 모든 것을 지키게 하라고 명하셨다."27

1) 공동체로서의 아나뱁티스트

아나뱁티스트는 시작부터 공동체를 이루었다. 공통의 가치와 정체성을 가지고 특정 사회문화적 공간을 공유하는 사람들이다. 급진적이고 근원적인 교회론을 가지고, '예수 제자들'이라는 정체성을 가지며, 비폭력 저항과 평화를 최우선 가치로 살아가는 전복적 개혁운동 공동체라고 볼 수 있다. 특히 16세기 아나뱁티스트 운동 가운데 순수한 형제애와 청지기 원리가 실제적인 공동체를 형성하면서 실행되기 시작하였다. 1528년 후터라이트 형제단Hutterian

---

27) 『메노나이트 신앙고백』, 메노나이트 신앙고백 편찬위원회, P166, 1998, KAP

Brotherhood은 실제로 공동의 지갑원리를 실천하며 현재까지 여러 나라에 흩어져서 공동체를 형성하며 많은 세속적 그리스도인에게 영향력을 들어내고 있다. 형태상 사유재산을 완전히 포기하며 기독교 공산주의처럼 보였지만 사유재산이야말로 그리스도인 사랑실천의 큰 장애물로 인식하며 제자도 경제공동체로 살아가고 있는 공동체인 것이다.

2) 아미쉬와 후터라이트 공동체

아미쉬 메노나이트 혹은 아미쉬Amish는 스위스 형제단에서 분리되어 나온 공동체다. 리더인 야콥 암만Jacob Ammann을 따르는 사람들로서 '세상으로부터의 분리'와 사회적 비순응주의를 강조하며 스위스에서 시작되어 북미지역에 정착하여 현재까지도 실제적인 공동체로 살아가는 생활 공동체다. 그들의 독특하고 철저한 생활방식- 단순하고 소박한 삶- 때문에 많은 사람에게 울림과 도전을 미치고 있다. 마차를 타고 다니며, 전기를 사용하지 않고, 근면, 검소, 절제, 의 삶을 사는 공동체다. 평범한 사람들에게는 신비의 공동체로 여겨지는 공동체가 세상에 충격적으로 알려진 사건을 통해서 아미쉬와 공동체의 의미를 되새기고자 한다. 2006년 가을에 펜실베니아의 랭커스터Lancaster의 아미쉬 마을에 총기 난사 사건이 발생하여 5명의 사망자를 포함하여 10명의 사상자가 터지는 일이 일어났다. 무기와 전쟁을 거부하는 평화주의를 추구하는 공동체에 총기 살인사건이 터졌지만물론 외부인의 계획적인 범죄였지만 실제로 세상에 충격을 준 것은 총기 사건으로 자녀를 잃은 아미쉬 유족과 공동체 사람들이 보인 즉각적인 반응과 그들의 대처하는 방식이었다. 공동체의 즉각적이고 조건 없는 용서와 관용은 과연 어디서 비롯되었는가? 오히려 잔인한 범인의 장례식에서 피해자가 가해자의 가족을 위로하고, 범인의 미망인과 세 자녀를 공동체에서 초청하여 함께 식사하며 위로와 화해를 하는 공동체를 세상 사람들에게는 신비를 넘어서 전복적인 가치관과 삶을 사는 사람들로 충격적으로 이해 되었을 것이다. 그들은 말씀을 그대로 실천한 사람들이다. 매일 그들이 낭송하는 주기도문의 '우리가 우리에게 죄지은 자를 사하여 준 것 같이'를 행동으로 실천한 사람들이다. 아미쉬와 아나뱁티스트의 집집 마다 소중히 보관되어 있는 책 『순교자의 거울』에 수 없이 나타나는 그들의 조상의 이야기가 그들의 용서의 즉각적인 반응을 가능케 한 원동력이다. 앞에서 나오는 표지의 그림인 『순교자의 거울』에 등장하는 유명한 대표적인 이야기인 더크 윌렘스의 데자뷔 같은 이야기가 바로 '랭커스터 총기 사건' 이야기다.[28]

2. 공동체 리더십이란 무엇인가?

공동체 리더십은 구성원들이 공동체의 가치를 최우선으로 두며 공동체의 가치와 정체성을 유지하도록 이끄는 것이라고 볼 수 있다. 그것은 공동체의 리더십Of the community이고, 공동체에 의한 리더십By the community이며, 공동체를 위한 리더십For the community이다. 공동체의 지체들이 공동체의 가치를 최우선으로 두지 않으면 공동체는 왜곡/변질/약화되는 것이다. 한 명의 대표가 리더십을 독점하면 그러한 조직은 빨리 갈 수 있는 있지만 멀리 갈 수는 없으며 소위 owner risk 일인 리스크, 독점의 리스크가 존재한다. 자유를 신봉하는 자본주의 경제에서도 독점을 죄악시하는 것은 지극히 당연한 사고다. 민주주의라는 말은 民이 주인 즉 모든 사람이 주인ownership이라는 공동체적 사회를 말한다. 공화국共和國의 의미다. 그래서 교회와 공동체의 정치는 공화정치이어야 한다. 한 명의 독재자의 위험을 우리는 수 없이 경험하였기 때문에 복수리더십, 만인 리더십과 어울리는 공동체 리더십을 공동체는 요구하고 있다. 그것

---

28) 임세근, 『단순하고 소박한 삶- 아미쉬로부터 배운다』. 리수 2009, 참조

은 Leaderless leadership 리더없는 리더십이라고 볼 수 있다. 리더십없는 리더보다는 리더없는 리더십이 훨씬 건강한 모습이다. 공동체에 필요한 것은 리더가 아니라 리더십이기 때문이다. 교회는 사실 군주정치에 가까운 것이다. 예수만이 주Lordship라는 주되심이 존재하고 지체들은 모두 종Servant이라는 종됨 Servantship이 교회의 본질적 구조다. 그러한 주는 나의 주가 아니라 우리 주다. 예수의 본질은 바로 우리 주 구주 예수 그리스도다. 공동체의 주Communal Lord와 공동체의 주되심을 공동체는 소유하고 있어야 한다. 이것이 공동체 리더십이다.

루터, 츠빙글리와 칼빈처럼 아나뱁티스트 그룹 중 탁월한 인물이 없었다는 것은 사실이다. 아나뱁티스트 운동에서 전통적 개념의 리더가 부족한 이유는 ① 혹독한 박해로 모이기보다는 흩어지는 삶을 살았고, ② 박해받는 교회공동체 회중에서 리더가 나오기 어려운 상황이고 ③ 아나뱁티스트 운동은 상향식 bottom-up, 자발적, 회중 중심의 리더십congregational leadership, 공동체적 의사결정방식 등 카리스마 중심의 리더십과는 거리가 먼 회중 중심의 공동체라고 볼 수 있다.

3. 공동체 리더십의 3가지 모습

1) 관계적 리더십(relational leadership)

인간은 관계적 존재다. 관계 속에서 살아가고 관계 속에서 다양한 문제와 또 해결책을 찾는 존재다. 유대 랍비는 그러한 인간의 관계성에 대한 지혜를 '당신에게 해가 되는 것을 다른 사람에게 행하지 말라고' 표현했지만, 예수는 부정표현으로 된 이 말을 긍정적 관계의 표현으로 전복적으로 바꿔서 황금률을 만들었다. "너희는 남에게 대접을 받고자 하는 데로 남을 대접하라" 또한 상식적인 경제원칙인 받는 것이 주는 것보다 복되다는 개념을 전복시켜서 새로운 관계적 표현을 하였다. 주는 것이 받는 것보다 복되도다사도행전 20:35 공동체야말로 관계의 합이다. 수학적으로 말하면 N명의 공동체는 NN-1/2의 관계가 존재한다. 대형화된 공동체는 공동체라고 보기 힘들다. 공동체성이 드러나기에 원초적 한계가 존재한다. 예수촌 공동체가 100명에 근접하게 되었을 때, 모든 구성원이 다 함께 분가를 결정했다. 공동체가 너무 커져서 '이게 아니다'라는 생각을 모두가 공유하게 되었다. 예수가 12명의 제자공동체를 유지한 것은 분명한 이유가 있을 것이다. 120명 가지고는 힘들 것임이 틀림없다. 구비시키고, 제자로 세우고, 임파워링하기에 12명이 적합한 이유일 것이다. 공동체의 관계는 피상적이어서 안된다. 관계적 리더십은 상호배려, 상호복종, 상호가르침과 상호배움을 통해서 성장한다. 배려라는 말은 영어 단어로 Compassion인데 Com은 함께라는 의미이며, Passion이라는 말은 두 가지 의미가 있는데 그것은 열정과 고통이라는 뜻이다. Passion의 어원과 피Blood, 고통는 같은 어원에서 파생된 말이다. 배려는 함께 고통을 나누는 것이다. 고통은 나누면 줄어 들고, 기쁨과 행복은 나누면 배가된다. 배려의 공동체는 고통을 서로 나누는 공동체. 공동체를 가족에 교회를 가정에 비유하는 이유다. 가족과 교회는 고통과 기쁨을 나누는 배려의 공동체다. 관계적 리더십은 상호 리더십이다. 상호 복종의 공동체는 모두가 선생이고 모두가 학생이다. 교생이라는 말은 가르침과 배움을 동시에 하는 자를 말한다. 교생실습에 오신 분은 선생이기도 하고 배우는 학생이기도 하다. 공동체의 나는 누군가의 리더이면서 누군가를 따르는 자다. 다음 장에서 나오는 Ledership, 을 보라. 우리는 Leader이면서 동시에 Leder다. 초대 예수제자공동체가 교회가 된 것은 유대인인 예수제자들이 하나님을 경외하는 자God-fearer인 이방인과의 관계가 하나로 되었을 때, 즉 유대인과 이방인 사이의 벽이 부서지면서 발생한 사건이 바로 초대교회다. 하나님의 새로운 사회다.

2) 공동의 리더십(communal leadership)

제자도 리더십은 따름의 리더십이라면 공동체 리더십은 서로공동가 서로를 이끄는 리더십이다. 우리가 종교개혁자들이 구호처럼실제로는 구호만 외쳤던 만인제사장이라는 개념을 리더십으로 적용해 보면 그것은 만인리더십이라고 할 수 있다. 공동체 리더십은 바로 모든 자의 리더십을 말한다. 동양사상에도 3인이 길을 가면 반드시 선생이 존재한다고 하였다. 실제로 공동체에서는 모든 사람이 모든 사람에게 영향을 주는 것이 사실이다. 그러한 점에서 모든 사람이 리더십에 참여하는 것이다. 이것을 상호 리더십mutual leadership으로 부를 수 있다. 상호 따름, 상호 복종, 상호 돌봄을 실천한 아나뱁티스트의 리더십은 공동의 리더십이다. 공동의 리더십은 만장일치와 제비뽑기 방식의 의사결정에서 뚜렷하게 나타난다. 만장일치는 조직폭력배 조직의 문화에서 꽃피는 것이 아니라 모든 사람이 합의를 볼 때까지 인내하고 소수의 의견을 오히려 다수의 의견보다 더 기울여 주는 것이다. 한 사람의 반대가 나머지 사람들의 의견을 정지시키는 것을 모두가 알고 있을 때 오히려 소수의 반대 의견은 신중을 기하게 되고 다른 의견에 더 기울이게 해 주는 방식이 만장일치다. 주의 뜻에 만장일치로 복종을 하는 공동체라면 만장일치는 오히려 쉬울 수 있다. 예수의 뜻을 구하면 되는 것이고, 예수라면 어떻게 할 것인가?를 물으면 되는 것이다. 공동체에서 제일 맛있는 음식은 바로 예수라면이다.

3) 구비시키는 리더십(equipping leadership)

공동체 리더십은 구비시키는 리더십이다. 다른 사람들을 세우고, 제자들에게 힘을 실어 주는empowerinng 리더십이다. 공동체에서는 자신이 커지는 것보다 다른 사람들을 키우는 것이 더 효과적이다. 나는 여전히 개인이지만 다른 사람은 복수의 개인들이다. 타인과 공동체를 성장하게 하는 방법은 임파워링에 있다. 자신의 힘을 자신에게 쓰지 않고 타인에게 사용하면 그것은 사랑이고 희생이고 섬기는 종의 리더십이다. 전통적인 방식의 리더십을 죽이는 것이 조직을 살리는 방법이다. 리더가 죽어야 리더십조직이 사는 것이다. 어떤 의미에서 보면 unleadership- 리더십 부리지 않기-라고 할 수 있다. 언리더십학문적 용어도 아니고 영어라고 할 수도 없음 은 많은 다른 리더들을 세우는 역할을 제공한다. 예수가 십자가에서 보여준 powerless무력한, 힘을 안 쓰는의 복종과 자신의 능력을 감추는 극도의 절제가 언리더십의 원형이다. 예수는 하나님이지만 사람으로 내려왔고, 초능력?자 이셨지만, 자신을 위해서는 사용을 안 하시고, 왕의 모습이 아니라 종의 모습으로 섬기는 언리더십을 사용하신 분이다. 자신의 리더십을 내려놓고 누군가의 리더십을 세울 수 있으면 그것은 자신을 죽여서 남을 살리는 십자가 정신의 리더십이다. 타인을 구비시키기 위해서 언리더십과 종의 리더십인 섬기는 리더십을 발휘하신 것이다. 역시 전복적 리더십이라고 볼 수 있다. 리더십Leadership은 리더십Readership이다. 독서의 중요성을 강조한 것이 아니라, 타인을 읽을Read 줄 알아야 그들의 리더Leader가 되는 것이다. 공동체 리더십은 '세우기'다. 세우기를 잘하는 것이 리더십의 본질적인 기능이다. 3가지 영역에서 세우기가 필요하다. 사람 세우기, 비전 세우기, 공동체 세우기다.

4. 공동체와 분가

분가는 공동체가 나누어지는 것을 의미한다. 공동체의 쪼개짐은 부정적 모습이지만, 공동체가 자발적으로 나누어지는 분가는 공동체의 성장과 성숙의 지름길이다. 30여 년의 역사를 지닌 춘천의 예수촌교회 공동체의 서너 번의 분가 경험을 통해서 분가예찬분가의 미학, 분가의 신학을 나누고자 한다. 많은 달갵을 한 바구니에 담지 않듯이 서로 나누고 분가하여 함께 가야 공동체가 건강하게 성장하는 것이다. 화분에 식물이 가득 차면 분갈이를 통해서 화분 수를 늘리고 개체 수를 늘려서 아름다운 분갈이를 할 수 있다. 한 가족으로 살던 자녀들은 결혼과 함께 분가를 통해서 커진 가정 공동체를 만들어나가는 것이다. 교회를 시작할 때 우리는 '사과나무의 진정한 성장은 한 그루의 사과나무에 많은 사과가 열리는 것으로 만족할 것이 아니라, 튼실한 열매가 달리는 사과나무를 여러 그루 심는 것이 진정한 성장'이라고 배웠다. 예수촌교회의 복수리더십은 교회의 철학이자 운영원리인데, 분가에 있어서도 단독리더를 세우는 것은 바람직하지 않다고 생각했다. 분가에 있어서 공동체 리더십이 중요한 대목이다. 기존의 리더네 가정가 분가의 의사를 먼저 표현하면 누가 따라 나가느냐는 문제가 생겨서 교회는 신중하게 의사를 결정 해야 했다. 교회가 리더 중심으로 나누어지면 소위 바울파, 아볼로파로 분가가 아닌 분파가 될 수 있기 때문이다. 그래서 분가에 맞추어 추가로 두 가정이 리더로 세워지면서 교회는 다시 성경에 나오는 '누구누구의 집 안에 있는 가정교회'의 형태를 띤 분가를 완성했다.

1) 분가의 미학

분가는 아름답다. 미학은 아름다움에 대한 학문이다. 많은 사람은 작은 것이 아름답다고 말한다. 작은 것 자체가 아름답다는 말이 아니라 작음을 취하는 것이 아름다운 모습이라는 말이다. 큰 것을 의지적으로 포기하고 일부러 작은 것을 취한다면, 그것은 전복적인 행동이다. 주님을 닮은 자발적 낮아짐은 분가 미학의 기초다. 우리는 작은 교회를 지향한다. 작아지기 위해서는 나누어져야 한다. 인위적으로 나눔에는 고통이 필요하다. 그럼에도 불구하고, 일 년에 7~8회 정도 함께하는 연합예배와 말씀사경회는 분가의 행복과 기쁨을 함께 확인하는 시간이 되었다.

2) 분가의 신학

분가의 신학은 어려운 말로 보이지만 분가와 관련된 성경적이고 기독교적인 의미가 무엇인가에 관한 것이다. 분가의 미학에서 작은 것이 아름답다는 생각과 분가 경험으로부터 오는 분가의 기쁨을 말했다면, 분가의 신학적이고 성경적인 요소는 무엇일까? 아나뱁티스트의 신학의 세 가지 기둥인 제자도, 평화, 공동체의 틀에서 분가의 신학을 생각해 보려 한다. 이미 예수촌교회의 핵심가치를 작성할 때, 교회는 분가를 통해서 교회 성장을 한다고 명시하였다. 분가는 자체가 수단이지만 목적으로서의 가치도 있다. 그것은 분가를 통한 교회소형화가 교회대형화보다는 더 고귀한 가치를 내포하기 때문이다. 첫째, 분가는 더 공동체적이다. 공동체는 무엇인가? 공동체는 삶의 방식으로서 서로를 돌보고 사랑하는 생명체의 존재방식이다. 교회가 커지면 상대적으로 공동체의 생명력은 약해진다. 공룡 같은 거대한 교회에서 지체간의 사랑과 돌봄을 바라기는 한계가 있다. 작게 나누는 것이 문제를 정확히 보고 확인하고 해결하게 된다. 분가는 지혜다. 작은 단위로 나누는 것이 위험을 줄이는 동시에 유익을 극대화한다. 일 더하기 일이 2보다 큰 것이 공동체의 수학이다. 하나로 있었던 회사를 분사하여 둘로 분사하고 각각의 장점을 살려서 운영하는 것이 공동체 경제학이다. 여러 개가 존재하면 위기의 시기에 서로 돕는 강점이 생긴다. 위험의 분산효과라는 것이 작동되어 안정성을 나타나게 된다. 큰 사과나무 한 그루보다 여러 개의 작은 사과나무를 가꾸는 것이 공동체의 생태학이다. 둘째, 분가는 평화를 이룬다. 분가는 샬롬이다. 평화는 관계다. 온전하고 완전한 관계가 평화의 기본이다. 교회에도 항상 갈등이 있게 마련인데, 이 갈등을 어떻게 해결하는가는 교회에 있어 아주 중요한 사안이다. 분가는 새로운 생명의 탄생이기도 하지만 구조조정이기도 하다. 분가를 통해 샬롬을 이룰 수도 있다. 바울이 원 교회인 예루살렘교회를 떠나 안디옥교회를 중심으로 분가 독립하여 이방인 선교의 교회로 삼은 것은 좋은 예이다. 평화의 근본과 본질은 그리스도다. 그리스도의 십자가의 낮아짐과 성만찬의 떡을 나누는 행위는 그리스도의 살과 피를 나누는 그 자체가 분가적이고 나눔分 그 자체다. 평화의 사역은 분가적이다. 우리가 우리의 것을 나누고 물질을 나누고 고통을 나누는 것이 평화 사역의 핵심이다…. 셋째, 분가는 제자의 길이다. 제자도다. 제자가 되는 것 자체가 개인적이고 분가적이다. 무리도가 아니라 제자도를 필요로 한다. 바울의 독신적 제자도는 극단적 분가의 방법처럼 보인다. 나눌 수 있는 최소한의 단위는 개인이고 제자로서의 개인이다. 바울은 그리스도와의 하나됨으로 분가적 실천을 하였다. 역설적이지만 더 이상 나눌 것이 없는 그리스도의 제자가 됨으로서 나눔을 실천한 것이다. 우리는 제자로서의 개인이지만 공동체적 조화가 필요한 개인이다. 제자도가 없는 공동체는 괴물이고 공동체성 없는 제자도는 독불장군이다. 제자도가 없는 공동체는 헌신적이지 못하고 공동체성 없는 제자도는 이기적이다. 제자도의 그리스도 앞에서 홀로서기가 분가적 가치를 가지고 있다. 제자도, 평화, 공동체의 가치가 분가다. 그리스도 안에서 제자가 된 우리는 그리스도를 통한 평화로 구비되어 그리스도의 공동체를 이루어야 한다. 이것은 우리가 그리스도의 제자로서 분가나눔라는 가치를 삶 가운데서 실천하고 분가하는 교회를 지향하고 분가된 공동체를 이루어가는 것을 의미한다. 분가적 공동체란 하나 되어 나누고 나누며 하나 되는 것을 의미한다. 삼위일체의 하나님은 얼마나 분가적인가? 서로의 본질은 하나이지만 위를 나누고 역할을 나누는 분가의 하나님이시다.

5. 공동체 리더십의 9가지 특징

1) 개인(개인주의)적이 아닌 공동체(공동체주의)적이다.

공동체와 공동체성이 가장 잘 표현되는 영역은 경제 즉 우리의 지갑이다. 주머니 공동체 즉 경제공동체는 공동체를 이루고 유지하는 기본 축이다. 교회나 공동체가 무너지는 원인을 Money, Power, Sex 돈, 권력, 성라고 주장해도 대부분의 사람이 수긍을 하는 이유는 현실적으로 경제, 권력, 성과 관련된 타락과 범죄와 잘못이 개인은 물론 공동체를 와해시킨다는 것을 무수히 경험했기 때문이다. 경제 문제를 해결하지 않고는 공동체는 지속가능할 수가 없다. 단순하고 소박한 삶 경제공동체를 살아가는 아미쉬나 후터라이트 그리고 부루더호프는 사도행전 2장의 원리를 그대로 실천하는 유무상통의 실천공동체다. 기독교 전통이 오래된 유럽은 비교적 하나의 큰 공동체 경제를 이루어가고 있으며 각각의 나라가 함께 공동체경제권을 위해서 '같이'와 '함께'에 대한 가치를 이해하고 실현해 나가는 국가들과 시민사회의 연합체라 할 수 있다. 따라서 사회적이고 공동체적인 가치가 개인적인 가치보다도 더 중시되고 있다. 소위 PPP 민관파트너쉽, public private patnership라 불리는 다양한 형태의 파트너쉽 조직들이 잘 발달되어 있다. 이것은 시민과 정부 영역이 같이 사회적 문제를 풀어나가는 방식이다. 작은 공동체나 국가 단위의 큰 공동체도 마찬가지로 공동체의 혈액이라 할 수 있는 경제 문제를 공동체적으로 해결하는 리더십이 요구되는 대목이다. 현대의 그리스도인에게도 신앙과 경제 문제는 매우 절대적이다. 경제지상주의에서 사는 그리스도인에게 신앙과 지갑경제 사이에 긴장점이 존재한다. 우리의 신앙이 우리의 지갑을 흔드는가? 아니면 우리의 은행계좌가 우리의 신앙을 흔드는가? 우리의 지갑이 개인 지갑을 공동체적인 지갑으로 바꾸는 것이 공동체 리더십이 해결할 과제다. Mammon 돈의 신문제를 공동체를 통해서 해결한 아나뱁티스트 선배들의 삶에 도전을 받는 것이다.

2) 대표적이 아니라 참여적이다.

아나뱁티스트는 성경해석도 공동체적 성경해석Communal Hermeneutics을 통해 참여적 공동체를 실천해 나간다. 1527년 작자 불명의 소책자에는 "어떤 사람이 교회에 왔을 때, 계속해서 오직 한 명만이 말하는 것을 듣고 모든 청중들은 말을 하거나 예언하지도 않고 조용히 있는 것을 볼 때, 누가 이런 곳을 고린도전서 14장에 나오는 '성령을 통해 은사를 주셔서 우리에게 언급한 대로 서로 서로에게 말하고 예언하도록 권면하시는 하나님이 함께 거하시고 일하시는 영적 공동체'라고 고백하고 간주할 수 있겠는가?"라고 적혀 있다.[29] 공동체가 함께 참여하는 성경해석을 실천하는 것이다. 공동체 구성원의 의견이 상향적으로bottom up 그리고 모두가 참여하여 공동체적 의사결정을 하는 것이 공동체 리더십이 역동적으로 발현되는 모습이다.

3) 조직적이 아니라 관계적이다.

제자도, 공동체, 평화, 나눔은사, 리더십, 경제으로 4중적 강조의 공동체가 중요하다. 네가지 요소의 공통점은 모두가 관계적이다. 제자도는 예수님과 관계적 정체성, 공동체는 타인과의 관계방식, 평화와 나눔은 관계의 삶을 강조하고 있다. 영성도 관계영성이라고 표현한다. 인간은 관계의 합이다. 또한, 공동체 구성원의 관계의 합Nexus이다. 공동체를 구성원 중심으로 이해하면 멤버십지체됨이 중요하지만, 공동체는 멤버십보다는 본질적으로 바디십Bodyship, 즉 몸됨이 우선적이다. 그리스도의 몸을 이루는bodyship, 몸됨것이 교회와 공동체의 핵심이다. 공동체 리더십은 몸됨을 지향하여야 한다. 리더를 세우는 것이 아니라 그리스도의 헤드십headship, 머리됨을 세우는 것이 하나님 나라를 사는 공동체의 사명이고 그것을 지향하는 것이 공동체 리더십의 과제다.

---

29) 스튜어트 머레이 『아나뱁티스트 성서해석학』 (2013), 대장간 참조

4) 기계적이 아니라 유기적이다.

공동체가 기계적mechanic이 아니라 유기적organic이라는 의미는 공동체가 잘 돌아가는 기계라기보다는 생명력으로 활력이 있는 생명체라는 말이다. 기계는 기술이 필요하지만, 생명체는 예술art이 필요하다. 공동체에게 필요한 것은 기계적 작동원리나 기술이 아니라 유기적 생명체적 예술적 생명력이다. 리더십의 고전적인 저서 『리더십은 예술이다』라는 막스 드 프리Max De Pree의 주장이 공동체에서는 진리다. 아미쉬 공동체에는 예배당이 없다. 교회가 없는 것이 아니다. 교회는 돌아가며 교인들의 집을 예배하는 장소로 마을의 많은 가정교회 형태로 매우 유기적으로 예배를 드리기 때문에 건물로서의 성전이나 예배당이 필요 없다. 사람들이 교회인데 건물로서의 교회가 왜 필요한가? 라는 전복적인 생각을 실천하며 살고 있는 것이다. 오히려 예배당처럼 보이는 작은 건물들은 공동체의 학교이며 마을 회관으로 사용하고 있다. 구조가 비전을 만드는 것이 아니라 비전이 구조를 만들고 조직을 기계에서 생명체로 변화시키는 것이다.

5) 개별적이 아니라 상호적이다

개별성과 상호성은 대치되는 개념이다. 공동체의 운영원리나 구성원 상호 존재 방식이 수평적이고 평등성에 기반하기 때문에 함께의 가치와, 같이의 가치가 공동체에서는 반드시 드러나야 한다. 사도행전 2장에서도 함께together라는 표현이 반복적으로 나타난다. 교회론의 보고寶庫라고 할 수 있는 에베소서는 공동체 구성원의 모든 관계남편과 아내, 부모와 자녀, 주인과 종, 그리고 지체간에게 공통적인 상호 복종의 원리를 제시한다. 그리스도를 경외하므로 피차상호 복종하라.에베소서 5:21 복종은 어렵다. 피차 복종은 불가능하다. 하지만 그리스도를 서로 경외할 때 그것은 가능하다. 머리되신 주의 주되심Lordship에 복종하면 지체간의 상호복종은 어려운 일이 아닐 것이다. 상호 복종은 그렇기 때문에 혁명적이고 전복적인 복종인 것이다.

6) 복수리더십을 기본으로 한다.

춘천의 예수촌교회는 3가지 원칙-복수리더십과, 건물 소유하지 않기, 급여가 지불되지 않는 경제구조-을 지키며 시작했고 공동체 교회 모두가 계속 지켜오고 있다. 예수촌교회의 의사결정과 사역은 말씀을 바탕으로 한 전원합의를 원칙으로 하며 모든 지체들이 참여하는 회중 중심의 리더십을 이룬다. 교회의 머리되신 예수님께 순종하기 위하여 성경적 교회의 원리에 따라 복수 리더십을 실행한다. 성경은 복수의 장로들이 초대교회를 섬겼음을 보여준다. 지체들에 의해 인정받고 세움 받은 여러 리더들이 은사에 따라 교회를 섬기며 봉사한다. 리더들은 섬김의 리더십으로 각 지체들을 돌보고 각 지체 스스로 주어진 은사를 발견하고 교회에 봉사하도록 구비시킨다. 이는 성도를 온전하게 하여 봉사의 일을 하게 하며 그리스도의 몸을 세우려 하심이라엡 4:12

7) 신조(creed) 보다는 고백(confession)을 중요시한다.

1527년 아나뱁티스트 리더들은 아나뱁티스트 운동이 크게 불어나자 스위스의 슐라이트하임에 모여 Schleitheim Confession 슐라이트하임 고백서를 작성하였다. 이 고백서는 6개의 조항으로 구성되어 있으며, 처음 세 조항은 교회 멤버십의 의미가 무엇인지를 고백하는 조항으로 침례, 권징, 주의만찬, 이며 다음은 삶의 원칙으로 모든 악을 떠남이고 이어서 무력과 맹세에 관한 내용의 고백이다.[30] 영국의 런던을 중심으로 아나뱁티스트 네트워크가 형성되

---

30) 코넬리우스 딕, 『아나뱁티스트의 역사』 메노나이트를 중심으로, 김복기 역, 대장간, 2013 P 79-82 참조

어 그들이 만든 신앙고백이 Anabaptist Network Core Conviction아나뱁티스트 네트워크 핵심신념이 있는데 모두 7개의 고백문이 있는데 대표적인 것 몇 문장을 압축해서 소개하면 다음과 같다. 현대의 아나뱁티스트의 삶과 신앙을 이해하는 데 도움을 줄 것이다. "교회가 세상의 지위와 부, 힘에 자주 의지한 것은 예수님을 따르는 사람들이 할 일이 아니었고 결국 그리스도의 증인Witness된 삶은 큰 상처를 입었다. 가난한 자, 힘없는 자, 박해받는 자들에게 좋은 소식을 전하기 위해 제자도를 실천하는 일이 때로는 반대를 부딪치고 고난을 불러올 수도 있다는 사실을 알고 있으며 궁극적으로 순교Martyrdom할 수 있다는 것에 대해 헌신한다.… 교회는 제자도Discipleship를 실천하며 선교하는 공동체로서 우정을 쌓고 상호 책임지고 돌보는 가운데 다양한 사람들이 함께 참여하는 예배공동체multi-voiced worship community가 되라는 부름을 받았다……. 지도자도 자문을 구할 줄 알고, 은사에 따라 섬기고, 믿는 자에게 세례를 주는 그런 교회를 양육하고 발전시키는데 헌신한다.… 영성과 경제는 서로 밀접히 연결되어 있다. 우리는 개인주의적이고 소비주의적 문화 뿐 아니라 경제적 불의가 난무하는 세상 속에서도 단순한 생활을 실천하고, 관대하게 나누며, 피조물을 돌보며 정의 실현을 위해 헌신한다.… 평화는 복음의 중심heart이다. 우리는 예수님을 따르는 사람들로서 폭력적이고 분열된 세상에서 문제해결을 위한 비폭력적 대안을 찾고자 헌신하며, 개인, 교회, 사회, 국가들 사이에서 어떻게 평화를 만들 것인지를 배우기 위해 헌신한다."[31]

런던의 아납뱁티스트들이 만든 고백이나 예수촌교회가 작성한 핵심신념의 고백과 공통점이 자연스럽게 드러난다. 그것은 사도행전 2장의 초대교회나 16세기 아나뱁티스트들의 신앙고백서에서도 찾을 수 있는 신앙의 핵심사항들에 대한 공동체/교회의 선언들인 것이다. 메노나이트 예수마음교회는 춘

---

31) 스튜어트 머레이 『이것이 아나뱁티스트다』 (2011) 대장간 P70-72

천의 예수촌교회로부터 분가하여 2013년 3월에 시작하여 예수 그리스도의 몸으로서 성령님의 능력으로 신약교회의 원리를 따라 제자도와 공동체와 평화를 통해 하나님 나라를 추구하는 공동체교회다. 메노나이트 예수마음교회는 교회 생일교회 설립일이 되면 모든 지체들이 함께 작성한 신앙고백문2부 마지막에 설명과 메노나이트교회연합이 함께 고백하는 신앙고백문을 서로 낭독하고 서명을 하면서 언약갱신의 고백을 한다. 공동체는 고백에 근거하며 성장하는 고백공동체다.

8) 그리스도의 주되심(lordship)이 핵심이다.

크리스텐덤에서 무너진 것은 그리스도의 주되심이었다. 국가의 황제체계와 권위적인 가톨릭의 교황체계에서 예수의 주되심의 공간은 축소한다. 기독교 세계관에서 말하는 주되심은 모든 영역에서 주의 주되심을 인정하고 사는 것을 말한다. 국가의 주도 그리스도이고 국가교회의 주도 당연히 그리스도다. 하지만 아나뱁티스트의 눈에는 교황체제, 국가교회체계, 그리고 주류 개혁주의자의 교회론에서 그리스도의 주되심을 찾을 수 없었기에 급진적이고 근원적인 개혁운동을 전개한 것이다. 그리스도 중심Christocentric의 성경해석, 제자도, 그리고 평화는 메노 시몬스나 아나뱁티스트의 모든 리더들에게서 발견되는 공통점이다. 메노가 출간한 모든 책에 고린도전서 3장 11절을 기록해 놓은 것은 그의 제자도, 주의 로드십Lordship을 분명하게 드러내고 있다. "이 닦아 둔 것 외에 능히 다른 터를 닦아 둘 자가 없으니 이 터는 곧 예수 그리스도라"

9) 삶과 생활로서 공동체성을 강조한다.

메노나이트 신앙고백서의 13조는 '우리는 예수 그리스도께서 사랑 안에서 제자들의 발을 씻긴 그것처럼 우리도 서로 섬기도록 부르신다는 것을 믿는다.

그러므로 우리는 자주 정결하게 될 필요와 우리의 자존심과 세속적 힘을 새롭게 기꺼이 내어놓고 우리의 삶을 겸손한 섬김과 희생적 사랑을 위해 바쳐야 한다는 것을 인정한다.'라고 우리의 삶과 생활로서 서로 섬기는 공동체성을 강조한다.32 예수촌교회 초기에 교회, 학교, 공동체 그리고 가족이 모두가 하나라는 확신으로 공동체성을 지향했다. 교회는 다음과 같은 고백을 공유하였다. "가정은 하나님을 예배하고 배워가는 교회가 되고, 교회는 그리스도 안의 형제자매로서 피차 사랑하고 권면하는 가정이 되어야 한다. 교회는 가정으로 하여금 신앙의 중심이 되도록 지원하고, 모든 지체들은 가정 같은 소그룹 중심의 교회를 이루어 나눔과 돌봄의 삶을 실천한다. 분가를 통해 확대된 가정으로서의 교회의 본질을 지켜가며 성장하는 재생산공동체를 이룬다. 우리는 가정 같은 교회로서 확대 가족의 본질을 회복하려면 지체들 간의 교제가 충분히 일어날 수 있도록 공동체가 적절한 크기를 유지하고 소그룹이 모임이 활발해야 한다고 믿는다. 소그룹과 적절한 크기의 공동체는 우리 안에 나눔과 돌봄, 상호 책임성이 실천될 수 있는 기반이다. 따라서 교회의 인원이 늘어났을 때 교회 건물 크기를 키우는 것이 아니라 분가를 통해 교회의 수를 늘린다. 이렇게 하여 가정같은 교회를 유지하며 생명력 있는 교회, 건물에 묶이지 않는 교회로 설 수 있다. 이런 생명력으로 교회공동체가 성육신하신 예수님을 구체적으로 세상에 복음으로 나타내며 세상의 소금과 빛의 직분을 다 할 수 있다고 믿는다." 공동체나 구성원들의 생활과 삶 속에서 공동체성이 드러나도록 공동체 리더십이 작동하여야 한다. 공동체는 삶이기 때문이고 생활이기 때문이다.

---

32) 『메노나이트 신앙고백』, 메노나이트 신앙고백 편찬위원회, P167, 1998, KAP

4장·평화 리더십

1. 평화란 무엇인가?

평화는 인류가 추구해온 최상의 가치였지만 지구상에서 또한 일상에서도 실현하기 어려운 과제다. 양차 대전과 지금까지도 계속되는 국지적 전쟁을 경험하면서 그리스도인은 평화 앞에 부끄러울 수밖에 없는 존재가 되었다. 원죄와 살인을 저지른 최초의 사람에게 하나님이 하신 말씀 "아담아 네가 어디 있는가"에 대한 실존적 말씀은 바로 21세기의 우리에게 하신 말씀인 것이다. 평화를 최고가치로 살아온 아나뱁티스트는 16세기 종교개혁 때부터 오늘날까지 급진적근원적 평화주의자로 500년 넘어 현재까지 지속되어 왔다. 걸출한? 아나뱁티스트 신학자인 존 하워드 요더John Howard Yoder 33)의 방대한 연구와 작품이 출판되면서 21세기에 아나뱁티스트 평화에 대한 관심이 고조되었다. 크리스차니티 투데이라는 기독교 주간지는 20세기 가장 큰 영향을 끼친 책 100권을 2000년 발표하였는데 다섯 번째 책으로 선정된 것이 요더의 『예수의 정치학』이었는데 요더는 평화를 '일차적으로 구약에서 기원하여 산상수훈의 가르침과 예수님의 십자가 죽음에서 확인된 제자도'라고 정의한다. 요더에 대

---

33) 요더에 대한 논의는 이 글에서 자세히 할 수 없지만, 그가 저지른 일련의 행동(성추행과 성폭력)은 그의 신학을 거론하기 힘들 정도로 그를 추락시켰으며 여기서도 가능한 인용을 안 하려고 한다. 그가 쓴 금세기의 명저 '예수의 정치학'은 많은 사람에게 영향을 끼쳤고 아니뱁티즘을 세상에 널리 알린 공헌이 있지만, 그가 저지른 죄로 말미암아 '요더의 정치학'은 실패했다고 볼 수 있다. 그가 쓴 모든 책과 논문은 배우고 싶지만 따를 것이 없는 지식이 된 것이다.

한 인용은 매우 부담?되는 일이며 배울 것은 있는데 따를 수가 없는 신학자로 필자는 인식하고 있다. 신앙과 학문, 신앙과 삶의 괴리라는 문제를 보여주면서 '예수의 정치학'으로 학문적 명성을 쌓은 학자가 실패한 '요더의 정치학'을 썼다고 볼 수 있다.주석 참조

평화는 히브리어로 샬롬Shalom, 그리스어는 에이레네Eirene, 라틴어는 팍스Pax, 독일어는Friede를 의미하며 다양한 정의와 뜻으로 사용되고 있다. 아나뱁티스트의 핵심가치는 평화이고, 그들은 평화주의자이고, 역사적 평화교회를 추구하는 사람들이다. 그들의 평화개념은 성경과 예수의 생애, 초대교회에서 나온 것이다. 성경의 평화개념을 이해하는 것이 평화 리더십을 이해하는 핵심이다. 구약은 샬롬이라는 말이 482회 사용되며 그것은 완전, 온전, 건강, 안전, 평안이며 대부분 관계적인 맥락에서 나왔다. 아나뱁티스트의 탁월한 신학자인 윌라드 스와틀리Willard Swatley의 평화에 대한 명저인 『당신의 빛을 비추소서』는 아나뱁티즘과 평화를 이해하는 필독서다. 이 책에서 메노의 글을 인용하였고, "너희는 모두 함께 평화의 하나님, 평화의 왕, 평화의 메신저에 의해 평화의 몸으로 평화의 말씀을 가지고 평화의 나라로 순전한 사랑과 은혜를 받고 부름을 받았는지를 생각하라.…평화의 주님이 그분의 평화를 모든 장소와 모든 방법으로 너희에게 평화를 주신다. 동일한 평화가 예수 그리스도 안에서 너의 마음과 생각을 지키시기를 바란다. 아멘" 또한 본 회퍼의 글을 책 속에서 소개하였다. "예수 그리스도는 십자가 위에서 모든 대적들과 화해하셨다. 우리도 이 평화를 모든 사람에게 전하도록 하자."[34]

초대교회는 팍스 로마나의 시대이었고 당시의 세계질서인 로마 제국의 권력과 군사력이 평화를 지키는 힘이었고, 이것은 현재의 미국 중심의 세계질서인 팍스아메리카나라고 계속되고 있다. 평화 리더십의 평화는 팍스크리스

---

34) 윌라드 스와틀리 Willard Swatley 『당신의 빛을 비추소서』, 대장간 2016

티 즉 예수의 평화이고 예수의 사랑, 자비, 희생, 비폭력적 저항에 기초한 예수의 샬롬이다. 그것은 성경에 묘사된 평화이다. 대표적인 성경 구절을 통해 평화 리더십의 핵심인 평화를 이해하여야 한다. 구약에서 '정의와 평화가 입 맞출 것이다'시편 85, '공의의 열매는 화평이요, 공의의 결과는 영원한 평안과 안전이라'이사야 32:1 산상수훈에서 '화평하게 하는 자는 복이 있나니 그들이 하나님의 아들이라 일컬음을 받을 것이요'마태복음 5:8, 바울의 편지에서 '하나님 나라는 의와 평화와 기쁨이라. 그러므로 우리가 화평의 일과 덕을 세우는 일을 힘쓰나니'로마서 14: 17,19, '그리스도는 우리의 화평이신지라.…이 둘로 자기 안에서 한 새 사람을 지어 화평하게 하시고, 또 십자가로 이 둘을 한 몸으로 하나님과 화목하게 하려 하심이라.'에베소서 2:14-16 그리고 '화평하게 하는 자들은 화평으로 심어 의의 열매를 거두느니라.'야고보서 3:18

2. 평화(샬롬) 리더십이란 무엇인가?

평화 리더십은 ① 리더십의 목적을 샬롬을 이루는 것 ② 리더십의 방법을 샬롬의 방식을 취하는 것 ③ 공동체 전체의 최우선가치를 샬롬을 향해 가는 리더십을 의미한다. 달리 표현하면 샬롬에 의한 샬롬을 위한 샬롬의 리더십을 말한다. 예수그리스도/하나님/성령/성서에서 나오는 절대가치. '평화로 가는 길이 있는 것이 아니라 평화가 길이다'라는 신념을 행동으로 옮기는 리더십이다. 우리가 사는 현시대에서 평화주의와 평화가 갖는 기독교적 의미는 초대교회의 행동 양식을 회복하는 것을 의미하고, 오늘날의 많은 교회들이 16세기 아나뱁티스트의 삶에서 배울 수 있는 귀한 유산이다. 남북이 분단된 상황과 현실에서 평화가 갖는 한국적 맥락은 매우 복잡하다. '평화' 자체가 평화스럽게 해석되지 않고 있는 현실을 우리는 살고 있다. 하지만 그리스도와 성경은 평화에 있어서 분명하다. 그리스도는 평화의 왕이고 평화가 무엇인지를 말과 삶과 몸으로 실천하신 분이다. 성경은 구약부터 시작해서 신약까지 책 전체가 평화의 메시지와 명령을 담고 있다. 또한, 하나님의 영이신 성령은 평화의 영이다. 평화는 그리스도의 절대가치요, 최종적이고 최우선적인 신념믿음이다. 평화의 가치와 중요성은 아무리 강조해도 지나치지 않는다. 16세기의 아나뱁티스트에게 현대의 그리스도인들은 빚을 지고 있다. 순교적 평화를 실천하며 평화의 이야기를 써 온 믿음의 선배들로부터 우리가 계속해서 지켜야 했던 평화의 전통을 우리는 왜곡/축소 시킨 잘못과 빚을 진 것이다. 양차대전, 끝없는 전쟁과 지금도 계속되는 러우 전쟁, 기후위기와 자연과 생태파괴자연에 대한 폭력, 양극화와 가난의 문제경제적 폭력 이러한 모든 것은 인류와 우리가 얼마나 평화와 상관없이 살고 있고 우리의 삶이 폭력적인가를 분명히 보여주고 있다. 평화의 리더십이 필요한 이유다.

    기독교는 역사적으로 사랑의 종교로 존재하고 있다. 하지만 분명한 것은 기독교는 본질적으로 샬롬의 종교다. 그리스도교가 평화의 종교인가? 우리들의 교회는 평화교회인가? 우리 그리스도인들은 샬롬의 사람들인가? 본질적인 질문에 우리는 반응하여야 한다. 그것이 평화리더십이 추구하여야 할 바이다. 평화와 평화주의 입장은 메노의 가장 중요한 1540년 작품인 '기독교 교리의 토대' Dat Fundament des Christelyckon이다. 칼빈의 기독교 강요와 비교되는 메노의 신학과 아나뱁티즘을 이해하는 주요한 저서이다. 메노는 국가권력 자체를 부인하지는 않았지만, 국가와 교회를 분리하였다. 국가권력이 신앙의 자유를 침해하지 않는 한 통치자들에게 순종할 것을 말하였지만 기독교 교리의 토대는 칼의 도가 아니라 십자가의 도라는 점을 주장하였다. 메노의 글 가운데는 "물리적인 검으로 투쟁하는 것은 금지된 일이다.··· 그대들에게 나는 한 가지 묻고자 한다. 그대들은 검으로 세례를 받았는가, 십자가로 세례를 받았는

가?"라는 표현이 있다.35

3. 평화의 맥락

1) 초대교회

교회나 공동체를 평화라는 말로 묘사하기는 쉽지 않다. 초대교회 공동체는 이사야서 2장의 '우리가 칼을 쳐서 보습을 만들고 창을 쳐서 낫을 만드는' 그 말씀을 실천하는 공동체였다. 교회는 하나님의 평화를 나타내는 증거witness 공동체다. 유대인들예수의 제자에 의해서 시작된 제자공동체에 이방인로마 군인을 포함이 하나가 되어 하나님의 새로운 사회가 되면서 유럽과 아시아로 교회가 확산되었던 것이다. 그것은 유대인insider과 이방인outsider과의 평화, 화해, 포용을 통해서 기독교 공동체인 초대교회는 평화의 공동체였다. 메노나이트의 초대교회를 연구하는 역사학자 크라이더 교수는 신약성경의 평화의 관점을 몇 가지로 묘사하였다. ① 평화는 하나님의 뜻과 사역이 중심이다. ② 평화는 하나님의 사역에 대한 우리의 응답이다. ③ 평화의 의미는 광범위하다. ④ 예수가 평화의 본을 보여주셨다. ⑤ 평화는 교회와 공동체를 위한 것이다.

2) 전복적 평화

평화평화주의를 반대하는 가장 근본적인 원인은 평화를 비현실적으로 생각하기 때문이다. 어거스틴 또한 정당한 전쟁정당 전쟁론을 옹호하며 서구의 주류 기독교 전통이 평화에 대해서 진지하게 받아들이지 않는 초석을 제공하였다. 아나뱁티스트가 평화를 중요시하는 것은 전복적인 사고라 볼 수 있다. 권력과 힘이 지배하는 현대 사회에서 평화 중심 사고는 전복적인 가치관으로 여겨지고 있다. 따라서 평화를 공동체에 안착시키는 것이 평화리더십의 핵심이다.

---

35) 이상규의 『우리에게 평화를 주소서』 (2021) 기독교 평화론의 역사 SFC p164 참고

공동체와 조직의 구성원 모두가 평화의 DNA를 갖기는 쉽지 않다. 그러나 평화의 가치를 최우선적이고 절대적으로 설정하는 것이 평화 리더들의 역할이다. 그것은 첫째로 리더십의 스타일과 유형에서 평화리더십을 둘째로 리더십의 방향과 지향을 평화추구로 셋째로 리더십 자체를 평화로 전복시켜야 가능한 것이다. 그것은 현대를 사는 우리에게 평화의 복음이 교회 내외부적으로 어떻게 적용되는지를 찾아 나서야 하며 교회나 공동체가 화해, 정의, 소수자, 환경보호, 비폭력적 저항, 갈등, 중재, 생태 평화, 등의 노력과 행동을 직접 하여야 함을 의미한다.

4. 평화 리더십의 3가지 모습

평화 리더십은 다양한 모습과 유형으로 나타난다. 평화란 맥락적으로 관계적으로 이해될 수 있기 때문이다. 어떤 상황에서, 누구와의 평화, 누구를 위한 평화, 등의 문제가 중요한 것이다. 필자는 평화 리더십을 아래의 세 가지 형태로 구분하고자 한다. 아나뱁티스트의 맥락에서 도출한 것이며 앞에서 나온 제자도 평화 공동체의 3가지 기둥과 관련해서 평화 리더십을 나눈 것이다. 그것은 순교적순종적 리더십, 비폭력과 배려의 리더십이고, 끝으로 산상수훈의 리더십이다. 다양한 유형이 제시될 수 있지만, 평화를 최우선 가치로 살아온 역사적 아나뱁티스트에게 떠오르는 이미지는 순교순종, 비폭력, 그리고 산상수훈이기 때문이다. 이러한 3가지 모습 후에 평화 리더십의 특징을 살펴보는 것이 아나뱁티스트의 평화 리더십을 쉽게 이해하는 방법일 것이다.

1) 순교/순종적 리더십

앞의 제자도에서 순종gelassenheit과 순교순교자의 거울의 이야기를 하였는데 이것은 평화 리더십의 주요한 기둥이라고 할 수 있다. 평화를 추구하는 자들에게는 순종의 길이 요구되며 종착지에 순교의 현장도 나타나기 때문이다. 순교의 대척점에 배교가 있다면 순종의 대척점에는 억압과 교만과 갈등과 불순종이 모습을 보일 것이다. 순교는 선택사항이 될 수는 없지만 피 할 수 없는 상황에서 즉 절대복종과 따름의 길에 나타나는 어찌할 수 없는 결정이라고 볼 수 있다. 그러기에 순교의 신학과 리더십은 순교자만이 쓸 수 있는 신학과 길이다. 순교를 복종으로만 부드럽게? 부를 수 없는 대목이다. 하지만 아나뱁티스트 리더들은 순교가 리더십의 한 부분이었다. 순교자가 소수였으면 영웅적 리더로 소개할 수도 있겠지만, 무수한 순교자5000명 정도로 추정의 공동체적 순교함께 하는 순교 앞에는 논리적으로 설명할 수 없는 지점이다. 예수 따름의 꼭짓점에 십자가 있다는 사실이 순교를 설명하는 유일한 방법일 것이다. 예수의 십자가 그것은 예수가 하나님이라는 존재에게 복종의 의미가 무엇인지를 가장 잘 드러내는 유일무이한 사건이다. 평화라는 것은 대가가 요구되는 길이다. 평화를 거저먹을? 수 없는 이유다. 평화의 리더는 순종을 지불하여야 한다. 순종 없이 평화가 없다. 나의 순종이 타인의 평화를 가져다준다. 은혜가 값싼 은혜일 수 없듯이 평화가 값싼 평화일 수 없다. 순종의 값을 지불한 평화의 리더십은 아무리 강조해도 지나치지 않다. 평화는 순종의 피를 먹고 자라는 나무다.

2) 비폭력과 배려(non-violence, compassion)의 리더십

메노는 비폭력과 평화의 입장을 강조하여 '교회의 무기는 말씀이다'를 주장하며 다음과 같이 설명하였다. "교회가 가진 무기는 도시와 나라를 파괴시키고 견고한 성벽과 성문을 무너뜨리고, 사람들에게 엄청난 피를 만드는 무기가 아니다. 교회가 가진 무기는 사탄의 영적인 왕국을 파괴하고 인간의 영혼을 공격하는 사탄의 악한 궤계를 무너뜨리며, 성경 말씀이 주는 천국의 생명수를 결코 맛보지 못한 굳어진 마음들을 깨뜨리는 무기이다. 말씀 외에 우리가 가진 무기는 아무것도 없으며, 말씀 외에 우리가 알고 있는 무기도 아무것도 없다. 또한, 예수그리스도는 우리의 요새이시며, 인내는 우리의 방패요, 하나님의 말씀은 우리의 검이며, 두려움 없고 확고하며 거짓 없는 예수 그리스도에 대한 우리의 믿음이 바로 승리를 가져다줄 무기이다. 인간의 피와 돼지의 피를 동일하게 취급하는 사람들은 철과 쇠로 만들어진 창과 검을 사용할지라도, 우리는 핍박하는 자를 위해 기도하고, 악을 선으로 갚으며, 원수를 사랑하며, 숯불을 원수의 머리에 쌓아 두며 원수를 은혜로 갚아 그들을 부끄럽게 만들고, 원수 갚는 일을 의로우신 재판장에게 맡기는 것이 바로 참된 사랑의 본질이다."36

무신불립! 믿음이 없으면 설 수 없다. 공자의 말이다. 예수가 동양인이었으면 같은 말씀을 했을 것이다. 공자는 논어의 안연편에서 제자 자공과의 대화에서 자공이 정치의 본질에 관해서 묻자 이렇게 대답하였다. "식량을 풍족하게 하고족식,足食, 군대를 충족하게 하고족병,足兵, 백성의 믿음을 얻는 일이다.민신,民信." 자공은 이어 "어쩔 수 없이 한 가지를 포기해야 한다면 무엇을 먼저 해야 합니까?" 공자는 군대를 포기해야 한다고 답하고, 계속해서 자공은 둘 중 하나를 포기해야 한다면 무엇을 포기해야 하는지 묻자, 공자는 군대를 포기해야 한다며, "자고로 사람은 죽음을 피할 수 없지만, 백성의 믿음 없이는 나라가 서지 못한다. 民無信不立민무신불립"이라고 설파하였다. 비폭력은 동서양은 물론 우주적인 질서다.

배려라는 말의 영어적 의미는 심오하다. compassion 즉 함께com 고통passion을 나누는 것이다. 평화는 약자중심이고 고통을 받는자 중심이어야한다. 평화를 이루기 위해서 약자와 피해자 그리고 고통을 당하는 자가 우선적으로

---

36) 메노 시몬스 『교회의 기초』(1539) Works, 198

배려되고 함께 고통을 나누어야 하는 것이다. 비폭력과 배려의 리더십을 중시하는 것이 평화 리더십의 길이다.

3) 산상수훈의 리더십

산상수훈의 리더십은 전복적이라고 할 수 있다. 우선 산상수훈의 말씀과 윤리 자체가 비현실적으로 보이고, 대가와 희생이 따르며, 또한 소수가 따르는 길이라고 많은 사람이 생각하기 때문이다. 산상수훈은 예수가 제자들무리가 아닌에게 하신 말씀이다. 산상수훈에는 전복적으로 여겨지는 이유는 말씀을 지키기 어려운 문제도 있지만, 산상수훈의 윤리 자체가 가치관의 전복이 따르기 때문이다. 8복의 복 자체가 현대인의 눈에는 전복 그 자체다. 가난하고, 애통하고, 의에 주리고 목마르고, 온유한 자에게 주어지는 복이다. 아나뱁티스트에게 산상수훈은 그 자체가 위로되고 평안을 주는 메시지다. 왜냐하면, 그들이 그렇게 살고 그렇게 죽는 사람들이기 때문이다. 특히 원수를 사랑하라는 말은 박해자인 원수 앞에서 죽음과 고통을 겪는 아나뱁티스트에게는 실존적 명령이기 때문이다. 앞의 삽화에서 보는 더크 윌렘스의 행동에서 산상수훈을 말씀 그대로 문자적으로 실천한 평화 리더의 모습을 볼 수 있다. 산상수훈을 평화라 본다는 것은 산상수훈의 말씀과 요구에는 대가가 지불되야 함을 말한다. 평화가 순종의 대가를 요구하듯이 산상수훈은 희생을 지불하지 않고 지키기 어려운 말씀이기 때문이다. 아나뱁티스트가 산상수훈의 사람들로 여겨지는 이유는 그들이 말씀대로 살고 지키며 죽었기 때문이다. 산상수훈의 리더십은 리더가 산상수훈의 메시지를 실천하며 리더십을 드러내야 한다는 의미다. 21세기를 사는 그리스도인에게 산상수훈을 적요하려면 아마도 문자주의자라고 비난을 받을 것이다. 문자가 문제가 아니라 문자주의가 문제다. 문자로 실천하려는 실천력과 따름의 의지가 중요한 것이기 때문이다.

5. 평화 리더십의 5가지 특징

1) 샬롬을 최우선가치로 삼는다:

아나뱁티스트 전통은 평화에 관한 전통이다. 평화주의와 비폭력은 아나뱁티스트의 가장 큰 특징이다. 전통적인 리더십은 군림하고 통치하고 다스리며 지배하는 카리스마적이고 권력 지향적인 리더십이지만 아나뱁티스트는 샬롬 평화를 최고 지향점으로 삼는 평화의 리더십을 추구한다. '평화로 가는 길이 없으며 평화가 길이다'.라고 믿으며 평화에 의한By the Peace, 평화를 위한For the Peace, 평화의 리더십Of the Peace을 강조한다. 평화가 목적이지만 수단도 평화며 과정도 평화다. 평화주의를 믿으며 사는 리더십을 의미한다. 초기 기독교 공동체는 예수의 가르침을 따르며 평화를 지키고 가르치고 실천하였다. 4세기 콘스탄티누스 때부터 시작된 기독교 제국Christendom, 크리스텐덤의 시대에 이르러 나그네 공동체Resident Alien가 안주 공동체로 변하고, 국가권력과 타협하면서 평화의 전통과 이념이 변색 되었고, 팍스 로마나Pax Romana 즉 로마에 의한 평화에 의존하면서 급기야는 정당전쟁론Just War Theory을 받아들이며 국가와 권력에 순응하는 조직으로 변모하였다. 그러나 16세기에 등장한 아나뱁티스트는 루터의 개혁과는 달리 급진적이고 근원적인 종교개혁을 주창하면서 다시 한번 평화의 가치를 내세우며 순교의 순간까지 샬롬의 가치를 지켰다.

2) 약자(가난한 자, 소수) 중심이다.

약자와 가난한 자에 대한 우선적 배려와 사랑은 예수의 삶의 핵심이고 초대교회와 16세기 아나뱁트스트에게서 나타나는 삶의 지향점이다. 누가복음 4장 18-19절은 가난한 자에게복음을, 포로된 자에게자유를, 눈먼 자에게다시 보게함을, 눌린 자에게자유를 구원의 소식을 전하는 예수의 사명선언문이라 할 수 있다. 일반적인 조직과 단체는 강자, 부자, 그리고 다수 위주의 이해중심사회다. 하나님은 공정하신가? 도발적인 질문이지만 답하기도 곤란한 질문이다. Yes라고 하는 것이 보편적으로 맞다. 하나님은 공정하시다. No라고 해도 맞다.맞다고 생각한다 이것은 하나님은 공정하시지 않은가의 문제보다는 공정이 무엇인가의 문제라고 볼 수 있다. 일반적으로 공정이라는 표현은 성경에서 공정한 재판, 공정한 저울 등으로 묘사된다. 하나님의 관심사는 모든 사람에게 향하시지만 고아, 과부, 나그네, 이방인, 그리고 가난한 자에 대한 편애하심은 분명하다. 이러한 점에서 하나님은 공정하시지 않다는 말을 받아들인다면 그것은 하나님은 partial fairness 즉 편애/배려적 공정한 분이심을 의미한다. 이러한 소극적 의미의 공정impartiality으로 볼 때 하나님은 공정하시지 않다. 하지만 그것은 적극적 공정이다. 예수의 공정개념도 마찬가지다. 예수의 미션스테이트먼트라 할 수 있는 누가복음 4장의 '가난한 자에게 복음을 전하게 하시려고 내게 기름을 부으시고 나를 보내사 포로된 자에게 자유를, 눈먼 자에게 다시 보게 함을 전파하며 눌린 자를 자유케 하고'는 불공정으로 이해하는 것이 아니라 적극적 공정, 편애적 공정, 배려적 공정으로 이해하는 것이 옳다. 이것은 약자인 최소수혜자에게Min 최대의 수혜를Max 베풀어야 정의롭다는 롤즈의 차등의 원칙이라 불리는 Maxmin상황으로도 이해될 수 있다.37 성경의 예언서는 이러한 하나님의 공정을 사회적 차원에서 이루려는 노력을 기록해 놓은 것이다. 예언서의 핵심은 다음 구절로 요약될 수 있다. '여호와께서 네게 구하시는 것이 오직 공의를 행하며 인자를 사랑하며 겸손히 네 하나님과 함께 행하는 것이 아니냐'미가 6:8 우리나라에도 이러한 약자 중심의 평화를 추구하며 사는 공동체가 몇몇 있다. 평화적 삶을 사는 대표적인 공동체는 오두막 공동체다. 이재영 대표가 리더이며 공동체적 리더십을 추구하며 1983년부터 시

---

37) 존 롤스의 정의론은 매우 광범위하게 인용되며 그의 명저인 *A Theory of Justice*, 1971. 구체적인 내용은 저서 및 관련 자료를 검색/참조

작하여 2006년 경남 합천에 자리를 잡고 오두막 공동체로 살아가고 있다. 출소자, 지적장애인과 보호자, 아이와 노인, 평신도와 목회자가 어울려 마을을 이루는 마을 공동체다. 필자는 방문할 때마다 오두막의 환대, 평화, 웃음, 자유함, 여유, 환대, 그리고 맛있는 음식을 경험하며 항상 놀란다. 오두막의 지속 가능성은 과연 무엇인가? 물론 오두막의 공동체성에서 나오지만 설명할 수 없는 신비함마저도 존재한다. 참으로 평화의 마을이며 공동체다. 그리스도의 한 몸됨Bodyship Membership이 아닌을 잘 이루고 산다. 각 멤버라 할 수 있는 지체들의 멤버십은 약함 그 자체다. 하지만 그들의 바디십은 강하다. 몸됨이 지체됨을 이기는 구조다. 가장 낮은 이의 높이, 가장 느린 자의 속도에 맞추어 단순한 순종과 단순한 환대를 실천하는 공동체다. 이재영 장로와 같은 방을 쓰며 나눈 대화가 기억난다. "약자출소자, 지적 장애인는 우리를 천국으로 안내하는 안내자다." 그렇다, 우리가 약자를 돕는 것이 아니라 약자가 우리를 진정으로 거듭나게 하고 우리를 그리스도의 제자 되도록 돕고 있다. 강자가 약자를 도우는 것이 상식적이고 합리적인데 약자가 우리를 돕는다. 전복적이다. 최근에 이재영 장로가 쓴 두 번째 책인 『천국은 이웃의 발 아래』의 소제목들이 평화 리더십과 약자 중심의 공동체의 모습을 잘 드러내 주고 있다. 책의 소제목은 ①고통은 우리를 빚으시는 하나님의 손길, ②가난은 하나님의 행복을 만나는 공간, ③평화는 애써 채우려 하지 않는 것, ④천국은 이웃의 발 아래, ⑤다양성을 이루는 공동체, ⑥다 같이 한 몸 되어 평화롭게, ⑦희년을 사는 공동체, ⑧농부는 생태 목회자입니다, ⑨모든 피조물이 이 거룩한 평화와 감사에 등이다.[38]

3) 관계적 평화를 추구한다.

관계적 평화란 무엇인가? 인간 자체가 관계적 존재다. 인간人間의 간間은

---

38) 이재영, 『천국은 이웃의 발 아래』 IVP 2024

사이 간자로 인간은 간적 즉 관계적 존재다. 아나뱁티스트의 관계적 관심은 자신과 ① 예수 ② 공동체/교회 ③ 그리고 원수가 포함되는 이웃이라고 볼 수 있다. 제자도, 공동체, 평화, 나눔은사, 리더쉽, 경제으로 4중적 강조의 공동체다. 네 가지 요소의 공통점은 모두가 관계적이다. 제자도는 예수님과 관계적 정체성, 공동체는 타인과의 관계방식, 평화와 나눔은 관계의 삶을 강조하고 있다. 원수와의 화해와 용서 특히 박해자들과의 평화의 관계가 아나뱁티스트의 궁극적 관심이다. 이러한 다층적 관계 속에서 샬롬을 추구하는 삶의 방식이 아나뱁티즘이다. 지구촌에 사는 지구적 그리스도인에게 생태적 평화ecological peace의 중요성은 이루 말할 수 없다. 복음적이고 보수적으로 불리는 기독교 서클에서의 책임은 더 막중할 것이다. 문화명령으로 불리는 창세기 1장 28절의 창조 명령은 피조세계인 자연과 환경, 동식물 그리고 우리의 모든 이웃들을 다스리라는 명령이다. 청지기적 명령이다. 우리의 환경과 자연과의 평화는 우리가 지켜야 할 최우선 가치요 의무적 명령이다. 제주도에서 아나뱁티스트 리더로 메노나이트 교회를 섬기고 있는 한 형제는 농부인데 자신을 '평화 농부'라는 정체성을 강조하면서 산다는 고백을 한 적이 있다. 평화는 우리의 정체성을 가장 잘 들어내는 우리의 옷이라고 할 수 있다. 평화의 옷을 입듯이 우리가 평화 건축가, 평화 노동자, 평화 의사, 평화 목회자 등 샬롬의 리더가 되어야 할 것이다.

관계적인 삶 속에서는 정의, 사랑, 그리고 평화의 가치가 뒤섞일 수밖에 없다. 기독교에서는 사랑, 정의, 평화에 대한 수많은 정리하기 힘든 관점들이 존재한다. 필자가 생각하는 사랑, 평화, 정의의 관계를 제시해 보고 그것이 아나뱁티스적이라고 주장하고 싶은 바람이 있다. 너무 큰 담론이지만 3자의 관계를 설정하는 것은 복잡한 현대를 사는 그리스도인들에게는 중요한 시도라고 생각한다. 성경에 나오는 중요한 큰 주제가 사랑과 정의 그리고 평화인데 3의 관계를 설정하는 것이 바른 세계관과 신앙의 시작일 것이다. 평화가 온전히 존재날기하기 위해서는 두 개의 날개가 필요하다. 사랑의 날개와 정의의 날개다. 사랑과 정의의 두 날개의 움직임이 있어야 샬롬의 새가 날아가는 것이다. 사랑 없는 평화는 달성 가능하기 어렵고, 정의 없는 평화는 지속 가능하기 어렵다. 사랑에 의해서 평화는 강화되고, 정의에 의해서 평화는 온전하게 된다. 평화가 무엇인가? 필자의 생각은 '평화는 사랑과 정의의 합이다' 라고 규정하려고 한다. 왜냐하면, 평화를 사랑과 정의보다 다소 차원?이 높은 가치라고 보는 것이 아나뱁티즘의 관점이기 때문이다. 사랑은 따뜻한 것, 정의는 차가운 것이라고 이해한다면그러한 이미지는 틀리지는 않았다 사랑과 정의가 합해져야 즉 따뜻하고 차가운 것이 합쳐져야 온전한 것인 평화가 이루어지는 것이다. 평화를 단지 전쟁의 부재인 소극적인 입장을 훨씬 뛰어넘어 우리는 산상수훈의 말대로 평화를 만드는 자peacemaker의 적극적 역할을 하여야 한다. 이러한 사랑과 정의가 어우러져서 관계적 평화인 샬롬이 완성될 것이다. 정의를 논하는데 하나님 성경 그리고 예수를 뺄 수는 없을 것이다. 아나뱁티스트의 정의는 성경적 정의이고 하나님의 정의다. 위대한 신학자 위르겐 몰트만은 그의 책 "하나님의 이름은 정의이다."- Sein Name ist Gerechigkeit에서 예레미아 23장 6절을 책 제목으로 사용하였다. 우리 말로는 '그의 이름은 여호와 우리의 공의정의라 일컬음을 받으리라'이다. 성경 저자들에게 정의는 언제나 명심하여야 할 관심사였다. 히브리어 미쉬파트, 짜디카, 그리스어의 디카이오수네로 표기되는 정의는 성경에서 1,000번 이상 나오는 표현이다. 정의는 하나님의 본질이며, 하나님의 존재와 동일시되는 개념이다. 성경의 정의는 분배적 정의를 넘어서 악을 올바로 잡고, 사람을 치유하는 회복적 정의Restorative Justice를 포함하는 적극적 정의다.

4) 비폭력/무저항을 실천한 예수의 본을 따른다.

무저항은 저항이 없다는 소극적 입장이 아니라 저항을 자발적으로 포기하는 비저항의 저항방식이다. 모든 무기, 투쟁, 폭력 그리고 인간의 생명을 취하는 모든 방식을 완전히 포기하는 것이다. 21세기를 살아가는 우리에게 폭력의 의미를 다시 봐야 할 것이다. 힘을 가진 모든 자들과 힘 자체는 속성상 폭력을 지향한다. 권력이 남용되면 폭력이 되는 것이다. 경제만능주의에서는 돈이 권력이다. 돈을 성경에서는 Mammom으로 의인화할 정도로 숭배의 대상인 신의 속성을 가지고 있다. 돈을 따르는 것이 돈에 대한 복종인 것이다. 산상수훈에서 예수가 강조한 너희는 돈과 하나님을 겸하여 섬길 수 없다고 하였다. 돈을 섬기면 돈의 제자가 되는 것이고 돈의 종이 되는 것이다. 아나뱁티스트의 한 부류인 후터라이트들은 이 점을 분명히 깨닫고 주머니 공동체를 시작한 것이다. 돈의 폭력성의 대안은 문자적으로 돈을 평화적shalom으로 쓰는 것을 말하고 돈에 대하여 굴하지 않고 돈의 노예가 되지 않는 것이다. 돈을 평화스럽게 쓴다는 의미는 무엇인가. 권력과 폭력의 속성을 가진 돈과 Mammon 그리고 경제지상주의에 순응하지 않고 오히려 돈의 주인이 되어 그것을 다스리는 것을 말한다. 내가 돈을 지배하지 않으면 돈이 나를 지배할 것이다. 주머니와 지갑이 회개하지 않으면 우리의 회개는 진정한 회개가 아니다. 평화적 돈 다스리기와 돈쓰기를 실천하는 것이 현대의 아나뱁티스트적 제자도이다. 아나뱁티스트가 지금까지 보여주고 실천하고 있는 삶인 겸손, 단순함, gelassenheit복종, 구제 실천, 인내, 평화, 그리고 검소함은 바로 '평화적 돈 다스리기'money life with shalom의 삶인 것이다. 필자는 여기서 경제지상주의에 빠져있는 우리 그리스도인에게 평화적인 돈 쓰기, 샬롬의 경제학, 평화의 돈 다스리기를 21세기를 살아가는 아나뱁티스 정신이라고 감히 말하고 싶다. 나의 돈은 평화로운가? 나의 힘은 평화로운가? 나의 권력은 샬롬을 이루는가? 돈과 권력으로 남을 지배하고 억압할 수 있기에 그리스도인과 리더들이 스스로에게 물어봐야 하는 질문일 것이다.

5) 성품(Character) 중심의 리더십을 행한다.

앞에서 소개한 더크 윌렘스의 이야기는 평화를 만드는 자peace maker의 모습을 깨우치게 한다. 더크의 위대함은 그의 반사행동에 있었다. 생각을 깊게 해보면 타인을 도와주는 것이 자신의 죽음과 직결되는 문제라고 파악되면 도망가는 길을 계속 가는 것이 이성적이고 합리적인 의사결정일 텐데, 더크는 무의식적으로 반사적으로 물에 빠진 간수를 구해 주었다. 그의 반사행동은 어디서 나오는 것인가? 첫째는 예수를 따르려는 제자도의 실천, 둘째는 자신이 속한 그리스도인 공동체의 삶에서 배운 습관화된 행동에서 나왔을 것으로 생각된다. 더크의 성품과 인격이 습관처럼 - 크라이더 교수는 이것을 아비투스harbitus라고 설명하였다.39) 즉 초대교회 그리스도의 성품과 습관인 아비투스의 삶의 실천 - 나타난 것이다. 평화는 어디에서 나오는가? 아비투스의 성품과 제자도의 삶과 공동체의 실천에서 자연스럽게 배어 나오는 것이다. 이것이 성품 중심의 리더십을 의미한다. 춘천에서 예수촌교회를 시작하면서 30여 년 동안 수많은 아나뱁티스트를 경험하고 그들과 같이 지내고 자연스럽게 외국의 아나뱁티스트 리더들과 신학자를 만나고 경험하게 되었다. '참으로 그들은 좋은 사람들이다'라는 공동체적 고백을 여러 번 하게 되었는데 그들의 인격과 성품에 감화되고 영향을 받아서 춘천의 교회 또한 자발적 자생적 아나뱁티스트의 길을 가게 되었다는 확신이 든다. 성품이 핵심이다. 사고는 행동을 행동은 습관을 습관은 성품을 성품은 운명을 바꾼다는 표현이 있는데 제자도와 피스메이커에 대한 사고와 행동이 제자인 우리들의 아비투스와 성품을 결정하

---

39) 아비투스와 관련해서는 알란 크라이더의 『회심의 변질』(2012)을 참고

는 것이다.

　3장의 평화 리더십을 다음의 3가지 질문과 답을 하면서 정리하고자 한다. 첫째로, 우리는 하나님 나라의 백성인가? 하나님 나라는 평화의 나라이고 하나님은 평화의 하나님이다. 둘째로, 우리는 그리스도 예수를 따르는 제자들인가? 그리스도는 평화의 왕이시고, 그 제자들은 평화를 만드는 사람들이다.Peacemaker 셋째로, 우리는 성령의 인도함을 받는 공동체인가? 성령은 평화의 영이시고 공동체는 평화를 이루는 사람들이다.Peacebuilder

나오며

2부에서는 아나뱁티스트의 리더십을 제자도 리더십, 평화 리더십, 공동체 리더십으로 나누어 살펴보았는데 이것은 아나뱁티즘의 3대 축이라 할 수 있는 제자도, 평화, 공동체에서 추출한 리더십 모형이다. 한국의 아나뱁티스트 교회운동은 1996년 춘천에서 시작한 예수촌교회로부터 시작되었다고 볼 수 있다. 북미와 유럽의 아나뱁티스트들은 한국의 아나뱁티스트 교회운동을 다른 나라와는 달리 자생적 아나뱁티스트 운동으로 평신도 중심으로 시작한 성경적 교회회복운동의 결과 생긴 자생적이고 자발적인 아나뱁티스트라고 이해하고 있다. 평신도를 중심으로 교회의 진정한 모습을 찾기 위해 원형이라 할 수 있는 초대교회와 원리라 할 수 있는 신약교회를 찾고 연구하다가 우연히? 발견한 16세기의 재세례운동에서 유레카를 찾게 된 것이다. 1996년 시작한 교회가 지금은 KAC Korea Anabaptist Center, 한국아나뱁티스트 센터 2001와 한국의 아나뱁티스트 교회로 구성된 한국메노나이트교회연합MCSK, Mennonite Church South Korea,으로 자라나며 제자도, 공동체, 평화를 추구하는 교회공동체로 성장하고 있다. 30여 년간 교회로서 존재하면서 교회가 무엇이고, 우리는 무엇을 믿고, 우리의 리더십은 어떠하여야 하며, 우리가 추구하는 바를 가장 잘 담고 있는 것은 다음 소개하는 예수촌공동체 교회의 고백문이라할 수 있다. 일 년 동안 전체 구성원들이 같이 만들어나가며 토론하고 해석하고 함께 고백문을 작성한 것이다. 아나뱁티스트는 해석공동체이다. 성경해석과 비전을 공동으로 하는 특징을 갖고 있다. 공동체적 의사결정과정과 공동체적 해석이 집약된 예수촌 공동체의 핵심가치를 전문의 내용을 축약하여 소개하고자 한다. 한국의 아나뱁티스트 리더십을 이해하는 초석이 될 것이다. 아나뱁티스트 리더십의 3가지 축인 제자도 리더십, 공동체 리더십 그리고 평화 리더십의 결과output로서 예수촌공동체핵심가치를 소개하며 2부를 마감하려고 한다.

예수촌 공동체의 핵심가치

예수촌 공동체 교회의 핵심가치는 예수촌교회의 정체성과 비전을 새롭게 밝히고 각 교회가 분가해 나갈 때 함께 하는 공통의 성격을 규정하는 것이다. 그리고 예수촌 공동체가 이루어 나가야 할 교회의 모습을 함께 바라본다는 목적이 있다. 핵심가치는 2013년 4월부터 공동 전체 구성원들이 매달 모여 논의하여 제정하였고, 2013년 10월 20일 전체 공동체가 모여 선포식과 서명식을 가졌다. 각 가치에 대한 풀이는 2017년 예수촌 성경공부를 위해 여러 공동체 리더들이 나누어 작성하고 다듬었다.

예수촌 공동체의 모든 교회는 예수 그리스도의 몸으로서 성령님의 능력으로 신약교회의 원리를 따라 제자도와 공동체와 평화를 통해 하나님나라를 추구한다. 예수촌교회 공동체가 추구하는 목표는 바로 하나님 나라이며 이 목표를 달성하기 위해 각 지체와 교회 안에서 제자도를 세우고 공동체를 이루며, 평화를 만들어나가고자 한다.

너희는 그리스도의 몸이요 지체의 각 부분이라 고전 12:27
그런즉 너희는 먼저 그의 나라와 그의 의를 구하라
그리하면 이 모든 것을 너희에게 더하시리라 마태 6:33

1. 예수 그리스도의 제자로 살아간다.
2. 회중중심의 복수리더십을 기반으로 은사공동체를 이룬다.
3. 교회 같은 가정과 가정 같은 교회를 이루며 분가를 통해 성장한다.
4. 성경의 원리에 따라 예배 및 말씀 공동체를 이루고 성례를 행한다.
5. 재세례신앙을 본받아 신약교회를 추구한다.
6. 화목의 사역을 통해 하나님의 평화와 정의를 실현한다.
7. 섬김과 나눔의 공동체를 이루어간다.

참고문헌

1. John Stott(2010), *The Radical Disciple*, IVP.
2. J. Heinrich Arnold(1994), *Discipleship*, Plough Publishing House.
3. Palmer Becker(2017), *ANABAPTIST ESSENTIAL*, Herald Press.
4. Phil Bedsworth(1992), *Anabaptist History and Thought*, AMBS.
5. 데이비드 옥스버거(2006)『외길 영성, 아나뱁티스트의 3차원 영성해부』-Dissident Discipleship, 생명의말씀사(2007).
6. 도널드 던바(2003)『신자들의 교회』, -The Believers' Church-, 대장간(2015).
7. 도널드 크레이빌(1978)『예수가 바라본 하나님 나라』, -The Upside-Down Kingdom-, 복있는 사람(2010).
8. 리처드 헤이스(2001)『13인의 기도교 지성, 아나뱁티즘을 말하다』-Engaging Anabaptism-, 대장간(2015).
9. 메노시몬스 기념논문(1962)『다른 터는 없나니』, -NO OTHER FOUNDATION. 대장간(2018).
10. 마르바 던(2001)『세상 권세와 하나님의 교회』, -Powers, Weakness, and the Tabernacling of God, 복있는 사람(2008).
11. 스튜어트 머레이(2000)『아나뱁티스트 성서해석학』-Biblical Interpretation in the Anabaptist Tradition-, 대장간(2013).
12. 스튜어트 머레이(2011)『이것이 아나뱁티스다』-The naked Anabaptist-, 대장간.
13. 안동규 외『제 세례 신앙의 역사와 고백』KAP(2001).
14. 윌라드 스와틀리(1992)『평화의 의미』The Meaning of Peace, 한국장로교출판사(2003).
15. 알란 크라이더(2012)『회심의 변질』, The Change of Conversion and the Origin of Christendom, 대장간(2012).
16. 알란 크라이더(2016)『초기 교회와 인내의 발효』, -The Patient Ferment of the Early Church-, IVP(2021).
17. 예수촌 교회 모두(2015)『예수촌교회 20년사』예수촌.
18. 이상규(2021)『우리에게 평화를 주소서』, SFC.
19. 이재영(2024)『천국은 이웃의 발 아래』, IVP.
20. 임세근(2009)『단순하고 소박한 삶. 아미쉬로부터 배운다』리수.

21. 코넬리우스 딕 (1993)『아나뱁티스트 역사』, -An Introduction to Mennonite History- 대장간 (2013).
22. 폴 스티븐스 (1985)『참으로 해방된 평신도』, -Liberating the Laity, IVP (1992).
23. 폴 스티븐스 (1999)『평신도 신학』-The Abolition of the Laity- IVP (2001).
24. 루디 배르근 (2005)『메노나이트 이야기』김복기역, Korea Anabaptist Press.
25. 브레드 이고우 (1999)『아미쉬 공동체』, -The Amish-, 들녘 (2002).
26. 브루더호프공동체 (2015)『우리의 믿음과 소명』, -Foundation of our Faith and Calling-.
27. 스텐리 하우어워스 (1986)『하나님의 나그네 된 백성』, -Resident Aliens- 복있는 사람 (2008).
28. 존 호퍼 (1982)『후터라이트 공동체의 역사』, -The History of the Hutterites- KAP (2008).
29. 하워드 스나이더 (1975)『새 포도주는 새 부대에』, -The Problem of Wineskin- 생명의 말씀사 (1981).
30. 헤럴드 벤더 (1942)『아나뱁티스트 비전』, -The Anabaptist Vision- KAP (2009).

3부
리더십의 지속가능한 원리를 말하다

미국 조지워싱턴 경영학 박사
안재흥

들어가며

지금처럼 변화의 속도를 가깝게 느낄 수 있었던 때가 역사에 있었을까? 그 와중에도 시간을 이기는 여러 가지 관심사가 있다. 리더십은 시대를 넘는 이슈이다. 같은 주제이나 매번 새로운 각도에서 끊임없는 연구와 그 결과를 생성하고 있다. 그만큼 중요하다는 방증이다.

이 글도 리더십을 다룬다. 특히 2천여 년 전 지구촌 한 작은 곳에서 짧은 생을 산, 한 사람을 조명한다. 그는 결코 리더십이란 용어를 사용한 적도 없고, 그가 보인 여러 면면도 리더십의 정의와는 전혀 다른 결일 뿐 아니라, 어떤 틀에도 가둘 수 없는 심오한 차원이다. 그럼에도, 특히 마지막 몇 년의 집약된 삶에 투영된 리더십을 통해 보며 원리를 캐내어 보려 한다. 그를 따르는 사람들에게는, 삶의 총체적 영역에서 그에 대한 탐구야말로 가장 좋은 학습 방법이다. 그가 창세 전부터 사람들에게 쏟았던 사랑의 관심에서 시작하여 구속의 정점에 이르는 대서사는, 리더십을 포함한 온갖 지혜와 통찰로 가득한 보고이기 때문이다.

이 발견된 원리가 변치 않고 린디 효과Lindy Effect: 아이디어, 기술 등 부패하지 않는 것의 기대 생존 기간이 길어질수록 오히려 그것의 기대 수명이 더 길어지는 현상을 뜻한다.1를 가질까? 이 질문의 중요성은, 기술 혁신 가속의 시대에 변화와 성장의 지속 가능한 길을 여는 리더십의 필요가 더욱 절실해졌기 때문이다.

예수는 공생애를 시작하기 전, 그 어떤 리더와 달리 40일을 금식하며 시험

---

1) https://en.wikipedia.org/wiki/Lindy_effect 영어 정의에서 번역함.

을 치렀다. 시험은 세 가지 - 광야, 성전, 높은 산 - 으로 상징된다.[2] 사막에서는 먹고 마시는 어떤 것도 얻기 어렵다. '돌들을 빵으로 바꾸라'는 재촉은, 당장의 현실적 필요에 충실하라는 꼬임이었다.[3] 두 번째 시험인 '성전 꼭대기에서 뛰어내려 보라'는 압박은, 자신이 누구인지 그 능력을 뽐내어 보라는 유혹이었다. 마지막으로, '높은 산에서 세상 나라와 영광을 보여주며 이 나라와 영광을 주겠다'고 꼬드기며 힘을 의지하라는 시험이었다.

예수가 보인 세 번의 반응은, 하나님의 나라와 의를 구하는 데 공통적 초점을 두었다. 하나님의 아들임도 불구하고, 힘으로, 능력으로, 굶주림 해결로, 과시하기를 단연코 거부하고, '스스로 존재 I am who I am'하시는 하나님이심을 알리셨다. 시험을 마치고 나서, 예수는 산에 올라 산상수훈을 설파하시면서 하나님 나라를 선포하셨다. 산에서 기도하며 제자 열둘을 택하셨고, 대중의 인기와 추종을 뒤로하고 산에 가서 기도하셨다. 성전에 들어가 안에서 장사하는 이들을 뒤집어엎으며 정화하는 행동으로 성전 신봉자들 사이에 공분을 일으켰다. 게다가, 성전을 허물고 사흘 만에 짓겠다는 선포를 통해, 자신이 성전임을 묵시적으로 알리셨다. 광야에서 오병이어로 오천 명을 먹이시고 열두 광주리를 남긴 후 자신이 생명의 떡이라고 선언하셨을 뿐 아니라, 실제 자신의 생명을 그들에게 내어 주셨다.

시대를 막론하고 유사한 내면적 시험이 리더를 솔깃하게 한다. 그 욕망에 저항하기는 버겁다. 대신 예수가 보인 리더십은 가히 전복적 upside-down이다. 그는 힘의 지배를 사용하기보다 사랑과 섬김을 친히 보이셨고, 오히려 약함의 자리를 택하시고 거기서 그들과 소통하셨다. 예수의 능력은 약함에서 나오고, 그가 진 십자가가 능력이며, 그리스도가 하나님의 능력이라고 사도 바울은 말

---

2) 도널드 크레이빌은 그의 저서, 『예수가 바라본 하나님 나라』 53쪽에 상징을 다섯 가지, 빵, 마귀, 광야, 산, 성전으로 언급하고 있다.
3) 헨리 나우웬, 『예수의 이름으로 In the Name of Jesus』, (서울: 두란노, 1991), 27.

한다.[4] 빵에 대한 현실적 필요를 외면도 수용도 하지 않으셨지만, 더 중요하고 본질적인 결핍을 일깨우셨다. 소수 기득권 계급들의 지배와 점유와 달리, 제자를 불러 함께 공동체를 이루어 그 속에서 그들을 양육하며 제자들에게 진리를 삶에서 체화시켜 나가셨다.

예수가 받은 시험은, 당시 세상 리더십의 행태로 이제 막 공생애를 시작하는 그의 리더십에 대한 현혹이며 도전이었다. 빵과 성전 및 높은 산으로 상징되는 경제, 종교, 정치는 서로 얽혀진 리더십의 시대적 실상을 표방한다. 이 돈, 명성, 영향력의 추구에는 능력과 힘을 얻으려는 충동적 야망이 웅크리고 있고,[5] 현대에도 여전히 맹위를 떨치고 있다. 하나님 나라를 열며 보인 예수 리더십의 특징은 전복성이다. 리더십의 패러다임을 완전히 뒤집는, '새로운 부대에 담은 새 술'이었다.

이를 규명하기 위해 이 글은 시간 여행을 한다. 주후 50-100년의 밧모섬으로 사도 요한을 찾아가 함께 시간을 거슬러, 사도가 예수와 지낸 삼 년여 삶의 현장 발자취를 취재하는 리포터가 되기로 한다. 여행에 앞서, 기업 현장에서 오랫동안 리더십을 경험한 리포터는 몇 가지 질문을 품고 장도에 오른다. 먼저 시간을 이기는 리더십 모형을 찾을 수 있을까? 그 리더십 요체는 무엇인가? 이 모형은 오늘날도 여전히 유효할까? 그 이유는 무엇인가? 비즈니스 현장에 어떻게 작동할 수 있나? 발견한 원리를 적용하여 미래에도 통할 실천적 모형은 어떤 것일까?

과거로 향한 여정 기간 예수가 사랑하는 제자들에게 삶으로 보여준 리더십에 주목하여 원리 모형을 도출한다. 결과적으로, 1장에서 "C"로 시작되는 일곱 개의 단어로 구성된 원리를 정리하게 되고, 다시 이 원리가 한 존재의 내면

---

4) 고린도전서 1:17-24.
5) 존 스토트, 『리더십의 진실 Calling Christian Leaders』, (서울: Ivp, 2002), 40.

에서 어떻게 반응하고 실행되는지 존재 모형으로 압축한다. 2장에서는 과거에서 찾아낸 결과물을 갖고 현재로 돌아와 이 시대 경영 현장에서 어떻게 그 원리들이 작동될지 탐구한다. 그 연장선에서 다가올 미래에도 그 원리를 담고 작용할만한 대안적 실천 모형을 3장에서 찾아본다.

1장 · 과거에서 찾은 리더십 원리: Back to the Past

사도 요한은 예수의 등장을 독특하게 소개한다. 당시 헬라 사상과 절대 군주제가 지배하는 세상에 빛과 말씀이라는 형이상학적 대상을 의인화한다. 말씀이 육신이 되었다고 처음부터 선포함으로써, 이원론에 기초한 그 시대 지배 사상을 뛰어넘으며 신적 존재인 황제를 능가하는 다른 차원의 하나님 예수를 설명한다. 본격적인 사역이 펼치기 전에 예수를 일곱 가지 호칭으로 명명하며 그의 정체성을 예고한다. 하나님의 어린 양, 하나님의 아들, 랍비선생님, 그리스도, 나사렛 예수, 이스라엘의 왕, 인자가 그것이다. 요한은 그가 누구인지에 초점을 두고 이 땅에 오신 하나님이 어떻게 자신을 드러냈는지에 등불을 가까이 들이댄다. 요한은 예수의 공생애를, 다른 저자와 달리, 일곱 표적과 일곱 번의 '나는 ~이다에고 에이미'로 재구성하고, 일곱 이름을 이 두 가지 일곱과 맞물려 얼개를 이루게 하고 있다.

예수가 제자들을 부르는 장면은 유독 나다나엘'하나님이 주신 자', '하나님의 선물'이라는 뜻에 스포트라이트를 비춘다. 그를 한눈에 알아보고 '참 이스라엘 사람'이라고 부르자, 나다나엘은 예수를 향해 하나님의 아들이고 이스라엘의 왕이라고 고백했다. 무화과나무 아래에서 토라를 묵상하며 메시아를 기다리던 그는, 예수를 만나기 전 나사렛 출신이라는 점을 들어 결코 거기서 선한 것이 나올 수 없다고 했었다. 예수는 그에게 두 가지를 말씀하셨으나 결국 하나로 귀결된다. 더 큰 일과 하늘이 열리고 인자 위에 하나님의 사자가 오르락 내리락 할 것을 보게 된다고 하셨다. 이 장면은 사도 요한이 본, 앞으로 펼칠 압축적 그림이고 암시라 할 수 있다. 나다나엘의 예수를 향한 고백적 명칭은 단지 시작일 뿐이다. 당시 사람들의 왜곡된 메시아 관을 뒤엎고, 그에게 변화의 씨를 뿌리고, 마음 밭을 경작하여, 하나님 나라의 참 이스라엘인으로 만들겠다는, 더 큰 일의 예고였다. 이것이 요한의 눈을 통해 경험한 예수 리더십의 근간이다.6

로버트 클린턴에 의하면, 리더십은 하나님의 목적을 향해 하나님의 사람들에게 영향을 미치는 역동적 과정이다.7 예수가 사람들에게 어떤 영향을 미쳐 어떤 변화와 성장을 이루어 냈는지 살펴보려 한다.

1. 소통의 막힌 담을 헐다

가나 혼인 잔치 참석이 예수가 시작한 첫 사역이라는 요한의 관점을 주목할 필요가 있다. '천국이 가까이 왔다'는 외침을 진정으로 영접한 사람은, '어린 양의 혼인 잔치'에 초대받은 자이다.8 하객인 예수가 오히려 잔치 포도주를 직접 준비한다, 그것도 물로. 정작 연회의 핵심인 포도주가 떨어진 잔치는, 노른자 없는 달걀 같은 세상 나라를 대변한다. 반면, 형질적으로 새로운 나라가 왔음을 예고하는 잔치를 배설한 실제 주인이 예수임을, 먼저 제자들을 대상으로 암시한다. 이후의 예수의 행적은, 말씀 하나, 걸음 하나, 행동 하나가 모두 가까이 온 하나님 나라를 가리킨다. 하나님 나라에는 그에 걸맞은 생활 양식이 요

---

6) 이 글에서 리더십을 영향력Influence의 관점에서 본다. 영향력은 "마음을 움직이고 사람을 끌어당기는 힘"이라 할 수 있다. 즉 한 사람의 삶이 다른 사람의 삶에 긍정적인 영향을 미칠 수 있다는 의미이다. 존 맥스웰, 『존 맥스웰의 위대한 영향력 Becoming A Person of Influence』, (서울: 비즈니스북스, 2010), 12. 이런 면에서, 우리는 누구나 삶 속에서 다른 사람에게 영향을 미치며 산다. 이 글은 특히 그리스도를 따르는 제자 다운 리더십에 초점을 맞춘다.
7) Robert Clinton, 『The Making of A Leader』, NavPess, 10.
8) 요한계시록 19:9

구된다.9 예수가 삶으로 보인 본은 그 양식이 어떻게 다른지를 말해 준다.

1) 시공간적 전복성

요한은 임박한 하나님 나라를 예수 공생애의 카이로스10 시간으로 다시 구성했다. 이튿날11, 셋째 날12 식 배열은 실제 일어난 날과 시간의 순서와 무관하다. 셋째 날 예수의 사역은, 죽음, 부활, 승천과 성령의 오심으로 이어져 하나님 나라 도래의 사흘 길을 보여준다. 출애굽 이후 하나님이 이끄신 사흘 길애굽-광야-가나안 구원의 여정과 맥이 잇닿아 있다.

예수가 역사의 시공간에 침투하심이 하나님의 카이로스적 개입의 시작이다. 하나님이 세상을 창조하실 때 인간을 지금과 같이 제한을 가진 존재로 만들지 않으셨다. 그러나 타락 이후 인간은 시공간적 한계를 가지게 되었고, 이를 극복하려는 인간의 시도는 권력과 능력과 돈을 추구하며, 그 제한적 경계를 끊임없이 확장하려고 애써왔다. 노예제도나 군주의 토지 소유가 그 예다. 결국 시공간의 점유에 비대칭적 구조를 이루게 되었다.

애굽에서 이스라엘 백성은 바로의 만족할 줄 모르는 노동과 부역의 시달림 속에서 쉼과 안식을 상상할 수 없었다. 출애굽 후 광야에서 하나님은 여섯째 날에 충분한 양의 떡을 공급하여 일곱째 날을 쉴 수 있게 하셨다. 이는 하나님이 쉼을 줄 수 있는 능력과 의지를 갖고 계시기 때문이다.13 이후 안식일 뿐 아니라, 7년마다 종이 자유의 몸이 되게 하고, 빚 때문에 제공한 유업으로 받은

---

9) 알렌 크라이더, 『초기 기독교의 예배와 복음 전도 Worship and Evangelism in Pre-Christian-dom』, (논산: 도서출판 대장간, 2019), 36.
10) 시간을 뜻하는 그리스어인 '크로노스'와 '카이로스'로 모두 신화에 등장하는 신 이름에서 유래했다. 여기서 카이로스는, 온 우주 만물을 주관하는 창조주 하나님의 섭리와 신비가 개재하는 때라는 의미로 사용한다.
11) 요한복음 1:29
12) 요한복음 2:1
13) 월터 브루그만, 『안식일은 저항이다 Sabbath as Resistance』, (서울: 복있는 사람, 2015), 31.

땅을 되돌리게 하며, 희년 제도를 두어 하나님이 창조한 인간에게 맡긴 거룩한 선물을 기억하게 하셨다.

예수 당시에도 기득권세력은 시간과 공간을 지배했다. 사마리아 수가에 있는 우물가에서 예수의 여인 만남은, 그가 의도적으로 그 시공간적 배경을 선택했음을 보여준다. 시공간의 주인인 그가 창조의 원래 목적을 회복하려는 리더십의 전복성을 엿볼 수 있는 대표적 장면이다. 또 신하의 아들을 만나기 전에 병을 고치시기도 했고, 38년 된 병자를 만나시거나 여러 유사한 모습에서 시공간적 제약의 극복을 볼 수 있다. 공생애 동안 여러 차례 안식일을 율법적으로 지키지 않음이 예수 구금의 결정적 빌미가 되었는데, 이는 안식일의 원 의미와 목적을 되돌리려는 역설적 행보였다.

요한은 예수의 활동무대를, 절기유월절, 초막절, 수전절라는 시간적 배경 속의 예루살렘, 그와 대조적인 갈릴리, 두 곳의 공간적 무대에서 예수가 던진 메시지 의미를 부각한다. 특히 '유대인의 명절'이란 반복적 표현은 종교적 율법적 준수에 갇혀버린 절기를 표명한다. 대신 상징떡, 물, 빛을 사용하여 예수를 진정으로 따르는 자들에게 절기의 참된 의미의 회복을 되돌려준다.

예수는 주도적으로 당시 사람들의 극히 제한된 크로노스의 시공간 속으로 침투하여 직접 사람들을 만나며 하나님의 카이로스로 변환하는 드라마를 연출하셨다.

2) 표적

예수가 자신을 알리려는 방법에는 여럿의 선택이 있었다. 앞서 등장한 침례 요한은 '광야에서 외치는 소리'가 되어 그의 출현을 알리고 요단강에서 침례를 행했다. 당시 헬라 세계에서는 웅변술과 수사학을 통한 지혜소피아Sophia의 전달이 지배적 소통 수단이었다. 이스라엘의 대제사장, 서기관 또는 바리

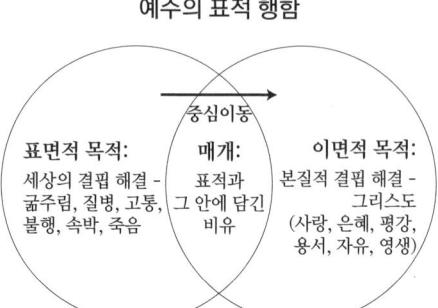

예수의 표적 행함

새인과 같은 기득 종교 세력은 율법 해석으로 권위를 드러내려 했다. 이런 담론의 장악은 힘과 권력의 역학과 관련이 깊다.

반면, 말씀이신 예수의 선택은 가장 파격적이고도 로우 프로파일Low Profile인 일상 언어였다. 당시 사람들에게 익숙하고 필요불가결한 용어들을 화제話題로 삼으셨다. 지혜를 추구한 헬라인, 표적을 구한 이스라엘인들과 달리, 평범한 언어를 오히려 소통의 매개 수단이 되게 하셨다. 그는 권위를 극히 제한적으로 사용하셨는데 분명한 목적을 둔 몇몇 예외적인 경우였다. 표적을 통해 표면적 현상을 넘어 그것이 가리키는 이면을 보게 하여 소통의 막힌 담을 스스로 무너뜨리셨다. 오병이어의 표적은 자신을 추종한 무리가 처한 굶주림의 현실적 필요를 채우는 방식을 통해 차원이 다른 양식을 알려준다. 표적의 '겉'이 실제 가리키는 '속'을 알려주기 위해 먼 과거 광야에서 맞았던 만나를 떠올리게 했다. 결국 일용할 양식의 실체는 그리스도임을 말해 주려는 의도였다.

세상이 현실적으로 매달리고 있는 결핍이, 본질적으로, 생명의 떡, 그리스도 자체라고 강변하셨다. 마찬가지로, 예수가 행한 일곱 가지 표적은, 사람들이 겪는 현실적 문제인, 굶주림, 질병, 고통, 불행, 속박과 죽음을 다루지만, 더 근본적인 결핍이 무엇인지를 깨닫게 하려는 목적이었다. 그런 면에서 하나님 나라가 세상 나라와 본질상 다름을 강조하셨다.

3) 은유

사도 요한은 예수를 일곱 번의 '나는 ~이다(에고 에이미)'[14]로 일곱 가지 표적 사이 사이에 끼워 넣어 소개한다. 당시 구약을 통해 계시 된 하나님이 이 땅에 오심을 서민들에게 알리기는 쉽지 않았다. 예수는 먼저 자신의 정체성과 사명에 대해 거듭 밝히신다. 하나님이 아들인 자신을 세상에 보내셨고, 보낸 자가 하라고 한 일을 그는 온전히 이룰 뿐이다. 이에 대한 부연 설명을 위해 비유를 사용하셨다. 은유는 복합적 이미지를 함축하는 방법이다. 주변에 흔히 볼 수 있는 사물이나 이미지를 사용하여 쉽게 이해될 수 있지만 사고를 자극하여 통찰을 불러일으키게 한다. 'A가 B이다'라고 하면, 들은 사람은 둘 간의 연관성을 생각하지 않을 수 없고 그 관계를 새롭게 발견하게 된다. 예수와 대화를 나눈 사람들도 비슷한 생각의 과정을 겪으며 엇갈리는 대화를 이어갔다.

사마리아에서 만난 여인과의 대화를 예로 들어보자. 배경은 야곱의 우물가

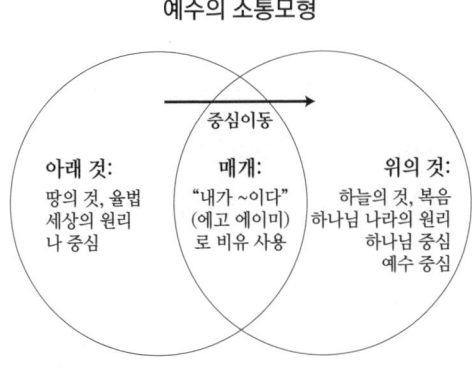

예수의 소통모형

---

[14] '나는 ~이다'는 실제 요한복음에서 좀 덜 명확한 부분까지 합치면 일곱 번 이상 나타난다고 볼 수 있다. 여기서는 일곱 번이라는 일반적 견해에 따랐다.

이고 시작 화제는 물이다. 여인이 대낮에 우물 길러 나왔다는 한 가지만으로도 여인의 현재 상태를 여실히 보여준다. 예수는 먼저 물을 달라고 하신다. 그러시더니 하나님의 선물을 언급하며 물 구하는 이는 누구인지 아는가, 그러면 그가 생수 줄 것이라고 한다. 여기까지 여인은 도통 종잡을 수 없다. 당시 유대 사람이 사마리아인에게 말을 거는 행위는 금기인데 더욱이 사마리아 여인에게 물을 구하다가 이제는 주겠다니? 정작 물을 구한 이는 당신이 아닌가? 엇갈리는 대화는 계속된다. 난감한 여자는, 물을 주겠다고 하니, "어떻게 당신이 우물에서 물을 퍼주겠는가?"라고 되묻는다.[15] 어느새 예수는 물에서 물 구하는 사람으로 화제의 초점을 바꾼다. 여인의 관심사는 아직 우물물에 머물러 있다.

이 우물은 야곱의 우물인데, "당신이 야곱보다 큰가?" 여인은 야곱의 우물에 긍지와 자부심을 보인다. 야곱은 여인에게 큰 존재이다. 그러자 예수는 생수의 의미를 더 확장한다. 생수에서 영원히 목마르지 않는 물로, 다시 영생하도록 솟아나는 샘물로. 그 물은 시간의 한계를 초월한다. "그렇다면 그 물 주세요!" 여인은 아직 감을 못 잡고 물주는 이의 존재보다 물이라는 대상에 집착하고 있다. "그런 물을 주겠다는데 그는 도대체 어떤 사람이죠?"라고 물을 법도 한데.

예수는 여인의 정체성을 도발적으로 자극한다, "네 남편을 불러오라." "나는 남편이 없습니다." 여기서 물 마셔도 생기는 갈증과 여인의 삶에서 느끼는 목 탐이 어딘가 닮아있다. 남편은 여인의 본질적 결핍의 의미를 담고 있다. 여인이 공동체에 소외되어 한낮에 우물로 온 사연과 관련이 있다. 여인은 이 문제와 대면을 꺼리며 이제야 예수로 방향을 바꾼다. "당신은 선지자군요."라고

---

15) 당시 중근동의 우물에는 두레박이 함께 딸려 있지 않았고 여행하는 사람들은 두레박을 갖고 다녔다. 케네스 E. 베일리, 『중동의 눈으로 본 예수 Jesus Through Middle Eastern Eyes』, (서울: 새물결플러스, 2016), 313. 여인은 자신에게 말을 거는 유대인 남자에 놀라기도 했지만, 여인이 가진 두레박으로 남자가 물을 마시고 싶다는 의사는 더 충격적이었는데 유대인과 사마리아인은 그릇을 함께 쓰지 않는다.(위의 책, 316). 그런데 이번엔 예수가 물을 주겠다고 하니 두레박도 없이 어떻게 물을 퍼주겠는가의 의미가 내포되어 있다.

하며, 유대인 선지자가 예루살렘이 예배 처소라고 한 말로 에둘러 화제를 돌린다. 그런데 현 예배 장소인 사마리아는 또 다른 갈증을 상징한다. 참 예배는 장소의 문제가 아니라 영과 진리의 예배임을 예수는 일깨운다. 그 시점이 "지금 이때다!"라고 덧붙인다. 예배와 성전에 대한 새로운 제기일 뿐 아니라, 당신이 오심으로 새로운 때가 열렸다는 암묵적 선언이다. 그리스도를 중심으로 한 예배가 참이란 의미다. 그러자 여인은 놀라운 고백으로 답한다. "메시아가 오실 텐데 그가 와서 알려 줄 것입니다." "내가 그라!". 여기 오기까지 한참을 에둘러 왔다. 사실상 예수가 실제 물을 마셨는지 아니면 주었는지 어디에도 언급되어 있지 않다. '남편을 불러오라'는 말이 전환점이 되었다.

이 대화와 병렬을 이루는 또 다른 소통이 제자들과 있었다. 양식을 구하러 마을에 들어갔던 제자들이 돌아오자 아무런 영문도 모르는 그들과 이번엔 양식으로 시작한다. "잡수세요." "내게는 너희가 알지 못하는 먹을 양식이 있다."고 하시며 양식을 매개로 자신의 사명과 목적을 알려준다. "나의 양식은 보내신 이의 일을 온전히 이루는 것이다." 이에 덧붙여 일의 의미를 한 걸음 더 내디딘다. 주위 밭에 가까이 온 추수 시점을 영적 추수로 비유하며, 그 과정에 참여한 뿌리는 자와 거두는 자가, 함께 영생의 열매를 수확하는 즐거움을 이야기한다. 먼저 양식에서 시작하여, 보내신 이의 일을 이루는 사명으로, 다시 추수의 목적으로, 또 함께 거두는 의미로 이어져, 일이 대화 연결의 핵심 고리가 되었다. 예수는 제자들을 이 사명과 목적과 의미로 초청했다.

오병이어 표적은 이야기 중간에 물 위를 걷는 사건을 삽입하여 가장 긴 내용을 담고 있다. 오천 명을 먹이시고 열두 바구니를 남긴 일이 지난 후, 이 표적으로 인해 자신을 좇는 무리와 양식을 주제로 이야기를 나눈다. 무리는 이 사건을 계기로 예수를 왕으로 삼으려고 했다. 이들을 피해 산으로 가셨을 뿐 아니라 힘과 권력의 추구가 아닌 전복적 대안을 제시하셨다.

예수는 먹고 사는 삶 이상의 목적을 상기시키며 그 주체가 자신임을 암시한다. "썩을 양식이 아닌 영생하는 양식을 위해 일하라." "이 양식은 인자가 준다." "인자는 하나님이 인치신 자다." 무리는 앞서와 마찬가지로 말하고 있는 그의 존재보다 일에 더 관심이 많다. "어떻게 하는 것이 하나님의 일입니까?" 예수는 관점을 다시 일에서 존재로 돌린다. "하나님이 보낸 이를 믿는 것이 하나님의 일이다."

원어 성경은 전자의 물음에서 '일'은 복수, 후자의 답변에는 단수로 표기하고 있다. 의미를 좀 더 살려 다시 표현하면 이런 말이다. "하나님이 나를 보냈고 그런 나를 믿음이 하나님이 하는 바로 그 일이다." 다시 그들은 일로 돌아간다. "당신이 행하는 표적이 무엇이고 하는 일이 무엇인가요?" "우리 조상들은 광야에서 만나를 먹었습니다."고 하며 무리는 양식의 해결에 계속 매달리고 있다. "모세가 하늘에서 떡을 준 것이 아니라 아버지가 하늘에서 참 떡을 준다." "하나님의 떡은 하늘에서 세상으로 생명을 주는 떡이다." 만나라고 언급한 그들 말을 사용하여 하나님의 일을 다시 풀어 설명해준다. "이 떡 우리에게 항상 주세요."라며 무리는 아직도 떡 그 자체에 집착하고 있다. '날마다 끼니 걱정하지 않고 살고 싶어요.' 치고받듯 나눈 대화는 정점에 다다른다. "나는 생명의 떡이다. 내게 오면 주리지도 영원히 목마르지도 않는다." 대화의 전환점은 양식에서 하나님의 일에 담겨있는 존재적 의미였다.

위의 세 대화에서 양식이라는 같은 매개로, 한 개인여인 - 제자 - 무리로 상대가 바뀌면서 대화 내용은 다르지만, 결론은 한 가지, 즉 그리스도 자신으로 수렴하고 있음을 알 수 있다.

대화는 땅에 것, 아래의 것에서 시작되었으나 하늘의 것, 위의 것으로 마쳤다. 하루 먹고 하루 삶이 중요했던 사람들에게 먹고 마심은 무엇보다 절실한 욕구이다. 그러나 사마리아 여인은 물 길으러 온 '물동이'를 놔두고, 영원한 생수인 그분과의 만남을 알리려 동네에 들어갔다. 여인이 속한 공동체에 가서, "그분은 그리스도가 아니냐!"라고 전했다. 지금까지 여인은 공동체에서 소외되어 있었으나 이제 그 일원으로 복귀했다. 여인의 본질적 결핍을 향한 목 탐은 이제 해갈되었다.

내가 중심이 되어 보는 세상에서 나를 넘어 새 나라를 보려면 내 시각이 전환되어 새롭게 통찰될 때 가능하다. 대화의 초점은 예수가 누구인지를 알리려는 데 있었다. 어느덧 '내'가 '그'를 통해 세상을 보게 되었다. 그리고 새 나라의 실체를 알아보는 눈이 열렸다. 그러자 그런 나의 존재도 어느덧 달라졌다.

예수는 비유에 더하여 상황에 맞는 그림 언어를 적절히 사용함으로써, 듣는 사람이 쉽게 시각화해 이해하도록 도우셨다.[16] 그는 상황과 대상에 따라 모든 사람을 유일한 존재로 대하며 융통성과 창의성을 보이셨다.[17]

당시 리더십이 소통할 대상을 찾아가서 그들의 눈높이에서 나누는 이런 대화가 가능했을까? 소통방식은 리더십의 태도이다.

2. 리더십 원리를 뒤집다

1) 변화와 성장, 그리고 공동체

인간은 모두 변화와 성장에 관심이 있다. '그렇다'라는 답의 끝이 흐려지는 이유는 두려움 때문이다. 달라져서 원하는 바를 얻기 위해, 대가와 고통을 감내하는 과정이 변화다. 그러나 인간은 혼자 스스로 잘 변화하려 하지 않는다. 얼마 전에 작고한, 행동경제학 창시자이며 노벨 경제학자인, 대니얼 카너먼에 의하면, 인간은 자신의 신념과 갈망에 질문을 던지고 의문을 품기란 쉽지 않

---

16) 시각화는 보이지 않는 것을 비유를 사용하여 눈에 뚜렷이 시각적으로 구체화하는 방법이다.
17) 빌 헐,『제자 삼는 자 예수 그리스도 *Jesus Christ Discple Maker*』, (서울: 요단출판사, 1994), 47.

고, 특히 가장 그래야 할 때가 더 어렵다.[18] 변화에 대한 부정적인 생각을 멈추기 위해서는, 누군가 밖에서 자기가 생각하는 바를 반영해주고, 그렇게 생각하는 이유를 궁금증을 일으키도록 물으며, 우리를 혼란스럽게 해줘야 한다.[19]

예수는 어떻게 변화를 자극했을까? 그의 여러 소통 사례에서 보았듯 본질 일깨우기에 집중했다. 본질을 통찰할 때 변화가 일어난다. 그의 대화는 본질을 깨우쳐 대상을 가둔 틀의 실체를 깨닫게 하여 이에서 빠져나오게 한다. 그리하여 새로운 곳으로 이동하게 하려는 목적이다. 이동은 성장이라는 엔진을 동반할 때 동력이 생긴다. 에너지원은 개별적일 때 쉽게 사그라들 수 있다. 직렬 병렬로 연결되면 더 강력하고 버티는 힘이 만들어진다. 공동체가 그 역할을 할 수 있다.[20] 제자 공동체는 상호 작용하며 보완하고 격려하며 결속하여 변화에 초대하고 성장을 자극한다. 이 공동체는 교회 공동체, 하나님 나라의 시민 공동체로 확장되어 간다.

2) 변혁적 프로세스

예수는 기존의 리더십 원리를 부정하기 보다 뒤집어upside-down 새롭게 했다. 이에 합당한 도형은 역삼각형이다. 불안정한 삼각형을 받치는 두 개의 힘의 축은 변화와 성장이다. 이 리더십 모형은 그 안에 두 역동성을 내포하고 있다.

하나님 나라를 이루어 가는데 필요한 변화와 성장은 사랑과 섬김이 중심이 된 소통에 의해 연쇄적 연결고리를 변혁적 결과로 만들어 낸다. 이 과정이 기

---

18) 대니얼 카너먼, 『생각에 관한 생각 Think Slow Think Fast』, (서울: 김영사, 2011), 6.
19) 마샤 레이놀즈, 『문제가 아니라 사람에 주목하라 Coach the Person Not the Problem』, (파주: 이콘, 2023), 43.
20) 초기 교회에서 공동체 모습을 엿볼 수 있다. 공동체의 특성과 성숙에 관심을 두고 믿음보다 생활 양식을 중시하며 상호 겸손과 섬김으로 그리스도인들의 형제 사랑을 실천했다. 알렌 크라이더, 『초기 기독교의 예배와 복음 전도 Worship and Evangelism in Pre-Christiandom』, (논산: 도서출판 대장간, 1991), 51, 60, 61. 예수가 형성한 공동체의 모습이 전통적으로 이어져 내려온 것으로 생각된다.

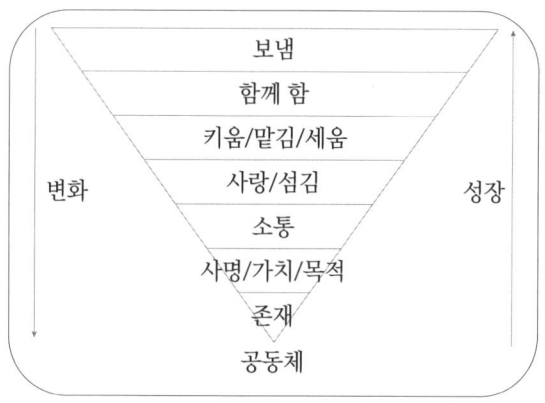

동성과 방향성을 동반할 때 모멘텀을 얻는다. 예수의 전복적 리더십의 기초는 세상이 추구하는 방향과 역으로 원천을 찾아간다. 흐름을 거슬러 근원을 찾아 나서는 과정이다. 변화는 학습을 불러일으키며 변혁적 과정에 연료를 공급하여 다시 성장의 욕구를 촉진한다.

변화와 성장은 서로 역방향이다. 근본적 변화는 존재에서 출발하기에 연어가 산란을 위해 상류로 거슬러 유영하는 이치다. 반면, 성장은 일련의 폭포가 연결된 캐스케이트Cascade처럼 어떤 일이 일어나면 연쇄적으로 계속 일어나 더 힘차게 소리 내며 쏟아짐과 같다. 변화가 원래 가진 에너지를 잃는 과정이라면, 성장은 새 에너지를 얻고 비축하며 더 뿜어내는 활력이 차오르는 과정이다. 이 과정이 점진적 루프를 이루면서 나아간다. 예수의 리더십은 그를 따르는 자의 팔로우십을 만드는 변혁적 연속 과정이다.

그 과정의 무게 중심은 사랑/섬김의 기반을 둔 소통이다. 존재는 변화의 시작점이며 동시에 성장의 피봇Pivot이다. 변화하려면 시작점으로 거슬러 가야하고 성장을 위해선 존재에 한 발을 고정하고 방향성을 갖고 이런저런 움직임을 만들어 내야 한다. 존재에 사명/가치/목적이 부어지면 갈 방향이 더 뚜렷해진다.

자발적 의지가 생겨나며 이제 양육이라는 본격적 성장 단계에 접어든다. 키우고 맡기고 세우는 학습과 훈련의 장을 통해 성장한다. 때때로 성장은 필수적으로 고통을 수반하고 이를 이겨낼 연료가 필요하다. 이 단계에서 예수는 독특한 리더십 요소로 '함께 함'을 보태는데, '함께 길을 간다'는 의미가 내포되어 있다. 물리적인 함께 있음을 넘어선 깊은 내면적 연합으로 성장을 지원하고 에너지를 공급하는 방안을 고안해내신다. 그리고 수련 기간을 마치고 하산시키듯 세상 속으로 제자들을 보내신다. 이는 자기 자신에게서 나온 모델이다. 그가 보내졌던 바대로다. 보냄은 훈련의 마무리지만, 이제 삶 속에서 혼자 해내는 새로운 자가 훈련의 출발이기도 하다. 보내진 세상 속에서 계속 깨지고 주저앉고 다시 일어나 계속 가는 삶의 연속이 발 앞에 펼쳐진다. 그러나 그의 '함께 함'은 여전히 영향을 미친다. 공동체 속에, 또 개개별로.

3. 일곱 "C" 리더십 모형을 도출하다

변화와 성장의 변혁적 과정은 각각 예수를 따르는 자 안에 일어나는 변화와 성장에 대한 반응적 패턴의 결과를 만들어 낸다. 이를 일곱 개의 "C"로 각 과정의 요소에 상응하는 모형을 도출했다.

1) 존재 – Confrontation(직면)

역삼각형의 가장 기초이자 지렛대는 존재Beingness이다. '나는 어떤 존재인가?' 모든 문제에 가장 앞서는 근본적 물음이다. 로버트 클린턴은 그의 명저, 『영적 지도자 만들기』에서 이렇게 말한다.[21]

---

21) Robert Clinton, 『The Making of A Leader』, NavPess, 7.

예수의 리더십 모형 2

변화	보냄	Commission(위탁)	성장
	함께 함	Communion(연합)	
	키움/맡김/세움	Communality(공동체성)	
	사랑/섬김	Commitment(헌신)	
	소통	Conviction(확신)	
	사명/가치/목적	Conversion(전환)	
공동체	존재	Confrontation(직면)	

효과적인 영적 사역은 존재에서 흘러나오고 하나님은 우리의 존재에 관여하신다. 그가 존재를 형성해 가신다. 그가 사용하시는 패턴과 과정은 리더십 연구의 중요한 과제이다. 이 패턴과 과정을 연구하고 삶과 사역에 활용하는 사람은 잘 준비된 리더가 될 것이다.

예수는 '나는 ~이다'고 말씀하심으로 상대에게 '내가 믿고 의지하는 것은 무엇인가?'와 '그런 나는 누구인가?' '그런 존재로 어떤 삶을 살아야 하나?'라는 질문을 직면Confrontation하게 하신다.

존재가 바뀌고 정체성이 뚜렷해지면 삶의 좌표에서 가려는 방향을 찾게 된다. 예수의 '에고 에이미'의 일곱 가지 은유를 살펴보면 각각의 목적을 알 수 있다. 생명의 떡은 영생을, 세상의 빛은 죄 사함을, 양의 문은 '이름존재'를 불러 진리에 인도를, 선한 목자는 십자가 죽음을, 부활이요 생명은 부활을, 길이요 진리요 생명은 구원을, 마지막으로 참 포도나무는 함께 거함을 나타낸다. 이것을 연결하면 일련의 메시지를 이룬다. 예수가 이 땅에 온 사명이고 목적이고 이유이며, 그대로 실제 삶으로 살아 내셨다.

2) 사명/가치/목적/의미 Conversion(전환)

예수가 언급한 자신의 존재는 언제나 자신이 이 땅에 오신 이유와 목적의 초점을 더 분명하게 한다. 존재에 대한 자각은, 그 원천에서 비롯된 사명/가치/목적/의미를 일깨워 사고의 전환Conversion을 가져온다. '내 삶의 목적은 무엇인가?' '어떤 삶이 가치 있는 것인가?' '내 삶에서 진정 이루고자 하는 것은 무엇인가?' '나는 그 길의 어디에 있는가?' '내가 그리는 삶의 모습은 어떤 것일까?'

예수는 자신이 이 땅에 오신 사명과 목적을 타협하려는 어떤 시도도 거부하셨다. 그는 하나님이 그에게 하라고 한 일을 통하여 하나님의 영광을 드러내는데, 이 땅에 오심의 목적을 두셨다. 그가 하려는 일을 존재의 목적이 이끈다. 그가 이룬 일은 목적이 이끈 결과이다.[22] 목적과 의미가 분명해지면 도달하고 싶은 그림이 더 명확히 그려진다.

예수의 공적 삶의 하이라이트는 십자가이다. 『제자 삼는 자 예수 그리스도』를 쓴 빌 헐은, "십자가는 사명의 상징이요 목적의 실체이다. 확실히 그것은 예수의 가장 큰 임무였다."라고 말한다.[23]

3) 소통 – Conviction(확신)

전환된 사고는 소통으로 확신Conviction에 이르게 한다. '이 분이야 말로 나의 삶을 바꾸어 줄 '주'시구나!' 날 때부터 눈먼 자가 예수를 만나고 그의 시각을 회복한 후, 그에게 일어난 변화를 보자. 그는 처음에는 '예수라 불린 자'라고 말하고, 다시 '선지자'로 불렀다가, '하나님에게서 온 자', 결국은 '인자와 주'라 고백하는 인식 전환의 과정이 확신에 이르게 됨을 보여준다. 예수는 그를 향해 '너와 말하는 자가 그다'라고 답하셨다.

---

[22] 요한복음 5:36
[23] 빌 헐, 『제자 삼는 자 예수 그리스도 *Jesus Christ Discple Maker*』, (서울: 요단출판사, 1994), 193.

초막절을 맞으러 예루살렘에 가신 예수가, 성전에서 가르칠 때 끌려온 간음한 여인에 대해 어떻게 할지를 여러 사람이 지켜봤다. 예수는 즉답 대신, "죄 없는 자가 먼저 돌로 쳐라!"고 하여 사람들이 떠나가고 결국 예수와 여인 둘만 남는다. "너를 정죄하지 않는다!" 이 여인의 이후에 대해 요한은 침묵한다. 예수는 비난이나 정죄, 또는 강압적인 방법 대신, 스스로 깨우치는 소통을 하셨다. 이 이름 없는 여인이 받은 구속救贖은 예수를 따르는 우리 모두 존재의 일부가 되었다.

4) 사랑/섬김 - Commitment(헌신)

예수가 보이신 리더십의 중심은 사랑과 섬김이다. 사랑은 인간에게 어려운 과제이고 사랑보다 힘과 능력을 보이는 게 더 쉬운 대체물이다. 헨리 나우웬은 이렇게 말한다.[24]

> 하나님을 사랑하기보다 하나님 되는 것이 더 쉽고 사람들을 사랑하기보다 그들을 다스리는 것이 더 쉽습니다…우리는 사랑을 힘으로 바꾸려는 유혹을 끊임없이 받아왔습니다. 예수님은 광야에서 십자가까지 이 유혹을 가장 고통스런 방법으로 받는 삶을 사셨습니다.

요한은 니고데모가 밤에 예수를 찾아와 나눈 대화를 자세히 설명한다. 그런데 그 결말을 모호한 침묵으로 남겨둔 채, 니고데모를 그 후 다시 두 번 더 등장시킨다. 한번은 예루살렘에서 예수의 출생지로 인한 메시아 논쟁이 있을 때 묘한 논리로 예수를 두둔했다. 또 한번은 예수의 십자가 죽음 후 몰약과 침향을 갖고 찾아왔다. 예수의 사랑과 섬김은 한 존재를 현재에서 원하는 자리로

---

24) 헨리 나우웬, 『예수의 이름으로 In the Name of Jesus』, (서울: 두란노, 1991), 79.

가기까지 기다리며 이끌어 가는 끈을 놓지 않는 데 있다.

예수는 부활하신 후 다시 맞은 베드로에게 "네가 나를 사랑하느냐?"고 세 번 거듭 물으셨다. 요한은 하나님이 우리를 먼저 사랑하셨다고 말한다.[25] 세 번의 질문은, 베드로의 세 번의 부인과 배신에도 불구하고, '내가 너를 그만큼 사랑한다'는 역설적 강조이다. 그 마음을 바로 알 때 하나님이 먼저 보이신, 큰 첫 사랑으로 그의 양을 비로소 치고 먹이는 자발적 헌신Commitment에 이르게 한다. 그의 사랑은 창조의 목적이며 구원의 완성인 동시에, 그 사랑을 전하도록 우리를 선택한 이유이다. 이를 깨닫게 되자 확신은 자발적 헌신으로 변환된다.

요한이 사용한 예수의 섬김을 나타내는 상징은 세 가지, 수건과 대야[26], 십자가, 빈 무덤이다.[27] 예수는 '큼'의 의미를 새롭게 했다. 힘과 지배가 아닌 몸소 보인 섬김으로 거꾸로 뒤집어 보여주셨다. 하나님 보실 때, 결코 작은 사람은 없고 모든 사람이 큰 사람이다.[28]

5) 키움/맡김/세움 – Communality(공동체성)

헌신 된 자를 변혁적 과정을 통해 양육해 나가신다. 그는 모든 상황을 제자들을 키우고 훈련하는 기회로 삼았고 실제 삶 속에서 부딪치고 경험하도록 하셨다. E.M. 바운즈는 이렇게 쓰고 있다.[29]

> 하나님의 계획은 사람을 다른 어떤 사물보다 훨씬 더 많이 키우시고 사용하시는 것이다. 사람은 하나님의 도구이다. 교회는 더 나은 방법을 모

---

25) 요한일서 4:19
26) 요한복음 13:5
27) 도널드 크레이빌, 『예수가 바라본 하나님 나라 *The Upside-Down Kingdom*』, (서울: 복있는 사람, 2010), 384.
28) 위의 책, 367.
29) E. M. Bounds, 『*Power through Prayer*』, Grand Rapis: Zondervan, 11.

색하지만, 하나님은 더 나은 사람을 찾으신다.

제자들을 짝지어 보내며 사역을 맡기고 스스로 해보도록 훈련하셨다. 혼자서는 복음을 전할 수 없고 공동체로 함께 복음 전하도록 한 것은 하나님의 놀라운 지혜이다.30 이 과정을 통해 제자들은 공동체성Communality이 생성되고 소속감이 배양된다. 공동체는 구성원 간 서로 경험, 가치, 목표 등을 공유하며, 권면하고 세우고, 소속감과 결속을 형성하여 정체성과 신앙적 경험에 영향을 미칠 수 있다.

6) 함께 함 – Communion(연합)

삼년 반 동안의 훈련기간을 거치고도 제자들은 불안정하고 미성숙한 모습을 드러냈다. 예수는 이 기간의 열매를 맺기 위해 놀랄만한 한 가지를 더 준비해야 함을 알고 계셨다. 열매는 포도나무인 예수에 붙어 있을 때 맺어질 수 있다. 그러나 예수는 자신의 사명을 이루기 위해 십자가의 길을 가셔야 했다. 사실, 이 길에 또 다른 목적이 있었다. 이것으로 삼위 하나님의 연합 사역은 하나님 나라를 이루는 절정을 맞이하게 된다.

예수가 이 땅의 삶을 마감하고 약속대로 성령을 보낸 후 제자들은 그동안 훈련하며 학습한 것들의 진정한 의미를 깨우치게 되었다. 게다가 더 중요한 시사점은, 이제 제자들 안에 일어난 변화와 성장을 성령과 연합을 통해 지속할 수 있는 통로의 활짝 열림이었다. 보혜사의 도움은 자기의 능력이 아닌 성령의 능력에 의지할 때 역사한다.

오순절 성령 체험은 '함께 함'이 각 개인뿐 아니라 공동체에 임했음을 보여주었다. 이것으로 세 절기 중 남은 부분이 완성되며 예수의 지상 사명은 완수

---

30) 헨리 나우웬, 『예수의 이름으로 In the Name of Jesus』, (서울: 두란노, 1991), 57.

되었다. 이제 제자들에게 '너희가 내 안에 거하고 내가 너희 안에 거한다'는 말이 실감 나기 시작했다. 예수는 십자가로 그 사역을 끝낸 것이 아니라 새 일을 시작하셨다. 제자들과 맺은 '내가 언제나 너희와 함께 하겠다'는 약속은 실제 이루어졌다. 이제 진정한 연합Communion으로, 보혜사 성령이 함께하고 교통하며 하나님이 원하는 자리로 가도록 도우신다.

존 스토트에 의하면, 그리스도와 연합은, 가지가 포도나무에 붙어 있거나 팔다리가 몸에 붙어 있는 것과 마찬가지로, 인격적으로, 생명으로, 유기적으로, 그와 연결되어있음을 말한다.[31]

7) 보냄 – Commission(위탁)

사도 요한은 '아버지가 아들을 세상에 보냈다'라는 말을 반복해서 사용한다. 보냄을 받은 자는 보낸 자와 같다고 일관되게 말한다. 예수가 보냄을 받았듯이, 이제 우리가 세상으로 보내진다. 그가 보내져 '하라고 한 일'을 실현하도록 위임과 위탁Commission 받았듯이, 우리도 동일한 위임과 위탁을 받았다. 예수는 홀로 일하지 않으셨다. 우리가 세상에 보내짐은, 삼위 하나님을 대리하고On behalf of, 또 함께With, 그리고 하나님 나라의 충만을 위해For 통로가 되는 길이다. 그것이 '보냄'에 담긴 삼중적 의미Three-fold Connotation다.[32]

예수가 제자를 보내는 장면에서 사도 요한은 다른 기자들과 좀 다른 내용을 말하고 있다.

> 예수께서 또 이르시되 너희에게 평강이 있을지어다 아버지께서 나를 보내신 것 같이 나도 너희를 보내노라 이 말씀을 하시고 그들을 향하사 숨

---

31) 존 스토트, 『제자도 Radical Disciple』, (서울: Ivp, 2010), 52.
32) 보냄은 헬라어 '아포스텔로스'는 전권대사, 사신의 뜻을 담고 있다.

을 내쉬며 이르시되 성령을 받으라요 20:21, 22

그리스도를 따른다고 해도 한 사람 안에 일어나는 변화와 성장은 아직 완성에 이르는 길 위에 있다. 세상 속에서 부딪치고 넘어지고 다시 일어나 변화와 성장을 거듭하는 길이다.

예수는, '평화평안는 자신이 주고, 세상이 주는 것과 다르며, 근심과 두려움이 없는 상태'라고 하셨다.33 그리고 평강이 무엇인지 몸소 보이셨다. 그는 높은 풍랑 속에도 배 밑에서 잠들어있을 수 있었다.34 평안의 비밀은 예수가 당장의 필요와 요구를 뒤로 하고 '한적한 곳'에서 기도하며 존재 목적을 확인하고 초점을 잃지 않음에서 왔다. '평平'자는 잔잔한 물결을 나타내는 상형문자에서 유래한다고 알려져 있다. 그리고 약속대로, '고아처럼 버려두지 않고'35 성령을 주셨다. 평강은 성령이 세상 끝날까지 함께 함으로 얻는다.

4. 리더십은 존재의 집에서 나온다

그리스도를 따르는 제자는 성령이 주재하는 성전이 되었다. 리더십은 이 존재의 집에서 흘러나온다.36 그러므로 리더십은 먼저 자신이 누구인가Being에서 시작하여, 다음으로 자신이 무엇을 할 것인가Doing와 관련된다.37 이제 제자는 성령과 연합하여 함께 삶을 이루어가게 된다.

리처드 러블레이스는 그의 저서, 『온전한 영성』에서 연합에 대해 이렇게

---

33) 요한복음 14:27.
34) 마태복음 8:24
35) 요한복음 14:18
36) 마르틴 하이데거는, "언어는 존재의 집이다."라고 말한 바 있다.
37) 로버트 뱅크스, 베니스 레드베터, 『신앙의 눈으로 본 리더십 Reviewing Leadership』, (파주: 살림, 2008), 211.

말하고 있다.38

우리는 메시아와 연합하여 그분의 삶을 살아야 한다. 우리를 통해 지상 사역을 계속하시려는 그분의 강력한 뜻으로 인해 우리는 그분의 세 가지 지도자직을 받으라는 명령을 받는다. 우리가 주위 사람들을 위해 기도하며 그들을 하나님의 자비와 축복의 영역으로 이끌 때 '제사장'의 역할을 감당하는 것이다. 주변의 모든 굽은 것에 대해 성경적 잣대를 들이댈 때 우리는 '선지자' 역할을 하는 것이다. 왜곡된 것을 곧게 펴기 위해 모든 능력을 사용하여 하늘의 질서를 반영할 때까지 우리 영역 내에 있는 모든 것을 개혁할 때 우리는 '왕'의 역할을 하는 것이다.

이제 제사장, 선지자, 왕의 역할 수행을 위해 변화와 성장이 우리 각 개인 안에 어떻게 펼쳐지는가? 앞의 일곱 "C" 리더십 모형이 보여준 패턴과 과정이 그리스도와 연합한, 한 존재 안에서 전개될 때 크게 네 영역을 거친다. 네 영역은, 나는 누구인가Being에서 시작하여 나는 무엇을 할 것인가Doing으로 나아가는데, 통찰과 학습을 거쳐 자발적 의지를 갖고 실행하는, 네 가지 필수 요소로 구성된다.

그러므로 다음 '존재의 집' 모형은 한 존재 안에서 일어나는 변화와 성장을 보여주는 일곱 "C"리더십 모형이 압축적으로 변환된 틀이다.

BEING - 사명/목적/가치
언제 어디에 있던지 우리는 하나님을 갈망하며 성령의 임재로 시공간을 채

---

38) 리처드 러블레이스, 『온전한 영성 Renewal as a Way of Life: A Guide Book for Spiritual Life』, (서울: 아가페 출판사, 2008), 234.

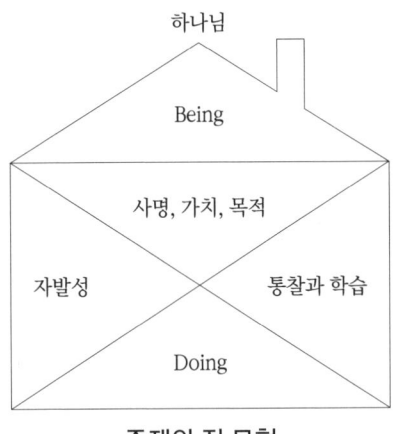

존재의 집 모형

울 때 그분이 가진 무한한 보물을 취할 수 있다. 세월이 지나도 변함없는 고전이 된 『하나님의 임재 연습』에 실린 대수도원장과 대화에서, 로렌스 형제는 이렇게 말하고 있다.[39]

> 저에게는 일하는 시간이 기도하는 시간과 다르지 않습니다. 주방의 소음들과 달그락거리는 소리 속에서 몇 사람이 동시에 여러 가지를 요구하지만, 저는 복된 성사聖事를 무릎을 꿇고 앉아 있는 것처럼 깊은 고요 속에서 하나님을 소유합니다.

새 나라의 시민으로 정체성이 바뀐 우리는 하나님 임재의 시공간에서 자신의 존재를 살피며 돌아보고 자신과 세상을 향한 하나님의 뜻을 깨닫는다. 자신에 깊이 뿌리내린 존재의 샘에서 비롯된 사명/목적/가치/의미를 새기며 우리가 어떤 존재가 되기 원하시는가에 집중하여 변화의 방향을 잡는다.

---

39) 로렌스 형제, 『하나님의 임재 연습 *The Practice of the Presence of God*』, (서울: 좋은 씨앗, 2006), 55.

삶의 시공간을 하나님께 내어 드려 그분의 임재로 충만하게 한다.

통찰과 학습

예수를 따르는 것은 개인의 삶의 방식과 습관 외에 새로운 사고방식을 받아 드린다는 의미이다. 예수가 겪은 40일간의 광야시험은 리더십의 시험이기도 했지만, 말씀의 시험이기도 했다. 그는 이 시험을 말씀으로 이기고 하나님 나라의 복음을 선포하셨다.

어린 양의 혼인 잔치에 초청은 받은 자들은 하나님의 참되신 말씀이라고 요한은 말한다.[40] 이제 말씀의 존재가 된 우리는 성령의 도우심으로 통찰하고 학습을 거듭한다. 나의 관점을 돌아보고 다른 관점을 받아드리며 사명/목적/가치/의미에 비추어 인식의 전환을 거듭 추구한다. 문제에 봉착하며 해결책을 찾기 전에 자신의 존재로 돌아가 성찰하고 존재에서 나오는 그 의미를 되새겨 본다. 세네카는, "위대한 사람은 그가 실제 당신과 함께하는 때는 물론, 당신의 생각 속에 있을 때에도 당신을 성장시킨다."고 말했다. 성장은 노력의 정도가 아니라 통찰과 학습의 정도에 달려있다.

그리스도와 연합 속에 새롭게 통찰하고 거듭 학습한다.

DOING

베드로를 다시 만난 부활하신 예수가 거듭 말한 '네가 나를 사랑하느냐?'는 물음은 제자를 향한 단순한 순종을 넘어 사랑이라는 도전이고 예수의 우리를 향한 원함이다. 사랑의 섬김은 리더십의 전복성을 배우고 따르는 자의 존재 방식이며 삶의 방식이다.

---

40) 요한계시록 19:9

전 세계 리더들이 선택한 리더십의 교과서, 『영적 리더십』을 쓴 헨리 블랙커비는 이렇게 쓰고 있다.[41]

> 영적 리더십의 궁극적 목표는 숫자로 나타나는 결과의 성취나 완벽한 일 처리가 아니다. 사람들을 현재 자리에서 하나님이 원하는 자리로 데려가는 것이다. 즉 사람을 향한 하나님의 일차적 관심은 결과가 아니라 관계다. 하나님과 바른 관계를 맺어야 하는 소명이 직업보다 우선한다.

하나님 나라의 삶은 하나님의 일을 하나님과 함께, 또 예수를 따르는 사람들과 함께함을 뜻한다. 이를 위해 하나님이 주신 고유한 재능이 강점이 될 수 있도록 노력하여 성장을 북돋는다. 그들과 함께함으로 동기부여하고 각자의 고유한 능력을 발견하고 합력하게 돕는다. 미래의 세울 사람의 싹을 발굴하고 키우고 맡기고 세운다.

그리스도를 따르는 제자는 자신 안에 일어난 변화의 기폭으로 배움과 성장을 거듭하는 사람이며 함께 하는 사람들 안에 동일한 변화의 인자를 심고 성장하도록 연결한다.

자신을 돌아보고 또 다른 사람을 도와 함께 성장을 도모한다.

자발성

요한은 그의 책 여섯 번째 장 전체를 독특한 방식으로 전개한다. 표적과 '생명의 떡' 선언 사이에 예수가 물 위를 걸은 사건을 다른 저자의 서술보다 간략하게 삽입하고 있다. 오병이어의 표적 후 예수는 기도하러 산에 가셨고 제자들

---

41) 헨리 블랙커비, 『영적 리더십 Spiritual Leadership』, (서울: 두란노, 2014), 179.

을 재촉하여 배를 타고 건너편으로 가게 했다. 때는 한밤중, 갈릴리 바다 한중간, 풍랑 속에 갈 곳 모르고 애쓰고 있던 그들에게 예수가 물 위로 걸어오셨다. "내니 두려워 말라!" '스스로 존재하는' 예수를 발견하면 파고도 두렵지 않다. 그를 기뻐 맞아들이고, '배는 그들이 가려던 땅에 이르렀다.' 이미 오천 명을 먹인 놀라운 사건을 경험한 그들에게 바다 위 높은 파도는 어떤 의미인가?

아무리 오천 명이 경험하고 제자들이 목격했다 해도, 그것이 제자들의 존재와 관련되어 삶의 경험이 되지 않으면 소용없다.[42] 예수의 리더십은 그들이 홀로 굳게 설 수 있을 때까지 함께하여 그들이 가려는 목적지를 찾고 거기에 당도하게 한다.

예수가 남긴 무형의 유산Legacy는 무엇일까? 예수가 탄생했을 때 그의 이름은 임마누엘이었다.[43] 우리와 영원히 함께하시는 목적은 제자 각 사람이 '굳게 섬'을 돕기 위해서이다. 이미 다른 한 가지도 예비해 두셨다. 수직적인 면에서 임마누엘 하실 뿐 아니라 공동체라는 수평적 장치를 마련해 놓으셨다.

예수의 길을 걷고자 함은 우리의 자발적 마음에 달려있다. 마음에 품은 아무리 좋은 일도 우리가 선택할 때 비로소 현실로 바꿀 수 있다.[44] 우리가 항로를 찾고 바다 한가운데 파고를 헤치며 자발적으로 나아갈 때, 하나님은 함께하며 역사하여 목적지에 다다르게 하신다.

굳건히 서게 하여 자발적으로 목적지와 항로를 찾아가게 돕는다.

---

42) 빌 헐, 『제자 삼는 자 예수 그리스도 *Jesus Christ Discple Maker*』, (서울: 요단출판사, 1994), 188.
43) 이사야 7:14, 마태복음 1:23.
44) 달라스 윌러드, 『하나님의 음성 *Hearing God: Developing a Conversational Relationship with God*』, (서울: IVP, 2016), 7.

2장 · 리더십 원리의 현재성: Back to the Present

과거에서 예수의 리더십 모형과 존재의 집 모형을 갖고 현재의 비즈니스 세계로 돌아온 리포터를 맞이한 것은 맥킨지 쿼털리McKinsey Quarterly의 한 기사였다. 맥킨지의 2015년 연구는, 먼저 전 세계 다양한 산업에 걸친 여러 규모 7,500에서 3십만 명의 81개 기관으로부터 조사를 통하여 스무 개의 리더십 행동 Leadership Behavior를 도출했다. 그다음, 그 기관의 18만 9천 명의 사람들을 조사한 결과, 효과적 리더십의 90퍼센트를 차지하는 네 가지를 찾아냈다. 즉 효과적 문제 해결, 강력한 성과 내기, 다른 관점 수용 및 추진, 다른 사람 이해 및 지지라고 한다.[45] 앞의 두 개는 리더 자신의 역량이고, 나머지 둘은 리더의 대인 관계 능력을 대변한다.

최근 출간 도서를 하나 집어 들자 색다른 조사 결과를 쏟아 냈다. 밀레니엄 세대와 Z세대에서 발견한 여섯 가지 주요 변화에 대해서다.[46] 이전 기사와 불과 5년이 지났는데, 패러다임이 달라졌다. 여섯 가지를 요약해 보면, 월급만을 위해 일하기보다 목적을 원한다. 직업에서 만족을 더 이상 추구하지 않고 발전을 추구한다. 상사이기보다 자신을 소중히 여겨주고 능력을 발휘하게 도와주는 리더를 원한다. 성과 평가보다 지속적인 대화를 원한다. 약점에 집착하기보다 강점 극대화를 원한다. 단순히 직업이 아니라 내 삶이다.

---

45) Claudio Feser, Fernanda Mayol, and Ramesh Srinivasan, *Decoding leadership: What really matters*, McKinsey Quarterly, January 2015에서 직접 번역함.
46) 짐 클리프톤, 짐 하터, 『강점으로 이끌어라 *It's the Manager from Gallup*』, (서울: 김영사, 2020), 31.

과거에서 가져온 리더십 모형이 급변하는 현재에도 통할까? 게다가 부상하는 새 세대의 욕구를 수용할 수 있을까? 과거로 돌아가 얻었던 리더십의 일곱 가지 원리를 하나씩 책받침 깔 듯 밑바탕에 대고 현재 기업의 리더십 당면 과제를 비추어 본다.

1. 리더십은 레더십(Ledership)이다

리더십은 존재와 관련되므로 먼저 어디서 온 것인지 탐구가 우선이다. 유진 피터슨은 이렇게 말하고 있다.[47,48]

> 리더십은 기술이 아니라 기술을 차용해 올 뿐이다. 리더십은 자신의 모든 것[Being]과 자신이 하는 모든 일[Doing]을 가득 채우는 삶의 방식이다.…그러나 가장 중요한 것은 예수님을 따르는 방법이다.… 예수를 따른다는 것은 예수에게서 보고 듣는, 천국의 삶과 일치하는 삶의 방식 - 말하고 생각하고 상상하고 기도하는 방식 - 을 그대로 따르는 것이다. 이러한 따름은 지도자의 성품과 태도를 지닌 삶의 방식으로 들어가게 된다. 따름은 지도자가 하는 것과 자신이 하는 것을 구별할 수 없다는 의미이다. 지도자의 지위에 있는 사람에게 따름의 기술은 리더십 기술보다 우선한다. 예수를 따른 것에 근거하지 않는 리더십은 교회나 세상 모두에게 위험할 뿐이다.

예수가 보여준 리더십은 '아버지를 따름'에서 나온다. 이를 거듭 강조하셨

---

47) 로버트 뱅크스, 베니스 레드베터, 『신앙의 눈으로 본 리더십 *Reviewing Leadership*』, (파주: 살림, 2008), 212.
48) []안의 영문은 필자가 삽입한 것임.

을 뿐 아니라, 이를 거스르는 어떤 시도나 유혹도 단호히 뿌리치셨다. 하나님이시나 인간이신 그는 어떤 상황에서도 삼위 하나님과 연합하여 삶과 일을 수행하셨다. 그러나 때때로 대중의 인기와 요구는 크나큰 압박이자 그럴듯한 망설임의 빌미가 될 수 있었다. 그는 습관적으로 자신을 위해 시공간을 떼 내어 지혜롭게 대처하셨다.

격동의 세상 한복판에서 지나온 길을 돌아보고 앞길을 가늠하며 자신의 존재를 재확인하는 시공간이 필요하다. 계속되는 세속적 당위성의 명분은 언제라도 리더십의 가장 큰 도전이 될 수 있다. 이 시대 탁월한 영성의 길을 제시한 헨리 나우웬은, 4세기 사막 교부들이 보여준 사막 영성에서 영감을 받아 세 가지, 고독과 침묵과 기도를 회복하라고 제시한다.[49]

그는 "고독은 세상을 구하기 위해 세상에서 벗어나는 것이고, 침묵은 단지 입을 다무는 것이 아니라 하나님으로부터 말하는 것을 배우는 것이며, 기도는 하나님의 영광을 위함인지, 내 영광을 위함인지를 분별하는 것이다."라고 말한다.[50] 벗어나 듣고 분별함은 세상의 방해를 막으며 성령의 임재 안에서 살아가는 최선의 길이다. 이럴 때 온전히 하나님의 현존 가운데 거하며 그의 리드를 받을 수 있다.

이제 리더십을 이렇게 정의할 수 있다. '리드Lead'의 피동형은 영어로 'Led'로 거기에 사람을 뜻하는 'er'를 추가하고 'ship'를 합하면, '레더십Ledership'이 된다. 예수를 따르는 제자의 레더십은 성령이 임재하는 존재의 집에서 나오고 레더십의 영향이 미치는 사람들에 의해 부여되고 만들어진다. 그러므로 이중의 '리드 당함'이다.

조직 속에 리더의 자리는 스트레스가 많은 대신 외롭고, 지대한 권한이 주

---

49) 헨리 나우웬, 『마음의 길 *The Way of the Heart*』, (서울: 두란노, 2015), 20.
50) 위의 책, 2, 8, 9.

어진다. 역으로, 오히려 스타 의식이나 영웅적 리더십의 심리에 노출되기 쉽다. 구성원 각자에게는 하나님이 동일하게 주신 고유의 은사와 은혜가 있다. 관심과 존중과 이해를 그들에게 먼저 보일 때 건강하고 친밀한 관계가 형성될 수 있다. 관심은 마음 기울임과 우선순위에 대한 것이고 시간의 할애를 내포한다. 기업에서 고위 임원으로 올라갈수록 바쁘다는 말을 많이 한다. 자신이 쓴 시간을 정기적으로 분석해보면 자신의 관심사가 어디에 있는지 바로 알 수 있다. 조직의 아래로 갈수록 윗사람의 관심사에 민감하고 눈치를 보게 마련이다.

사랑의 출발은 관심에서 비롯된다. 사랑할 때 사랑받는다. 그러나 한 가지 나쁜 소식은 상처를 각오해야 한다는 점이다. 결국 사랑함은 상처받음을 전제하고, 무엇이든 사랑하면 당신의 마음은 슬픔에 짓눌리고 어쩌면 갈기갈기 찢어질 수도 있다.[51]

2. 리더십은 변화의 눈이고 방향이다

경영 사상가 찰스 핸디는 "미래는 피할 수 없는 것이 아니다. 우리가 원하는 것이 무엇인지 안다면 우리는 그것에 영향을 미칠 수 있다."라고 말했다.

리더가 처음 부임하면 뭔가 새로운 일을 해야 한다는 강박감이 짓누른다. 강력한 태풍은 그 중심인 눈에 가까이 갈수록 고요해지지만, 거기서부터 빙빙 돌며 원심의 시계 반대 방향으로 바깥을 향해 힘이 뻗어나간다.[52] 천천히 이동할 때 그 파괴력은 오히려 더 커진다. 그러나 착각하지 말아야 한다. 리더가 혼자서 바꿀 수 있는 건 없다. 변화는 리더가 주도하는 것이 아니라 구성원에게

---

51) C. S. 루이스, 『네 가지 사랑 Four Loves: The Much Beloved Exploration of the Nature of Love』, (서울: 홍성사, 2019), 248.
52) https://ko.wikipedia.org/wiki

운전대를 내어 주는 기술이다.53

맥스 드 프리에 의하면 리더의 첫 번째 책임은 자기 조직의 현실 파악이다.54 현재의 일에 몰두하고 있는 구성원들은 큰 그림에 관심이 없거나 보지 못할 수 있다. 리더의 일은 먼저 자신과 조직에 필요한 변화를 규정하는 데에서 시작한다. 어느 기업 내 조직이나 리더 개인과 관계없이, 전통, 신념, 가치체계, 성공법칙에 대한 조직 기억Institutional Memory이 있기 마련이다.

먼저 리더는 자신의 존재를 돌아본다. 나는 어떤 리더이고, 어떤 리더가 되고 싶은가? 나에게 무엇이 요구되고, 그래서 어떤 기여를 할 수 있을까? 결국 나는 어떤 리더로 기억되고 싶은가? 새로운 일은 비즈니스 존재 목적에서 출발해야 한다. 만일 우리 회사가 세상에 존재하지 않는다면 무슨 일이 벌어질까? 우리 회사는 어떤 업에 몸담고 있는가? 이 기업이또는 내가 그만해야 하는 것은 무엇인가? 세상 사람은 왜 이 비즈니스에 관심을 기울일까? 세상에서 가장 필요한 것 중에 회사만이또는 나만이 고유하게 제공할 수 있는 것은? 만만치 않은 질문들이다.

답을 하려면 깊이 생각해야 하고 리더 혼자 답할 수 없다. 현실 상황에서 가장 본질적인 질문이 무엇인지 찾는 것이 우선이다. 이 과정에서 구성원들의 참여를 높이고 그들이 스스로 도출해 낸 변화의 의미와 방향을 선택하고 결정하게 하면 변화에 대한 인식이 바뀌고 자발성을 고취할 수 있다.

리더는 때때로 분명한 답을 찾기 어려운 문제에 부딪히기도 하고 선택의 딜레마에서 출구가 캄캄한 상황을 만난다. 좋은 질문은 관점을 자극하고 인식을 바꾼다. 알버트 아인슈타인의 말처럼, "문제를 일으킨 것과 같은 수준의 생각으로는 문제에서 벗어날 수 없다." "한 시간이 주어진다면, 55분은 그 문제에

---

53) 신수정, 『일의 격』, (서울: 턴어라운드, 2021), 162.
54) 맥스 드 프리, 『리더십은 예술이다 Leadership is an Art』, (서울: 한세, 2003), 11.

대해 생각하고, 나머지 5분은 해결책을 찾는 데 사용할 것이다."⁵⁵

많은 리더가 회사의 방향과 조직 내 각 부서, 팀과의 정렬Alignment을 고심한다. 먼저 공통의 언어가 필요하다. 질문도 좋은 도구이다. 전 조직을 향한 큰 질문이 있다면 각각의 작은 조직이 큰 질문에 가지 친 질문을 만들고 이어 각자에게 던질 질문을 찾는다. 전사적으로 흔들만한 강력한 질문을 공모하여 구성원의 관심과 참여를 유도할 수 있다.

질문은 리더의 취약성을 드러낸다고 생각하기 쉽다. 그래서 쉽게 지시를 선택한다. 역으로, 지시를 질문으로 바꾸면 중심이 질문받은 사람으로 이동한다. 생각해야 질문하고 질문하면 생각하게 된다. 좋은 질문은 본질을 추구하고 질문자와 답변자 모두의 관점을 바꾼다. 리더가 할 수 있는 좋은 질문은 호기심에서 나온다. 질문하는 사람이 자기가 가진 의견, 주장, 결론 등과 다른 무엇이 궁금해야 한다. 질문받은 사람이 정말 호기심을 갖고 물었다고 느끼는지가 중요하다. 진정성을 알아채면 그 영향은 지대하다. 다른 사람의 관점에서 보게 되고 자신과 무엇이 어떻게 다른지 인식하게 한다. 변화는 관점이 바뀔 때 비로소 힘을 얻고 성장하려는 자신감을 장착한다.

리더는 질문받기를 꺼린다. 그런 문화에서 자라지 않아 불편하게 느껴지기 때문이지만 자신도 질문하는 습관이 익숙하지 않은 이유다. 질문이 조직 내에서 자연스럽게 오가지 않으면 변화의 동인을 조직 내에서 만들어 내기 쉽지 않다. 피터 드러커는 매일 습관처럼 다섯 가지 중요 질문을 스스로 던지라고 말하기까지 한다.⁵⁶

이 시대 비즈니스는, 기술 확보를 위한 전쟁이기 전에 퍼스펙티브Perspective 선점 다툼이다. 에어비앤비는 '여행지의 숙박시설을 공유할 수 없을까'라

---

55) 이 두 인용의 출처는 불분명하나 아인슈타인의 말로 여겨진다.
56) 피터 드러커 외, 피터 드러커의 최고의 질문 Peter Drucker's Five Most Important Questions, (파주: 다산북스, 2017), 278.

는 물음에서57 시작되었다. 두 창업자가 세운 테슬라를 일론 머스크가 인수 후 '자동차는 하드웨어가 아니라 소프트웨어이고 바퀴 달린 움직이는 컴퓨터'라고 인식했다.58 오픈에이아이OpenAI는 인공 일반 지능AGI Artificial General Intelligence의 잠재적 이익 또는 해를 가늠하기 위해 작은 연구소에서 출발했다.59

리더는 의사 결정자이며, 바른 결정을 하려면 생각해야 하고 방해받지 않는 시간이 필요하다. 빌 게이츠는 때때로 격리되어 '생각 주간Think Week'을 갖고 기술의 미래를 숙고하며 마이크로 소프트의 미래를 구상하곤 했다.60

리더는 통찰하는 구심점이자 동시에 통찰을 불러일으키는 원심점이다. 조직에서 변화는 어렵다. 조직과 리더는 변화라는 끈으로 이어져 있다. 변화 방식에 어떤 결함이 발견되면 오히려 통찰의 기회이고 날마다 스스로 던지는 질문이어야 한다.61 리더 자신은 이에 예외일 수 없고 스스로 내린 의사결정이 이 변화에 도움이 되는가 아니면 그렇지 않은가 면밀하게 검토해야 한다.62

3. 소통방식은 리더십의 태도이다

소통방식을 보면 리더십 스타일을 알 수 있다. 리더십의 관점에서 소통 스킬에 대한 많은 연구는 이 시대가 소통을 중요시하고 있음을 보여준다. 그런 노력에도 불구하고 진전이 더디다는 증거는 여러 곳에서 발견된다. 앞서 리서

---

57) https://ko.wikipedia.org/wiki/에어비앤비
58) 김성준, 『전략적 사고의 11가지 법칙』, (서울: 포르체, 2024), 30.
59) https://ko.wikipedia.org/wiki/오픈AI
60) Morgan Housel의 블로그 Collaborative Fund에 게재한 기사, Lazy Work, Good Work, May 27, 2024에서 직접 번역함.
61) 사티아 나델라, 『히트 리프레시 Hit Refresh』, (서울: 흐름출판, 2018), 165.
62) 위의 책, 166.

치에서 보여준 새 세대의 요구도 그 일부다. 이는 소통이 리더십의 태도와 관련이 있다는 근거이기도 하다. 리더들이 소통에 소극적인 이유는 약함을 드러낸다고 보기 때문이다. 앞에서 본 리더십 원리는 역설적으로 소통을 중심에 둔다.

조직 내에서 소통은 대개 일방적이고 지시, 점검, 평가, 피드백에 초점을 두거나 의견 교환 정도이다. 리더의 말버릇은 전염성이 있고 조직 문화에 악영향을 줄 수 있다. 성과 지향에서 관계 지향과의 균형을 어떻게 갖출 수 있을까? 리더의 태도에서 시작할 수 있다.

빠른 변화와 문화적 다양성의 세계에서 다른 사람들을 이해하고 협력함이 더 중요해졌다. 에드거 샤인과 피터 샤인 부자의 공저, "리더의 질문법"에서 최고의 리더십은 겸손한 질문에서 나온다고 한다.[63] 겸손한 질문의 태도는 호기심, 열린 마음, 서로 경청하는 법을 배우고 상대방을 논쟁으로 굴복시키기보다 공유된 맥락에 대해 공감대를 형성하여 대화를 통해 통찰을 이끌어 낼 수 있다.[64]

사람들은 거북한 대화를 회피하고 싶어 한다. 대화의 과정이나 결과를 통제할 수 없기 때문이다. 실제 논제와 관련 없는 이야기를 하거나 다른 의견을 공격하거나 틀릴지 몰라 가만히 있거나 어떤 반응을 할지 재면서 그냥 그렇게 있을 수도 있다. 이때 호기심은 진실하게 대화를 이끌어 가게 하고 쟁점을 파악하고 시야의 간극을 좁힐 수 있다.

호기심은 취약성과 용기의 양면적 측면을 갖고 있다.[65] 리더가 자신의 개인적인 이야기를 공유하는 것도 하나의 방법이다. 개인의 삶을 이야기를 하면 구성원들이 리더의 목표와 관점과 열정과 가치관을 이해할 수 있게 된다. 리더도

---

63) 에드거 샤인·피터 샤인, 『리더의 질문법 Humble Inquiry』, (서울: 심심, 2022), 32.
64) 위의 책, 34.
65) 브레네 브라운, 『리더의 용기 Dare to Lead』, (서울: 갤리온, 2019), 245.

자기들과 마찬가지로 고민하고 애쓰며 이루려는 바에 공감대를 형성할 수 있다. 또 한 가지는 구성원들에 대해 때때로 소소한 관심과 호기심을 보이는 방법이다. 아이들의 이름을 기억한다든가 들었던 자잘한 가정사를 기억하고 물어보면 된다.

지극히 사소한 순간이 신뢰를 형성한다. 신뢰는 영웅적인 행위, 눈에 띄는 행위가 아니라 관심을 보이고 경청하는 행위, 즉 진정한 마음으로 배려하고 관계를 맺는 행위를 통해 얻어진다.[66] 공감의 능력은 점점 더 리더십에 중요한 자리를 차지하고 있다. 대화의 상대방을 이해하려는 태도는 공감의 핵심이다. 노력하는 모습만으로도 관계 구축에 도움이 된다. 제대로 공감하려 하기보다 그냥 표현하면 상호작용이 시작된다.[67]

마이크로소프트MS의 영혼을 되찾은 현 CEO인 사티아 나델라는 이렇게 말했다. "나는 결코 완벽하지 않다…그저 그동안의 경험 덕분에 나날이 많은 사람에게 더욱 깊이 공감하는 법을 배웠을 뿐이다…나는 MS의 제품으로부터 MS의 시장, 직원, 소비자, 파트너에 이르기까지 내가 따르는 모든 존재 한가운데 공감이란 말을 심고자 한다."[68] 그는 MS 내에서 공감 능력이 준 영감과 새로운 아이디어를 결합하여 기술 개발을 이룰 수 있었다. 그의 믿음의 방정식, 즉 '공감 + 공통된 가치 + 안전과 신뢰성 = 시간이 흐르는 동안 쌓이는 상호신뢰'라는 등식은, 관련된 사람들의 가치와 경험을 존중하고 이해하는 공감으로 신뢰를 얻을 때, 탐구하고 실험하고 표현하는 데 결정적 역할을 한다는 의미다.[69] 디지털 시대일수록 신뢰는 더 중요해지고 있다.

소통이 잘되는 조직은 어떤 유익이 있는가? 리더에게 의사결정은 삶이다.

---

66) 위의 책, 59.
67) 로버트 월딩거, 마크 슐츠, 『행복탐구보고서 The Good Life』, (서울: 비즈니스북스, 2023), 227.
68) 사티아 나델라, 『히트 리프레시 Hit Refresh』, (서울: 흐름출판, 2018), 26.
69) 위의 책, 277, 278.

무엇에 근거하여 결정하는가? 비즈니스의 많은 일Activity은 현장에서 일어나고 아랫사람들이 거기 가장 가까이 있다. 그런데 의사결정은 탑이 한다는 게 모순이 아닌가? 이는, 피터 드러커가 말했듯, 의사결정의 효과성과 관련 있다.70) 리더가 결정하는 이유는 올바른 결정을 위함이다. 효율성을 위한 결정은 위임Empowerment 하면 된다. 리더에게 가장 큰 적은 소통의 고립된 섬에 갇힌 채 내리는 결정이다.

조직 내 신뢰와 안전감이 바탕이 된 소통은 정보의 왜곡과 소외를 메워 정보의 흐름을 돕는다. 리더는 자주 현장을 방문하여 관찰하고 일선 경영자와 구성원들과 현장에서 상호 질의응답을 하게 되면, 변화가 어디까지 미치는지, 어떤 변화가 필요한지 알아차릴 수 있다.

그러면 성과로 이어질까? 그렇지 않을 수 있다. 그러나 올바른 의사결정을 지속하면 성과로 나타나게 마련이다. 그러므로 성과는 올바른 의사결정의 결정체結晶體다. 의사결정자로서 리더는, 합리적인 판단에 근거한 내면의 확신에 따라 올바른 결단을 내릴 수 있지만, 사람들을 당장 만족시키거나 동의를 기대할 수 없다는 전제를 인지해야 한다. 결정 시 가장 중요한 기준은, 기업의 존재, 목적, 가치, 의미에 있다. 끊임없이 질문을 계속하다 보면 답에 이른다.

리더가 쉽게 실수하는 부분이 있다. 소통 잘했다고 만족하지만, 실상 설득하거나 유도하거나 확신을 드러내거나 하며, 자기 확신 강화 과정으로 사용한 경우다. 본질을 역행한 오류다.

리더가 잘 사용할 때 효과적인 소통 스킬에 비유를 활용한 시각화가 있다. 구성원들을 쉬운 언어로 볼 수 없는 무언가를 시각적 이미지로 그려 이해시키는 방법이다. 리더 자신이 그렇게 소통하는 방법뿐 아니라 구성원 스스로가 그

---

70) 피터 드러커는 『자기 경영 노트』에서 일을 제대로 하기(Do things right)보다 올바른 일을 하라(Do the Right Thing)고 했다. 전자는 효율성, 후자는 효과성과 관련된다.

려보게 하면 주인 의식이 높아진다.

4. 리더십은 가능성에 물주기이다

리더는 자신보다 능력이 부족한 사람을 자기 아래에 두기 쉽다. 그러면 기업 전체는 리더의 역량 수준에 따라 규정된다. 조직이 소속된 인재의 합을 뛰어넘으려면 집단의 힘, 즉 집단지성Group Intelligence을 발휘할 수 있게 해야 한다.[71] 그 반대는 집단 사고Groupthink이다.

리더십은 '정원 가꾸기와 같다'고 말한다.[72] 리더는 구성원들이 잘 성장할 수 있도록 환경을 만들어 주고 시비와 물주기를 제때 해야 한다. 정원 전체를 어떻게 가꿀 것인지 개념도 필요하지만, 각 식물이 가진 개성과 발화 시점, 햇빛의 선호도, 비료의 적합성 등 세심한 관심과 노력이 필요하다.

앞에서 정리한 리더십 모형의 초점은 사람에 있다. 예수는 나다나엘을 처음 만났을 때 그의 미래 모습이 이미 이루어진 것처럼 대하였을 뿐 아니라, 더 큰 일을 보여주겠다고 하셨다. 베드로의 좌충우돌하는 성향과 세 번의 부인에도 불구하고 그를 끝내 '사람 낚는 어부'로 세우셨다.

기업에서 성과를 일궈내는 주체는 구성원이다. 그럼에도 조직 내에 일과 사람의 이분법이 작동한다. 최근 각 사람이 가진 고유의 재능과 능력에 기업도 관심을 기울이기 시작했다. 전 세계인이 가장 많이 본 TED 강연 Top 5 중 유명 연사인 브레네 브라운은, "리더는 지위나 권력을 휘두르는 사람이 아니다. 사람이나 아이디어의 가능성을 알아보고 그 잠재력에 기회를 주는 용기 있는 사람이다."고 했다.[73]

---

71) 집단지성에 대해서는 뒤에 다시 다룬다.
72) 샤피 바칼, 『룬샷 Loon Shots』, (서울: 흐름출판, 2020), 264.
73) 브레네 브라운, 『리더의 용기 Dare to Lead』, (서울: 갤리온, 2019), 7.

오늘날 직장과 근무 환경의 변화 속도는 기술 혁신과 동반하며 대처 방안마저 난감하게 만든다. 갤럽의 한 조사에 의하면, 다양성 범주가 확장되고 있고, 포용이 리더의 우선순위에 높은 자리를 차지하고 있다고 한다.[74] 조직의 포용성을 높이는 방법은 약점보다 강점에 초점을 둘 때다. 조직의 구성원은 각자 자신만의 가치를 알아주기 바란다. 인재 개발 전략을 거기에 그치지 않고 개인의 발현되지 않은 잠재력까지 찾아내 활용되게 하면, 구성원들이 자기 동기에 의해 자발적으로 몰입하고 성과에 집중할 수 있게 된다.

실제 활용하여 좋은 결과를 내었던 방식으로, 조직 내 여러 팀이나 부서에 강점에 기반을 둔 창의적인 발탁 인사와 팀 구성에 적용해 볼 만 하다. 이를 피드백하여 키우고 맡기고 세우는 베스트 프랙티스 Best Practice를 만드는 방법을 고려해 볼 수 있다. 인재 키우기는 장기 투자이다. 각 사람의 미래 모습을 미리 정해 보고 지속적 투자의 트랙 레코드 Track Record를 추적해가면 각각의 미래상이 어떤 변화를 나타내는지 확인할 수 있다. 팀장 이상 후보 심사 시 성과 항목에 인재 발굴과 양성 사례 포함을 고려해 볼 수 있다.

조직 내 고성과자에게는 권력이나 지위보다 기량을 마음껏 발휘할 수 있게 하느냐가 중요하다. 맡기고 세우고 도전하게 하면 날개를 펼친다. 반면, 저성과자는 그가 지닌 강점과 자원이 어떻게 활용되는지 진단이 먼저이다. 잠재력에 비해 성과가 약하면, 일을 경험하며 배울 수 있게 하거나, 잠재력 자체를 일깨워 준다. 그의 삶의 방식이나 가치관, 기대가 기업과 병행하는지 확인도 중요하다. 무엇보다 기업이 그를 귀중한 인재로 대하는지 구성원은 너무나 잘 안다.

새로운 세대는 가치관이 아주 다르다고 흔히 말한다. 그러나 문제는 정작

---

74) 짐 클리프톤, 짐 하터, 『강점으로 이끌어라 It's the Manager from Gallup』, (서울: 김영사, 2020), 140.

다른 데 있다. 일을 싫어하기보다 기존의 일하는 방식이 싫기 때문이다.[75] 문제를 잘못 정의하면 해답도 과녁을 빗나가기 마련이다.

5. 리더십은 상호보완적 관계성에 기초하는 공동체적 경험이다

사도 요한이 구성한 일곱 번의 '나는 ~이다' 중 가장 리더십에 가까운 단어는 '목자'라는 비유이다. "나는 선한 목자라 내가 내 양을 알고 양도 나를 아는 것이 아버지께서 나를 아시고 내가 아버지를 아는 것 같으니…"[76] 이 비유가 보여주는 리더십의 핵심은 '서로 앎'이다. 여기서 목자와 관련하여 다섯 가지 상징 - 양 우리, 문, 문지기, 목자, 양 - 으로 표현된다. 이 다섯이 '서로 앎'의 관계성을 고리로 연결하고 있다. 공동체인, 양 우리의 문지기는 아버지이고, 예수는 목자이자 문이 되어 양들을 이끌어 우리를 드나들게 한다.

그리스도를 따름은, 진리인 그를, 삶의 모든 영역에서 전인적 경험으로 알아 감을 수반한다. 현실적으로 우리의 앎은 진행형이다. 그럼에도 리더가 가진 제한적 조건적 관계성이, 하나님의 무제한적 무조건적 사랑의 통로로 택해졌음은 목자 리더십의 신비이다.[77] 예수 리더십의 원리는 공동체성이다. 공동체 안에서 리더십은 상호보완적 지체로 유기적으로 연결된다. 그렇지 않으면, 힘으로 통제하려고 하거나 권력을 독선적으로 사용하려는 특성을 보이게 된다.

기업도 공동체적 조직을 닮을 수 있다. 구성원들이 조직에 대한 사명과 가치를 공유하고 공동의 목표를 이루기 위해 공동체성을 지닐 때 가능하다. 공동

---

75) 회식 문제도 회식 자체의 기피보다 단지 상사에게 비위 맞추는 회식을 싫어하기 때문이라는 예화가 잘 보여준다. 신수정, 『일의 격』, (서울: 턴어라운드, 2021), 208.
76) 요한복음 10:14, 15
77) 헨리 나우웬, 『예수의 이름으로 In the Name of Jesus』, (서울: 두란노, 1991), 62.

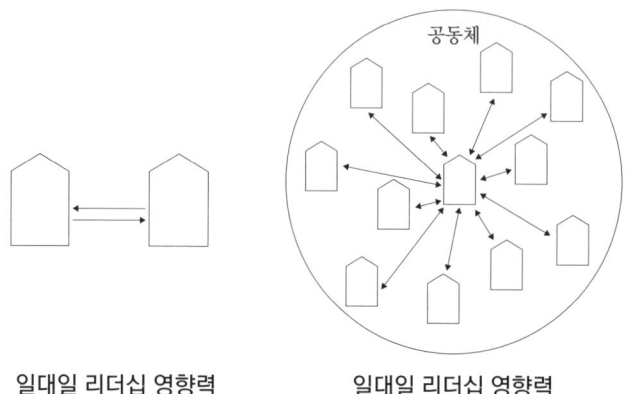

일대일 리더십 영향력　　　일대일 리더십 영향력

체성은 뚜렷한 정체성, 높은 소속감, 그리고 단단한 결속력으로 공동체적 특성을 유지하고 발전시킨다. 공동체의 역사와 그 속에 담긴 사람 이야기에 대한 기억과 스토리 텔링이 공동체 의식을 높일 수 있다. 공동체 내에 이런 경험이 회자 되고 거론되고 전해져 내려오는 조직은 어떤 난관도 극복하는 힘을 키우게 된다. 히브리 공동체가 좋은 예다.

　공동체적 조직이 가져다주는 드러나지 않는 혜택은 집단지성의 힘이다. 지금의 삼성이 있게 한 것은, 여러 가지가 있겠지만, 특별히 최고 정신에 기반한 최고의 인재들을 영입하고 잘 활용해서 이룬 집단지성의 결과라고 생각한다.[78] 삼성 출신은 구인 시장 Head Hunter에서 선호 대상일 뿐 아니라, 스타트업 창업자가 삼성 출신이면, 성공 가능성에 가점을 주고 투자받기도 훨씬 쉽다.

　한편, 공동체 의식이 너무 강하면 변화에 무디고 저항하는 약점을 지닌다. 축적된 경험이 역작용으로 나타날 때이다. 최근의 연구 결과는 '경험의 덫'[79]

---

78) 그 중 대표적인 예가 삼성경제연구소를 설립하여 국내 최고의 싱크 탱크로 만들기 위해 전 세계에서 인재를 끌어모으고 아낌없는 투자를 했다. 김성준, 『전략적 사고의 11가지 법칙』, (서울: 포르체, 2024), 400.

79) 경험이 부족할 때는 성과가 나지 않다가 경험이 축적되면서 성과가 급속히 올라가다 어느 시점을 지나면 성과가 정체되거나 하락하는 현상을 말한다.

을 벗어나기 위한 몇 가지 방법을 제안하고 있다.[80, 81] 먼저 구성원들의 생각을 평가하지 않고 낸 아이디어를 상호보완한다는 자세로 대한다. 즉 '함께 만든다'는 태도로 구성원들이 서로 생각을 교환하고 더 좋은 방법을 찾아보도록 지원한다. 작은 차이에 주목하고 격려와 지지를 보내어 그것이 발현될 수 있는 환경을 만든다. 여기에는 실패하더라도 시도해 보도록 길 터줌이 포함된다.

예수의 리더십의 초점은 공동체를 통해 서로의 필요를 채워 더 큰 일을 이루어 내는 데 있다. 이것이 하나님 나라의 방식이다. 이럴 때 세상의 파워 게임을 닮지 않고 아버지가 이끄는 예수가 보인 리더십을 닮을 수 있다.

6. 리더십은 같은 곳을 향한 '함께 오름'이다

리더는 홀로 빛날 수 없다. 함께 빛나야 한다. 세상 사람들은 특정인의 리더십을 칭송한다. 그 높임 속에 함께 이루어 낸 여러 사람이 들어설 자리는 매우 좁다. 밤하늘의 별이 오직 하나만 크게 빛날 때 찬란하다. 그러나 시골에서 무심코 본 밤하늘에 무수한 별들이 쏟아지면서 만들어지는, 말할 수 없는 장관에 자신도 모르게 "와아~!"의 탄성을 터트린다.

이름이 기억나지 않는 책 속에 읽었던 잊히지 않는 이야기가 있다. 어느 나라에 왕이 큰 잔치를 앞두고 현상 공모를 했다. 선정된 두 사람의 화가는 잔칫날에 맞춰 벽에 그림을 그려 선보이기로 했고 당일 결과에 따라 포상하기로 했다. 두 벽에는 각각의 베일이 드리워지고 그 내용을 절대 비밀에 부쳤다. 당일이 되어 드디어 한 베일이 벗겨졌고 놀라운 그림이 드러났다. 벽 앞에 선 많은 사람이 이구동성으로 감탄을 발하며 놀라움으로 떠들썩했다. 다른 한 벽의 나

---

80) 김성준, 『전략적 사고의 11가지 법칙』, (서울: 포르체, 2024), 378.
81) 경험의 덫에 빠진 집단과 그렇지 않은 집단을 구분하고, 그중 몇몇 리더들을 인터뷰하여 얻은 결과이다. 위의 책, 376.

머지 베일도 열렸다. 벽에는 어떤 그림도 없었다. 사람들은 어안이 벙벙한 채 웅성거리기 시작했다. 잠시 후 문득 어떤 사람이 이렇게 외쳤다. "앗, 이 그림에 우리가 모두 들어 있네!" 벽은 온통 거울로 가득했다.

리더십은 같은 곳을 향한 '함께 오름'이다. 팀 빌딩을 위해 구성원들과 함께 산 오르기를 자주 했던 기억이 있다. 등정하는 동안, 옆에서 함께 즐겁게 이야기로 시작하다 숨이 턱에 차오르게 되면서 서로 격려하고 도와주고 한 사람도 낙오 없이 목적지에 도달하면, 작지만 땀 흘려 함께 이룬 성취가 뿌듯하다. 게다가 정상에 올라 맞는 시원함과 발아래 펼쳐지는 광경을 함께 내려다보며 각자의 생각을 할지라도, 자연스럽게 메타인지의 기회가 되어 새로운 인식에 도달하기도 한다.

리더십은 함께 성장을 끌어내는 기술이다. 회사가 발전해도 구성원의 성장이 그만 못하면 지속성을 갖지 못한다. 구성원 성장의 총체적 합으로 얻은 결과일 때 더 값지다.

자라나는 세대의 요구는 새롭다. 그러나 역지사지易地思之로 보면, 이제까지 우리 모두의 내면에 담아두었던 잠재된 욕구의 반영이다. 지금까지 다만 드러내고 표현하기를 자제하고 억눌러왔을 뿐이다. 예수가 몸소 보인 본은 우리의 근본적 결핍에 대한 답이다. 알아달라는 욕구의 더 깊은 존재에서 나오는 외침에 귀 기울이는 리더십이 필요한 때.

7. 리더십은 비둘기처럼 순결하고 뱀처럼 지혜로운 기술(Art)이다

사람들은 리더십 원리가 나약하고 비현실적이라고 치부할 수 있다. 실제 리더에게 맡겨진 과업은 쉽지 않고 높다. 왜 예수는 세상과 거꾸로 뒤집은 리더십을 보이셨을까? 왜 세상 방식은 아니라고 하실까? 우리에게 불가능해 보이는 것을 왜 해보라고 하실까? 인간을 창조하신 자가 제일 잘 안다고 하는데, 알고 시킨다면 세상의 괴팍한 리더와 다를 바 없지 않은가?

먼저 하나님이 일하시기 때문이다. 다음은, 우리를 파트너로 택한 이유는 우리를 창조한 목적이기 때문이다. 그리고 우리에게 가장 좋은 것을 주려는 이유다. 마지막으로, 세상을 이기셨고 우리도 그러길 바라시고, 또 그렇게 하도록 함께 하겠다고 약속했기 때문이다.

훈련을 위해 제자들을 세상에 보낼 때, 예수는 이리떼 속에 양을 보냄과 같다고 하시며, 뱀 같은 지혜와 비둘기처럼 순결을 주문하셨다.[82] 이 비유는 여러 가지로 해석할 수 있지만, 이 말씀 후 계속된 이야기 속에 맥락적 의미를 살펴볼 수 있다. 이리떼 속에서 생존하려면, 똑같이 이리가 되던지, 이리의 탈이나 가면이라도 써보라는 요구가 세상이 원하는 처세술이다. 양이 사람의 속성에 대한 비유라면, 이 양에게 이리 흉내 내기가 가능할까? 양이 뱀으로 비둘기로 그때그때 상황 따라 잘 대처하라는 의미일까? 그런데 그게 가능할까? 세상 속에서 하나님 나라 시민으로 살아가는 사람은, 세상이 돌아가는 방식을 잘 간파하고 있어야 대처가 용이하고, 그런 과정에서 가져야 할 자세는 위선이 아닌 진실함이어야 한다.

지혜와 순결은 예수의 산상수훈이 의미하는 바와 상통한다. 이런 영적 분별력은 어디서 오는가? 예수의 참 의도는 지혜롭고 순결한 양들의 선한 목자의 존재와 그가 함께 함을 기억하라고 한 말이 아닐까? 이 말씀의 핵심은 목자 리더십의 주인인 그리스도이다.

세상에 훈련을 위해 보내어졌던 제자들이 돌아왔을 때, 그들의 부족함을 예수는 꾸짖거나 나무라신 적이 없다. 대신 믿음을 일깨우셨다. 우리의 믿음은 언제나 미약하고 보잘 것 없다. 마음 굳게 먹는다고 의지에 따라 쉽게 커지

---

82) 마태복음 10:16

지 않는다. 이 믿음의 원형은 그리스도의 믿음이다. 그리스도를 의지하고 그의 믿음을 소유할 때 그 믿음이 부어진다.

믿음의 시각적 그림은 이스라엘이 출애굽 후 르비딤에서 아말렉과 전쟁할 때 볼 수 있다.[83] 모세는 산 위에서 손을 들고 있고, 아론과 훌이 양쪽에서 계속 손을 붙들어 들고 있게 돕고, 그동안 여호수아가 전쟁을 치러 승리하였다. 전쟁 중에도 그들의 손을 계속 하늘을 향해 뻗고 있었다. 세상 속을 헤쳐 나가는 리더십은 이 믿음에서 나온다.

사도 요한의 그의 서신 요한일서에서 이렇게 말하고 있다.[84] "무릇 하나님께로부터 난 자마다 세상을 이기느니라. 세상을 이기는 승리는 이것이니 우리의 믿음이니라."

---

83) 출애굽기 17:8-15
84) 요한일서 5:4

3장 · 미래를 향한 실천적 대안, 코칭 리더십: Forth to the Future

급변하는 시대에 앞에서 정리한 리더십 원리를 적용할 수 있는 어떤 실천적 대안이 가능할까? 리포터는 미래를 조망하며 리더십의 전복성에 기반한 리더십 모형의 적용 대안을 찾다 코칭 리더십을 만났다. 예수 공생애 기간의 그의 주된 일은, 가르침, 복음 전파와 치유였다.[85] 실상 세 가지에는 티칭, 프리칭 Preaching, 카운셀링, 코칭, 멘토링 등이 뚜렷한 경계 없이 포함되어 있다. 코칭 발전과정을 살펴보다 가능성의 광맥이 눈에 들어오기 시작했다. 코칭의 근본 철학과 적용 원리의 태생적 차이에도 불구하고 리더십 원리 모형을 코칭 리더십과 통합할 수 있는 윤곽을 그려낼 수 있었다.[86]

이를 위해 앞에서 제시된 '존재의 집' 모형을 다시 불러왔다. 이 모형은 성령이 내주하는 하나의 전인적 존재를 표상한다. 리더십은 이 존재의 집에서 흘러나오며 예수가 보인 리더십 원리의 본이 축약되어 있다. 앞에서 보여준 리더십 모형의 변혁적 패턴과 과정이 어떻게 한 존재 안에 펼쳐지는지 보여준다. 두 사람이 만났을 경우, 한 존재의 집 모형은 다른 존재의 집 모형과 상호작용하며 리더십 영향력을 주고받는다. 여러 사람 상호 간도 마찬가지다. 기업 조직에서 이 상호작용의 중요성은 리더십의 영향력을 구성원 존재에 미치게 하는 조직 문화적 파급성에 있다.

---

85) 마태복음 9:35
86) 통합모형은 뒤에 다시 자세히 설명된다.

1. 코치형 리더(Leader as Coach)가 되라

1980년대부터 미국에서 크게 발전해온 코칭은 인본주의적 심리학과 긍정 심리학에 뿌리를 두고 스포츠에서 시작하여 비즈니스 영역을 중심으로 발화하며 확장하고 있다. 이 성장의 배경에는 코칭의 주안점이 더 많은 것을 성취하려는 기업에 두 가지 전략적 의미를 제공하고 있기 때문이다. 크게는 리더가 먼저 변화의 촉매가 되어 자각과 자발적 책임에 기반한 조직 문화를 새롭게 정립하려는 방향에 있다. 작게는, 구성원의 잠재력 개발에 투자하여 개인의 목적과 조직의 목적을 결합하려는 시도에 있다.[87]

그러나 예수의 리더십 원리가 다른 토양에서 자란 코칭의 배경과 철학을 수용하고 통합할 수 있을까? 앞서 다룬 내용을 중심으로 코칭의 전제와 정의를 새롭게 정립하고 이를 기초한 코칭 모형을 세우는 방법이 대안이 될 수 있다.

코칭의 기본은, '사람은 전인적이고Holistic, 자신의 내부에 자원이 풍부하며Resourceful, 창의적Creative이다'고 전제한다. 이를 새롭게 정립하면, '하나님의 형상에 따라 창조된 하나님의 걸작인 인간은, 그리스도 안에서 온전하며, 성령의 임재 가운데 부여된 자원으로 충만하고 창의적이다'고 할 수 있다.[88] 삼위 하나님은 연합하여 코칭을 이끄시나 더 구체적으로 '디 마스터 코치The Master Coach'는 성령이시고, '보이지 않는 코치Invisible Coach'이다. 성령이 코치를 통로 삼아 일하신다.

풀러 신학교의 교수였던 로버트 클린턴과 네비게이토 부총재였던 폴 스탠리는 코칭을 이렇게 정의한다. "코칭이란 어떤 과업을 성공리에 완수할 수 있

---

87) 존 휘트모어, 『성과 향상을 위한 코칭 리더십 Coaching for Performance』, (서울: 김영사, 2019), 8.
88) 에베소서 2:1, 요한복음 1:23, 마태복음 5:48, 빌립보서 4:13

도록 관계 속에서 용기와 기술을 나누어 주는 과정이다."[89] 두 사람이 말한 키워드는, 관계, 용기, 기술, 과업 완수, 도움으로 볼 수 있다. 기독교 상담학계의 대부라 일컫는 게리 콜린스는 『코칭 바이블』에서 코칭을 "개인 또는 집단을 도와 그들이 현재 있는 지점에서 하나님이 원하는 지점으로 옮겨 갈 수 있도록 안내하고 힘을 북돋아 준다."고 정의한다.[90] 여기에서 코칭이란 "고객코칭 받는 사람을 성령의 임재 가운데 '현재의 자리'에서 '하나님이 원하는 자리'까지 가도록 가능성의 탁월함을 최상으로 끌어내는 창의적 조력 프로세스이다"로 새롭게 정의해본다.[91]

리더는 기업 조직에서 코치가 될 수 있을까? 대부분 기업 문화에서 윗사람이 코치가 되면 아랫사람이 불편하다. 신뢰와 안전감과 부담 없는 상하관계는 어느 조직에서도 쉽지 않다. GE의 전 CEO였던 제프리 이멜트는 그 자리에 올랐을 때 회사의 불가능한 미래로 구성원을 이끄는 코치가 되는 것이 리더로서 해야 할 우선 과제라고 했다.[92]

왜 코치형 리더가 필요한가? 코칭의 핵심은 자각과 책임이므로, 자기 스스로 답을 찾아가도록 돕는 코칭이 지시나 교육, 컨설팅이나 멘토링보다 강력하기 때문이다.[93] 코칭의 아버지 존 휘트모어 경은, 경영에 있어 중요한 다섯 가지 측면 – 시간, 결과의 질, 학습, 참여와 기여 – 에 의거, 기존의 방식과 코칭을 대조했다.[94]

---

89) 빌 헐, 『온전한 제자도 The Complete Book of Discipleship』, (서울: 국제제자훈련원, 2009), 275.
90) 게리 콜린스, 『코칭 바이블 Coaching Bible』, (서울: Ivp, 2014), 37.
91) 참고로, 국제코치연맹 ICF의 정의는, 코칭이란, "고객의 개인적, 직업적 가능성을 극대화시키기 위해 영감을 불어넣고 사고를 자극하는 창의적 프로세스 안에서 고객과 파트너 관계를 맺는 것이다."
92) 로버트 하그로브, 『마스터풀 코칭 Masterful Coaching』, (서울: 쌤앤파커스, 2015), 30.
93) 고현숙 외, 『코칭하는 조직만 살아 남는다』, (서울: 두앤북, 2019), 39.
94) 존 휘트모어, 『성과 향상을 위한 코칭 리더십 Coaching for Performance』, (서울: 김영사, 2019), 81.

시간이 상황에 따라 우선 고려되어야 할 때, 직접 처리 또는 정확한 지시가 가장 빠른 방법이 되어, 단기적으로는 시간 절약 효과가 있으나, 장기적으로 의존성을 높인다. 결과의 질이 중요한 요소일 때는, 코칭이 상황을 인식하고 책임을 높이는데 더 유용하다. 학습 효과는 코칭일 때 성과를 최대화할 수 있다. 또한 코칭은 구성원 스스로 자신의 필요, 욕구, 기대를 조직의 미션과 일터의 의미와 일의 목적을 찾아 정렬할 수 있기에 더 나은 접근이 되어 자발적 참여를 끌어낼 수 있다. 몰입과 기여가 중요하다면, 지시는 무조건적 복종에 따른 저항을 내심 일으키고, 책임 의식을 약화할 수 있다.

코치형 리더는 어떤 사람인가? 구성원을 성과 내는 도구로 보기보다, 한 인간으로서 감정과 욕구 등 그 존재만의 맥락이 있고, 자기 삶의 주인공으로 살고 싶어 함을 존중하고 이해하는 데에서 출발한다.[95] 사람은 누구나 스스로 변화하기 쉽지 않다는 점에서 코칭의 가치는 빛을 발한다.[96] 코칭은 대화 기반 모델이므로, 코칭 자체가 사람을 변화시킨다기보다, 변화된 소통방식이 대화를 통해 변화의 선택이 내게 있음을 알아차리고 내면의 스위치에 불이 들어오게 하는 방식이다. 코치형 리더는, 이에 목적을 두고 여러 코칭 스킬을 활용하며 대화할 수 있다.

소통이 개선되고 변화의 주체가 되는 것이 조직의 성과와 어떤 관련이 있는가? 성과 향상으로 이어지기 위해서 조직 문화적 접근이 필요하다. 리더가 구성원들의 말에 진정으로 귀 기울이고, 겸손한 질문으로 알게 된 사실을 바탕으로, 행동하며 스스로 책임지는 조직 문화를 만든다면, 성과를 이루어 낼 수 있다.

---

95) 마샤 레이놀즈, 『문제가 아니라 사람에 주목하라 *Coach the Person Not the Problem*』, (파주: 이콘, 2023), 23.
96) 위의 책, 45.

2. 코칭 리더십으로 조직 문화를 바꾸라

조직 문화를 바꾸는 열쇠는 개개인의 변화 및 성장 의지와 임파워Empower에 있다.[97] 임파워의 사전적 의미는, 사람에게 뭔가를 성취하는데, 예를 들면, 더 잘하거나 성공할 수 있도록, 수단을 부여하는 것이다.[98]

고성과 문화의 특징	
기존의 문화	새로운 문화
성장	지속가능성
강요된 규칙	내부 가치관
두려움	신뢰
양	질
과잉	충분함
가르치기	배우기
독립적·의존적	상호의존적
성공	공헌
본성의 통제	본성 시스템
질적 저하	재창조

출처: 존 휘트모어, 『코칭리더십』, P47

조직 내의 수직적 질서와 암묵적 체계에 익숙해진 구성원들에게는 다른 사람이 자신에게 미치는 힘이 자신이 다른 사람에게 미치는 힘보다 더 크다는 사고방식이 만연하다. 만일 MS의 사티아 나델라가, 한 직원의 제기한 질문에 대한 대답처럼, "당신이 원하는 일이 일어나게 하세요. 모든 권한이 당신에게 있

---

97) 사티아 나델라는 문화의 핵심을 두 가지라고 지적했다. 사티아 나델라, 『히트 리프레시 *Hit Refresh*』, (서울: 흐름출판, 2018).
98) https://www.collinsdictionary.com/ko/dictionary/english/empowering에서 번역함.

습니다."라는 말을 들었다면 당신의 느낌은 어떨까?[99]

미국 해군에서 있었던 일이다.[100] 전함, 벤 폴드Benfold는 군인들이 타기 가장 싫어하는 배였는데, 그 이유는 배 관련하여 불만 사항이 많았을 뿐 아니라, 사건 사고도 그만큼 발생했기 때문이다. 새로 부임한 함장은 승무원 전원과 15-20분의 일대일 면담을 했다. 이때 각 개인에게 동일한 세 가지 질문을 던졌다. "어떤 점이 만족스러운가?" "불만 사항은 무엇인가?" "권한이 주어진다면 무엇을 어떻게 고치고 싶은가?" 취임 연설 대신 질문으로 각 개인을 만나 그들의 생각을 알고 아이디어를 구했다. 그리고 얼마 후, 그 배는 해군들 모두 가장 타고 싶어 하는 전함이 되었다. 그는 은연중에 코칭 대화로 소통한 예이다.

기업 내 소통에 코칭 대화가 일상적으로 일어나게 되면 코칭이 만들어 내는 상호의존적 문화를 조성해 나갈 수 있다. 아래 직원과는 하향식으로, 동료 간에는 수평적으로 지원하는 문화를 만들어 가게 된다.[101] 한국의 대기업의 경우 회사마다 상이하지만, 아예 사내 전문 코치 양성 기관을 두고 조직의 필요에 부응하기도 한다.[102] 최근 HR 매니저를 사내 코치로 세우는 경향을 보이기도 한다.

가장 기업 문화를 획기적으로 바꾼 사례로 브라질의 독특한 기업 셈코가 있다. 최고경영자 CEO, Chief Enzyme Office 최고효소책임자라는 별칭으로 불리는 이 회사의 사장, 세믈러는 자신의 임무를 구성원들이 신나게 열정적으로 일하도록 돕는 촉매제效소라 생각한다.[103] 그는 남이 시켜서가 아니라 스스로 하고 싶은 일을 할 때, 가장 구성원들이 자기 할 일을 스스로 정하고 가장

---

99) 사티아 나델라, 『히트 리프레시 Hit Refresh』, (서울: 흐름출판, 2018), 172.
100) 한근태, 『고수의 질문법』, (서울: 미래의 창, 2023), 168.
101) 상향식 코칭은 한국 문화에 적용하기 쉽지 않아 외부 코치를 활용하는 방안을 고려해 볼 수 있다.
102) LG그룹의 경우 인화원이 사내 코치양성을 하고 있다.
103) http://www.daontimes.com/news/articleView.html?idxno=166

창의적이고 열정적이라고 믿는다. 그러면서도 20년간 40배 성장이라는 놀라운 성과를 이룩했다.[104] 세믈러가 회사를 이어받았을 때부터 자신의 역할을 코치형 리더로 자리매김한 결정이 놀랍다. 이제 셈코는 자신의 스타일을 전문기관 Semco Style Institute을 세워 전 세계에 보급하고자 노력하고 있다.[105]

리더가 이런 문화적 변화를 과감하게 추진하기는 사실상 쉽지 않다. 실질적 문화를 심기 위해 실천적 전략이 필요하다. 먼저 탑-다운 방식으로, 경영자들이 먼저 코칭 대화법을 습득하고 코칭 리더십을 발휘해 볼 수 있다. 변화된 리더들의 모습이 조직 내 관심의 영향력을 미치게 하는 방법이다. 또는 자발적으로 원하는 팀의 리더를 선정하여 코칭 리더십으로 팀을 이끌어 팀의 성과를 내도록 돕고, 같은 방식을 조직에 확산해 본다. 사내 코치를 세워 팀 리더가 제대로 리더십을 발휘하도록 뒤에서 백업 코칭을 계속하면 좋은 효과를 볼 수 있다.

코칭 리더십의 조직 내 활용 정도를 기준으로 코칭 문화 도입의 전략적 단계를 세워 접근하는 방법도 고려할 수 있다. 먼저 기업의 경영자를 외부 코치에 의해 코칭을 받게 하는 단계에서 시작한다. 다음은 사내에 전문 코치를 세우고 중간관리층팀 리더를 포함을 대상으로 사외/사내 코칭을 병행하여 진행하며 코칭 대화법을 확산시킨다. 코칭 대화법을 익힌 관심 대상을 중심으로 전문 코치형 리더를 양성하여 자발적 코칭 리더십 발현을 지원한다. 결과적으로, 코칭 대화법을 일과 일상에서 적극적으로 적용하는 단계에 이르게 한다.

조직 심리학자로 알려진 에드거 샤인의 조직 문화 모델에 의하면, 조직 문화는 세 개의 층으로 서로 연결되어 구성된다.[106] 즉, 첫 번째는 눈에 보이는 것 Artifacts으로 물리적 환경, 소통 방식, 관행 등이 포함된다. 다음 층은 조직이 지지하는 가치 Espoused Values인데 조직이 소중히 여기는 신념, 철학, 목표 등이

---

104) 위와 동일.
105) https://semcostyle.com/
106) https://www.myorganisationalbehaviour.com/scheins-model-of-organizational-culture/

있다. 보통 기업마다 비전, 미션, 핵심 가치에 담아 소통한다. 마지막 층은 근본적인 가정Underlying Assumptions으로 조직 내 공유된 경험이나 상호작용이 시간을 통해 형성되며 깊이 뿌리 박혀있어 관찰되거나 가늠하기 어려운 믿음이나 가정을 말한다.

샤인의 모델을 적용하여 코칭 리더십을 조직 문화에 심으려면, 먼저 근본적인 가정으로 구성원 모두는 잠재력이 있고 그것을 육성할 수 있다는 조직 내 믿음이 필요하다. 다음으로 다양한 기회를 제공하여 구성원 각자의 강점을 확인하고 이를 발현할 장을 열어 스스로 각자의 가능성의 탁월함을 성취하는 가치를 지향한다. 마지막으로, 코칭이 개인, 팀, 그룹을 대상으로 실행될 뿐 아니라 아울러 그들이 코칭 리더십을 현업에서 행사하여 자발적으로 성과에 공헌하는 문화가 확대되게 허용한다.

어떤 리더도 변화는 일사분란하게 추진되어야 한다는 환상에서 벗어나기 쉽지 않다. 변화는 탑 리더의 의지와 구성원들의 참여가 빚어내는 화학 반응이고, 구성원 개개인이 동기부여 되어 자발적 주도로 만든 작은 성공을 경험하면서 모멘텀이 붙는 긴 과정이다. 앞에서 정리된 리더십 원리가 여기에 적용되면 효과를 발휘할 수 있다.

3. 코칭 리더십으로 공동체 안에서 평안(PEACE)를 추구하라

코칭 리더십을 발휘하기 위해 여러 대화 모델을 채택할 수 있다.[107] 앞에서 다룬 '존재의 집 모형'에 코칭 대화의 여섯 단계 과정을 통합한 대화 모형을 만들었다. 각 단계는 대화 진행의 여러 과정을 보여준다. 각 과정은 시작하는 단

---

107) 각 코칭 펌Firm마다 다른데, 여기서는 이 글의 목적을 위해 새롭게 모형을 제안한다. 대표적인 대화 모형에 GROW 모델(G: 목표설정, R: 현실 파악, O: 대안 탐색, W: 실행)이 있다.

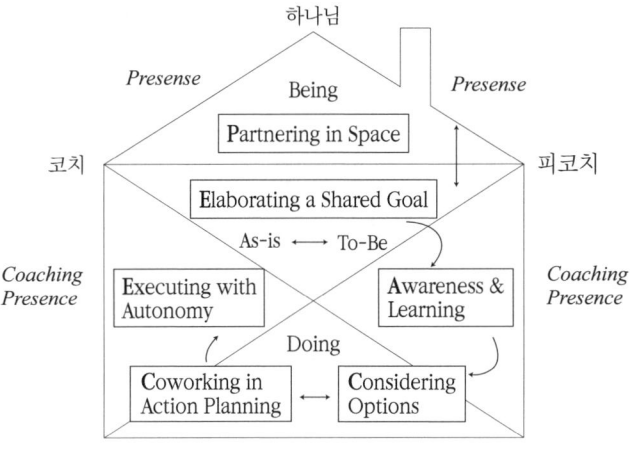

PEACE 코칭 대화 모형

어의 영문 머리글자를 따서 P.E.A.C.E를 이룬다.

'존재의 집' 안에서 경험하는 성령의 프레즌스Presence는 인간이 필요한 모든 자원을 제공하고, 우리 안에 있는 모든 원천이고 찾아야 할 장소이다.[108] 이 존재의 샘은 깊어 가늠하거나 측정하기 어려운 차원이다. 여기에 우리는 모두 하나님이 주신 내면의 지혜Inner Wisdom를 갖고 있다. 코칭할 때 코치가 자기의 내면 지혜에 접근하면, 고객의 내면 지혜에 접근하게 하는 공명 도구Tuning Fork 역할을 하게 되고, 이럴 때 의미 있는 변혁이 일어난다.[109]

1) P: 공간에서 짝이 된다

여기서 공간이라고 하면 물리적인 공간을 넘어 정서적·영적 공간을 말한다. 코치와 피코치인 고객Coachee이 이 공간에서 연결되어 짝을 이룬다Partner-

---

108) 마리아 일리프 우드, 『코칭 프레즌스 Coaching Presence: Building Consciousness and Awareness in Coaching Interventions』, (서울: 한국코칭수퍼비전아카데미, 2019), 10쪽에서는 성령의 프레즌스라는 개념을 포함하지 않고 있으나 이 글의 맥락에서 추가하여 다른 말로 표현(paraphrase) 했다.
109) 위의 책, 10.

ing. 코칭에서 짝Partner의 개념은 초등학교 교실에서 나란히 앉는 짝, 어깨 짝에 가깝다. 코칭 대화를 나누는 어깨 짝은, 서로 마주 앉기보다 나란히 앉아 어깨를 대고 눈을 마주 포개며, 상호 존재로 만난다.

코치는 코칭의 시공간에 성령의 임재로 채우기를 구하며 그 자리에서 고객과 서로 연결된다. '짝이 된다'의 다른 말은 대화로 연결됨을 뜻한다. 상대의 '지금 여기'를 평가나 판단 없이, 어떤 가감 없이, 받아주고 품어줌이다. 코치 내면의 눈을 감고, 귀를 닫아걸고, 상대를 그냥 그대로 보고 들음이다. 그리고 그의 현재 이곳에 함께 머물며 서로 통하여 잇닿는다. 고객은 자신의 존재로, 마치 전기코드가 플러그인Plug-in하듯, 감지하여 연결된다. 존중, 이해, 공감, 인정으로 공간에서 짝을 이룬다.

코치의 프레즌스Presence는 성령의 현존으로 부어지고 코칭을 통해 상대에게도 미친다.[110] 어깨 짝이 의미하는 바와 같이 두 사람에게는 툭 터놓고 이야기할 정도의 신뢰와 안전함이 연결에 생명력을 부여한다.

마리아 일리프 우드는 자신의 저서, 『코칭 프레즌스』에서 이렇게 쓰고 있다.[111]

> 코치는 고객이 정말로 원하는 것을 최우선으로, 되도록 최고의 코치가 되어, 자기 내면의 지혜를 최대로 사용할 수 있게 돕는다. 그것은 하나의 존재 방식으로, 코치 자신의 학습, 경험, 지식, 느낌, 감정, 직관과 창의성 등, 모든 것을 꺼내, 코칭에서 충분한 공간을 만들 수 있게 한다. 이는 다시 코치가 고객에게서 더 많은 것을 끌어내어, 단순한 성장이 아닌, 그 이

---

110) 간단히, 코칭 프레즌스란, 고객과 '지금 여기 함께 함'을 뜻한다. 국제코치연맹 ICF에서는, 코칭 프레즌스 역량을 '충분히 의식(또는 지각)하며 개방적이고 유연하며 자신감 있게 고객과 자연스러운 관계를 만드는 능력'으로 정의한다.
111) 마리아 일리프 우드, 『코칭 프레즌스 Coaching Presence: Building Consciousness and Awareness in Coaching Interventions』, (서울: 한국코칭수퍼비전아카데미, 2019), 14.

상의 풍성한 변화를 이룰 수 있게 한다.

2) E: 합의된 목표를 세운다

두 사람은 대화를 주고받으며 함께 다루는 이야기의 주제로 코칭 대화를 통해 얻고자 하는 구체적 목표를 합의한다. 코칭은 목표 있는 대화법이다. 여기서 목표란, 코칭으로 원하고 이루고자 하는, 모습, 상태 등을 말한다. 이 목표는 고객이 삶에서 실제 이루고 싶은 궁극적인 큰 목표의 일부이다. 코치는 주로 질문하며 주제를 넘어 고객의 감정과 생각과 의도와 욕구를 존중하고 이해하며 함께 탐색한다.

대화의 주제는 고객의 관점과 해석을 반영한다. 이 둘은 고객 존재의 영향 아래에 있다, 자신이 자각하든지 그렇지 못하든지 관계없이. 주제를 보는 자신을 스스로 인지하게 되면, 스스로 원하는 바가 더 분명해지고 뚜렷이 비춰볼 수 있게 된다. 그러면 고객의 '현 상태As-is'에서 '가고 싶은 상태To-be'를 명확히 그려내게 됨으로써 방향성이 확고해진다. 고객이 삶에서 중요시하는 가치 목적 의미와 사명에 비추어 자신이 진정 다루고자 하는 코칭의 목표를 코치와 합의하는 과정이다.

3) A: 통찰하며 학습한다

코치는 고객의 생각 파트너생각을 돕는 짝가 되어 고객이 생각을 재구성하고 관점을 전환하여 자신과 상황을 재정의할 수 있도록 돕는다.[112] 그러므로 코치는 고객 자신이 문제를 바라보는 자신을 바라보게 돕는다.

고객은 다루고 싶은 주제를 존재의 창을 통해 탐색하기 시작하자 새로운 통

---

[112] 마샤 레이놀즈, 『문제가 아니라 사람에 주목하라 Coach the Person Not the Problem』, (파주: 이콘, 2023), 9.

찰과 자각이 일어난다. 자신이 진정 이루고자 하는 것이 무엇인지, 어떤 존재가 되고 싶은지를 깨우치면, 새로운 통찰과 학습의 '아하!'를 얻게 된다. 이때 고객은 내면에 일어난 학습이 변혁적 경험으로 일어나기 시작한다. 고객은 이 단계에서 거듭된 인식의 루프를 거치며, 소망하는 바를 자기의 능력으로 실행하려는 의지가 강화되고 자신감이 생긴다. 이제 현재 상태에서 벗어나 새로운 곳으로 이동하고 싶은 갈망이 솟기 시작한다. 그곳으로 가기 위한 경로를 탐색하며 꺼져있던 내면의 내비게이션 스위치에 온 On을 누르게 된다. 이제 나침반을 손에 들고 가야 할 방향을 탐색하기 시작한다.

4) C: 실천 대안을 고려한다

목적지에 가기 위한 여러 경로를 탐구하며 다시 자신의 존재 목적 의미 가치를 비추어 우선순위를 매겨본다. 코치는 고객이 자신의 의식과 사고의 틀에서 빠져나오도록 다양한 스킬을 사용한다. 고객의 관점이 새로워지면 지금까지와는 전혀 다른 경로를 떠올릴 수 있게 되고 이제까지 시도해 보지 않던 방안도 고려해 보게 된다. 여러 대안 앞에서 우선순위를 정한다. 이때 코치는 고객이 가진 강점이나 자원을 상기시키고 이를 활용할 방안을 생각해내게 돕고 지원한다.

5) C: 실행계획을 함께 짠다

이 과정의 핵심은 실행 의지와 스스로 해내겠다는 자신감이다. 코치는 쉽게 실행에 옮길 방안을 함께 찾아보고 실천의 험로를 점검하며 함께 작업한다. 자신에게 잘할 수 있는 자원이 있거나, 주위에 있는 도움과 자원을 활용할 수 있는지 찾아본다. 실행력을 높일 수 있는 장치를 고객 스스로 고안해낼 수 있도록 돕는다. 실행을 위해 구체성과 시간 계획, 점검과 확인으로 스스로 가능한 방식을 도출하더라도 과도한 목표가 아닌 실현할 계획을 세우게 돕는 과정이다.

6) E: 자율적으로 실천을 수행한다

작업한 것을 스스로 정리하게 하여 자신이 도출해내고 작업한 것을 되돌아보게 한다. 고객이 대화를 통해 깨닫고 학습하고 발견한 것을 상기하게 한다. 다시 한번 고객의 존재 목적 가치 의미의 창을 통해 코칭으로 얻은 성과와 유익을 돌아보고 실제 실행으로 옮겨 얻게 될 삶의 모습을 바라던 큰 그림 속에서 그려보게 한다. 이어 자율적으로 실행을 고취하기 위해 지지하고 격려한다.

비즈니스 코칭에서는 단 회기의 만남에서 충분히 코칭에서 기대하는 것을 얻기는 쉽지 않다. 여러 회기를 통해 다시 실행을 점검하고 계속 지지하고 격려하여 실행 의지를 지원한다. 코칭 대화는 대개 1시간에서 1시간 반 정도의 시간 동안 하게 되는데 다 회기 코칭에서는 기업과 개인의 필요와 기대에 따라 전반적인 코칭 디자인을 한 후 합의하여 진행하는 방식을 취한다.

코칭 대화로 얻고자 하는 궁극적 목적은 무엇인가? 고객이 '현재의 나'가 어디에 처해 있는지 올바로 직시하게 하고, 하나님이 원하는 자리에 이르게 하여 삶에 평안샬롬을 얻게 하려는 데 있다.

나오며

　예수는 이 땅에서 만난 사람들의 삶을 송두리째 바꾸셨다. 하나님이신 그가 행사한 영향력은 세상의 리더십과 사뭇 달랐다. 그들에게 어떤 정죄나 비난, 평가나 판단을 유보하셨다. 단지 있는 그대로 받아주고 사람들이 겪는 삶의 모든 고통과 결핍을 이해하셨다. 그들 외부의 어떤 조건과 무관한 내면의 본질적 요소에 주목하며, 그 존재 자체로 마주한 인격적 만남을 행하셨다. 사람들의 변화는 이 지점에서 시작되었다. 그리고 끝까지 그 여정을 함께 지속하며 하나님 나라에 합당한 '장성한 분량'[113]의 존재에 이르도록 이끄셨다.

　그가 보인 리더십 원리가 시간을 넘는 지속가능성을 갖는 이유는 그가 대하는 사람을 인식하는 남다름에 있다. 사도 요한이 예수의 제자 부를 시점에 특별한 조명을 기울였던 나다나엘을 만난 장면을 다시 떠올려보자. 나다나엘의 뜻은 '하나님이 주신 자'이다. 그러나 이후 나다나엘에 대해 다시 언급하는 대신, 여러 번에 걸쳐 예수가 말한 '내게 주신 자'에 대해 반복적으로 인용하고 있다.[114]

> 나를 보내신 이의 뜻은 **내게 주신 자** 중에 내가 하나도 잃어버리지 아니하고 마지막 날에 다시 살리는 이것이니라 요 6:39

---

113) 에베소서 4:13, 14
114) 요한복음 6:39, 17:6, 17:9, 17:24, 18:9의 다섯 번에 걸쳐 '내게 주신 자'에 대해 말씀하셨다.

예수의 사명 선언이다. 리더십 원리의 본질을 여기에서 찾을 수 있다. 예수는 부활하신 후 디베랴의 바닷가에서 베드로를 만나 '내 양을 먹이고 내 양을 치라'고 하셨다. 세상으로 '보냄' 받은 그리스도의 제자에게 위탁된 바는 다름이 아닌 '내 양', 그리스도의 양이다. 리더십은 맡겨진 그리스도의 양들에게 미치는 영향력이다.

> 아버지여 **내게 주신 자도** 나 있는 곳에 나와 함께 있어 아버지께서 창세 전부터 나를 사랑하시므로 내게 주신 나의 영광을 그들로 보게 하시기를 원하옵나이다 요 17:32

예수는 이 목적을 이루기 위해 우리를 통로 삼아 지금도 삼위 하나님과 함께 일하고 계신다.

작가 마리앤 윌리엄슨의 시, "우리의 가장 깊은 두려움"은 보냄 받은 우리의 존재를 향한 또 다른 울림으로 다가온다.[115]

> 우리의 가장 깊은 두려움은 우리의 부족함에 있지 않다.
> 우리의 가장 깊은 두려움은 우리에게 있는 측량할 수 없는 힘에 있다.
> 우리를 아주 겁나게 하는 것은
> 우리의 어둠이 아니라 우리의 빛이다.

우리는 묻는다,

---

115) Marianne Williamson, 『*A Return to Love: Reflections on the Principles of "A Course in Miracles"*(The Marianne Williamson Series)』, Perennial에서 직접 번역함.

나는 누구이기에 명석하고 뛰어나고 재능 있고 굉장한가?
사실상, 당신이 누구가 아니라고 할 수 있겠는가?
당신은 하나님의 자녀이다.

당신이 스스로 움츠려 작게 행동하는 것은
세상을 위하는 일이 아니다.
당신 주위에 있는 사람들이 결코 불안감을 느끼지 않도록
위축되어 행동하는 것은 깨달음이 아니다.

우리는 모두 빛을 발하게 되어 있다,
마치 아이들이 그러듯.
우리는 우리 안에 있는 하나님의
영광을 드러내기 위해 태어났다.
그것은 몇 사람에게만 있는 것이 아니라
우리 모두 안에 있다.

우리가 자신의 빛을 빛나게 하면,
다른 사람들이 자신도 모르게 그들의 빛을 빛나게 한다.
우리가 두려움으로부터 자유로워지면,
우리 존재 자체가 저절로 다른 사람도 자유롭게 한다.

참고문헌

고현숙 외, 『코칭하는 조직만 살아 남는다』, 서울: 두앤북, 2019.
김성준, 『전략적 사고의 11가지 법칙』, 서울: 포르체, 2024.
사티아 나델라, 『히트 리프레시 Hit Refresh』, 서울: 흐름출판, 2018.
헨리 나우웬, 『예수의 이름으로 In the Name of Jesus』, 서울: 두란노, 1991.
헨리 나우웬, 『마음의 길 The Way of the Heart』, 서울: 두란노, 2015.
피터 드러커, 『자기 경영 노트 The Effective Executive』, 서울: 한국경제신문, 2024.
피터 드러커 외, 피터 드러커의 최고의 질문 Peter Drucker's Five Most Important Questions, 파주: 다산북스, 2017.
맥스 드 프리, 『리더십은 예술이다 Leadership is an Art』, 서울: 한세, 2003.
리처드 러블레이스, 『온전한 영성 Renewal as a Way of Life: A Guide Book for Spiritual Life』, 서울: 아가페 출판사, 2008.
마샤 레이놀즈, 『문제가 아니라 사람에 주목하라 Coach the Person Not the Problem』, 파주: 이콘, 2023.
로렌스 형제, 『하나님의 임재 연습 The Practice of the Presence of God』, 서울: 좋은 씨앗, 2006.
C. S. 루이스, 『네 가지 사랑 Four Loves: The Much Beloved Exploration of the Nature of Love』, 서울: 홍성사, 2019.
존 맥스웰, 『존 맥스웰의 위대한 영향력 Becoming A Person of Influence』, 서울: 비즈니스북스, 2010.
샤피 바칼, 『룬샷 Loon Shots』, 서울: 흐름출판, 2020.
로버트 뱅크스, 베니스 레드베터, 『신앙의 눈으로 본 리더십 Reviewing Leadership』, 파주: 살림, 2008.
케네스 E. 베일리, 『중동의 눈으로 본 예수 Jesus Through Middle Eastern Eyes』, 서울: 새물결플러스, 2016.
브레네 브라운, 『리더의 용기 Dare to Lead』, 서울: 갤리온, 2019.
월터 브루그만, 『안식일은 저항이다 Sabbath as Resistance』, 서울: 복있는 사람, 2015.
헨리 블랙커비, 『영적 리더십 Spiritual Leadership』, 서울: 두란노, 2014.
에드거 샤인 · 피터 샤인, 『리더의 질문법 Humble Inquiry』, 서울: 심심, 2022.

존 스토트, 『리더십의 진실 Calling Christian Leaders』, 서울: Ivp, 2002.

존 스토트, 『제자도 Radical Disciple』, 서울: Ivp, 2010.

신수정, 『일의 격』, 서울: 턴어라운드, 2021.

마리아 일리프 우드, 『코칭 프레즌스 Coaching Presence: Building Consciousness and Awareness in Coaching Interventions』, 서울: 한국코칭수퍼비전아카데미, 2019.

로버트 월딩거, 마크 슐츠, 『행복탐구보고서 The Good Life』, 서울: 비즈니스북스, 2023.

달라스 윌러드, 『하나님의 음성 Hearing God: Developing a Conversational Relationship with God』, 서울: IVP, 2016.

대니얼 카너먼, 『생각에 관한 생각 Think Slow Think Fast』, 서울: 김영사, 2011.

게리 콜린스, 『코칭 바이블 Coaching Bible』, 서울: Ivp, 2014.

알렌 크라이더, 『초기 기독교의 예배와 복음 전도 Worship and Evangelism in Pre-Christiandom』, 논산: 도서출판 대장간, 1991.

도널드 크레이빌, 『예수가 바라본 하나님 나라 The Upside-Down Kingdom』, 서울: 복있는 사람, 2010.

짐 클리프톤, 짐 하터, 『강점으로 이끌어라 It's the Manager from Gallup』, 서울: 김영사, 2020.

로버트 하그로브, 『마스터풀 코칭 Masterful Coaching』, 서울: 쌤앤파커스, 2015.

한근태, 『고수의 질문법』, 서울: 미래의 창, 2023.

빌 헐, 『제자 삼는 자 예수 그리스도 Jesus Christ Discple Maker』, 서울: 요단출판사, 1994.

빌 헐, 『온전한 제자도 The Complete Book of Discipleship』, 서울: 국제제자훈련원, 2009.

존 휘트모어, 『성과 향상을 위한 코칭 리더십 Coaching for Performance』, 서울: 김영사, 2019.

E. M. Bounds, 『Power through Prayer』, Grand Rapis: Zondervan

Robert Clinton, 『The Making of A Leader』, NavPess

Claudio Feser, Fernanda Mayol, and Ramesh Srinivasan, Decoding leadership: What really matters, McKinsey Quarterly, January 2015

Morgan Housel, Lazy Work, Good Work, Collaborative Fund, May 27, 2024

Marianne Williamson, 『A Return to Love: Reflections on the Principles of "A Course in Miracles(The Marianne Williamson Series)』, Perennial

https://en.wikipedia.org/wiki/Lindy_effect

https://blog.naver.com/PostView.nhn?blogId=pcdoumi&logNo=222253954076
http://www.daontimes.com/news/articleView.html?idxno=166
https://semcostyle.com/
https://www.collinsdictionary.com/ko/dictionary/english/empowering
https://ko.wikipedia.org/wiki/에어비앤비
https://ko.wikipedia.org/wiki/오픈AI
https://blog.naver.com/PostView.naver?blogId=souwh35&logNo=223495030439&noTrackingCode=true
https://www.myorganisationalbehaviour.com/scheins-model-of-organizational-culture/

4부
리더십의 본질을 말하다

연세대학교 명예교수
윤방섭

들어가며

리더십은 변화에 대한 이야기이다. 리더가 어떻게 사람들과 함께 세상을 변화시킬 것인가에 대한 이야기이다. 그러므로 규모가 크건 작건 공동체의 변화를 꿈꾸는 사람이라면 리더십의 작동 원리를 이해해야 한다. 그런데 사람을 움직여 공동체를 변화시킨다는 것은 쉬운 일이 아니다. 사람을 움직이려면 그들이 어떤 존재인지를 알아야 하고, 어떻게 해야 그들의 마음을 얻을 수 있는지를 알아야 한다. 또 공동체를 변화시키려면 지금의 공동체가 어떤 상태이며 어떤 공동체를 꿈꾸는지에 대한 인식이 전제되어야 한다.

현실의 리더십은 다양하고 복잡한 양상으로 전개된다. 이러한 리더십 현상을 이해하기 위해 그동안 수많은 리더들로부터 경험적 주장이 이어져 왔고, 수많은 연구자들에 의해서 다양한 모델과 이론이 제시되었다. 리더가 어떤 특성이나 스타일을 지녀야 하는지, 어떻게 구성원과 관계를 맺어야 하는지, 어떻게 환경에 따라 리더십이 변화해야 하는지, 리더의 카리스마는 얼마나 중요한지, 리더의 감성 지능, 역량, 윤리성, 진정성, 비전, 영성, 전략적 능력은 얼마나 리더십의 성공에 중요한지… 어찌 이뿐이겠는가?

이 모든 노력은 결국 '어떻게 하면 훌륭한 리더십을 발휘할 수 있는가'를 알기 위함이다. 그런데 그 많은 주장과 이론들을 좀 단순화할 수는 없을까? 리더십에서 다루는 많은 이슈들 중에서 사소한 것들과 기술적인 문제들을 걷어내고, 본질적인 것만 추려낸다면 그것은 무엇일까? 다시, '성공적인 리더십의 핵심 요인'은 무엇일까? 4부는 바로 이것에 대한 것이다. 이러한 시도 역시 독창적인 것은 아니지만, 4부에서는 이 핵심 요인들을 이해하기 쉽게 단순한 리더십 모형으로 통합하였다. 이 모형은 리더가 복잡한 현실 속에서도 그에 매몰되지 않고 항상 리더십의 본질을 기억하는데 도움을 줄 것이다.

시대의 흐름에 따라 리더십 패러다임도 변화하였다. 고대로부터 지금까지도 가장 익숙한 패러다임은 리더가 지시하고 명령하면 구성원이 따르는 '고전적 패러다임'이다. 그러나 이러한 리더십 패러다임은 최근 기술 변화와 더불어 사람들의 교육 수준이 높아지고 민주적 경험이 쌓이면서 구성원 모두가 리더가 되는 '유기적 패러다임'으로 바뀌고 있다.[1] 리더가 권력의 정점에 있는 고전적 관점으로 보면 구성원 모두에게 권력이 분산되는 이른바 전복적upside-down인 방향으로 리더십 패러다임이 변화되고 있다. 4부는 이러한 리더십의 전복적 관점을 반영하여 서술되었다.

사실 리더십에 관한 가장 전복적인 모습은 오래전에 예수가 보여주었다. 성경은 사람과 세상의 변화에 대한 책, 즉 리더십에 대한 지혜로 충만한 책이다. 예수는 홀로 세상을 변화시킬 수 있는 능력을 지녔지만, 제자들과 함께 공동체를 이끌며 인류 구원의 사역을 실행했다는 점에서 진정한 리더의 본보기가 된다. 그는 권력의 수단을 철저하게 외면하고, 가장 낮은 자리에서 약하고 소외된 자들을 섬기며, 세상의 변화를 이끌었다. 가장 전복적인 내용과 방법으로 리더십의 본을 보인 것이다.

이 글은 크리스천 경영학자로서 리더십의 본질을 소개하는 글이다. 크리스천으로서 리더십을 이해하는 방식은 세상의 방식과 다르다. 나와 타인, 그리고 세상을 이해하는 방식이 하나님과의 관계 속에서 이루어지기 때문이다. 그럼에도 불구하고, 리더십의 본질은 다르지 않다. 리더십에 대한 최근의 연구가 강

---

1) G. Avery, *Understanding Leadership: Paradigms and Cases* (Thousand Oaks, CA: SAGE, 2004)

조하는 것은 오히려 예수가 보여준 리더십의 모습과 일치한다. 리더중심, 통제중심의 리더십으로부터 탈피하여 구성원중심, 자율성중심의 리더십을 강조하는 것이다. 이 글은 그 부분에 초점을 맞추어 리더십의 본질을 설명한다.

1장 · 리더십, 다시 생각하기

1. 리더십, 사람의 마음을 움직이는 일

(1) 리더십이란 '일을 하고 싶도록 만드는 것'이다.

사람들에게 일을 시키는 것은 쉬운 일이 아니다. 왜냐하면 사람들이 생각만큼 시키는 대로 잘 따라주지 않기 때문이다. 사람들은 왜 자신이 그 일을 해야 하는지를 생각한다. 사람들이 시키는 대로 잘 따르도록 하기 위해 가장 흔히 사용하는 방법은 당근과 채찍이다. 지시에 잘 따랐을 때에 칭찬또는 인정과 보상을 해주고 지시에 따르지 않았을 때는 야단또는 벌을 치면 된다. 당근과 채찍은 사람을 움직이는 강력한 수단이다. 그러나 그것이 사람의 마음까지 움직이는 것은 아니다.

사람들에게 '일을 하도록 만드는 것'을 '관리'management라고 한다. 관리자는 구성원들이 좋은 성과를 내도록 목표를 세우고, 목표달성을 위한 전략을 수립하고, 조직 구조와 직무를 설계하고, 구성원들에게 업무를 할당하고, 동기를 부여하며, 감시와 감독을 시행하고, 평가하고 보상하는 등의 '관리 활동'을 수행한다. 당근과 채찍은 사람을 관리하는 가장 흔한 방법이다.

그런데 리더는 관리 활동만을 수행하는 사람이 아니다. 리더라면 리더십을 발휘해야 한다. 리더십의 진정한 의미는 사람들에게 단순히 '일을 하도록 만드는 것'이 아니라, '일을 하고 싶도록' 만드는 것이다.[2] 리더는 단순한 관리자

---

2) S.T. Rinehart, *Upside Down: The Paradox of Servant Leadership* (Colorado Springs, Colora-

가 아니다. 리더는 사람들의 마음을 움직여 자발적으로 일을 하고 싶도록 만드는 리더십을 발휘해야 한다.

리더의 역할은 구성원들의 마음을 움직여 그들로부터 자발적인 행동을 이끌어내는 것이다. 리더십은 사람들의 '마음을 움직이는 일'이라는 점에서 관리 활동과 질적으로 다르다. 사람의 마음을 움직이는 일은 결코 쉬운 일이 아니다. 리더십을 이야기할 때 리더의 진정성과 인격이 강조되고, 구성원들과의 신뢰 관계가 강조되는 것은 그것이 사람의 마음을 움직이는 가장 중요한 토양이 되기 때문이다.

(2) 리더십은 관리가 아니다

① 사람은 관리의 대상이 아니다.3

사람은 관리의 대상이 아니다. 관리는 원래 재고관리, 시스템관리, 정보관리, 위험관리, 조직관리 등과 같이 그 대상이 사물, 상황, 조직과 같이 비인격적일 때 어울리는 말이다. 또 관리는 어떤 결과를 만들어내기 위한 방법 혹은 수단과 관련된 말이다. 관리management의 어원도 '말이나 도구를 다루다'는 뜻을 지닌 이탈리아어 'maneggiare'로부터 나왔다. 사람은 본래 관리의 대상이 아닌 것이다.

구성원들을 마치 사물을 다루듯이 관리의 대상으로 객체화 혹은 대상화한다면, 그들을 단지 조직의 목표 달성을 위한 도구로 간주하게 된다. 또 그들의 자율성과 주체성을 간과하게 되며, 그들을 인격을 지닌 개개인으로 바라보지 않고 전체 평균으로 바라보게 되며, 그들을 일방적으로 대하게 된다. 그리고 필요하면 언제든 쉽게 교체할 수 있다고 생각하게 된다.

---

do: NAVPress, 1998), 31 재인용

3) 비슷한 취지의 내용은 제임스 헌터, 『서번트 리더십』(시대의 창, 2013), 닐스 플레깅, 『언리더십』(흐름출판, 2011) 참조

② 구성원은 함께 일하는 파트너다

구성원들은 관리의 대상이 아니라, 함께 일을 하는 동료이자 같은 목적을 향해 함께 나아가는 파트너이다. 구성원 각자는 고유한 육체적, 지적, 영적 욕구와 능력을 지닌 인격체로서, 자신이 중심이 되어 주체적으로 세상을 바라보고 능동적으로 세상에 반응하며 살아가는 존재이다. 구성원은 관리자의 일방적인 관리 방법에 따라 누구나 기계적으로 동일한 반응을 보이는 존재가 아닌 것이다.

리더가 원하는 대로 구성원들이 쉽게 따라올 것이라는 생각은 큰 착각이다. 아무리 쉬운 일이라고 해도 사람들은 스스로 마음이 내키지 않으면 쉽게 움직이지 않는다. 반면에 사람들은 자신들의 마음에 동의가 된다면 힘든 일이라도 기꺼이 헌신하기를 즐긴다. 그러므로 중요한 것은 구성원들의 마음을 움직이는 것이다. 그러려면 구성원들을 단지 목표 달성을 위한 수단으로 인식해서는 안 된다. 리더와 구성원은 서로 위치와 역할이 다를 뿐, 본질적으로 동등한 인격체로서 서로 의지하고 도우며 같은 목적을 향해 나아가는 동료라는 인식을 먼저 가져야 한다.

③ 리더는 관리자의 역할을 넘어서야 한다

한 공동체의 리더는 리더로서의 역할도 수행하지만, 동시에 관리자로서의 역할을 수행한다. 리더의 역할과 관리자의 역할은 다르다. 관리자로서의 역할에서 중요한 것은 원하는 결과를 만들어 내는 것이며, 그것을 얼마나 효율적으로 만들어 내는가 하는 것이다. 이를 위해 관리자에게는 직위에 따른 권한이 주어진다. 그 권한에 의하여 구성원들에게 지시와 명령을 하고, 감독과 통제를 하며, 보상과 징계별 수단을 적절히 활용하여 구성원들로 하여금 관리자가 원하는 행동을 하도록 만드는 것이다.

그런데 리더로서의 역할은 전혀 다른 것이다. 리더십은 구성원들의 마음을 움직이는 일이다. 관리의 측면에서 보면 구성원들이 그 일을 기꺼이 하든 억지로 하든 그것은 크게 중요한 것이 아니다. 그러나 리더라면 구성원들이 기꺼이 그 일에 헌신하도록 그들의 마음을 움직일 수 있어야 한다. 관리가 구성원들의 행동을 통제하는 것에 초점이 맞추어져 있다면, 리더십은 구성원들 내면의 생각과 마음을 움직이는 것에 초점을 맞추는 것이다.

주어진 권한을 사용해 일을 시키는 것과 구성원들이 기꺼이 일하도록 만드는 것은 전혀 다른 일이다. 리더는 효율적인 목표 달성을 위해 때로 강제적 힘을 사용할 수 있다. 그러나 그것은 필요한 관리 행위일지는 몰라도 리더십을 발휘하는 것은 아니다. 구성원들이 기꺼이 일을 하도록 하려면 우리가 왜 이 일을 해야 하는가를 설득해야 하고, 당장의 일을 넘어서서 결국 우리가 어디를 향해 가야 하는가를 설명해야 한다. 구성원들이 공감할 수 있는 멋진 비전을 창출하고, 그 비전을 달성할 수 있다는 확신을 전파해야 하며, 높은 수준의 가치에 호소하고, 그들을 격려하고 응원하며 감동시켜야 한다.

(3) 리더십의 핵심은 자발성이다.

공동체의 리더라면 관리 활동을 넘어서서 리더십을 발휘해야 한다. 리더십의 핵심은 구성원들의 자발성이다. 리더십이란 구성원들이 머리로 납득이 되거나 마음으로 감동이 되어 자발적으로 따르도록 영향력을 행사하는 것이다. 리더십은 지위나 권력에 의존하는 것이 아니라 끊임없는 소통에 의존하는 것이다.

리더가 일방적으로 부하를 이끌어 간다면 그는 리더십을 발휘한 것이 아니라 그저 그가 지닌 권력을 행사하는 것이다. 흔히 힘으로 일방적으로 밀어붙여 가시적인 성과를 만들어내는 리더를 보면서 그가 강력한 리더십을 발휘했다고 평가하곤 하는데, 이는 사실 그가 지닌 강제적인 권력을 인상적으로 사용한 것이지, 제대로 된 리더십을 발휘한 것은 아니다. 리더십은 강제적 권력을 행사하는 것이 아니라 마음이 움직이도록 영향력을 행사하는 것이다. 리더는 관리 활동을 넘어서서 리더십을 발휘해야 하지만, 누구나 리더십을 발휘하는 것은 아니다. 구성원들을 자발적으로 움직이게 하는 일은 결코 쉬운 일이 아니다.

(4) 리더십은 직위와 상관없이 누구나 발휘할 수 있다

리더십은 높은 직위에 있는 사람, 힘있는 사람들의 전유물이 아니다. 비록 공식적인 직위는 높지 않지만 주변에 영향력을 발휘하는 사람들이 있다. 어떤 사람은 진실된 성품 때문에, 어떤 사람은 높은 도덕적 행동 때문에, 어떤 사람은 합리적 사고와 전문적 식견 때문에, 어떤 사람은 긍정적 에너지 때문에, 어떤 사람은 희생과 헌신적 모습 때문에 그로부터 주변 사람들이 영향을 받고 그를 자발적으로 따르게 된다. 그는 비록 직위는 높지 않지만 그 공동체의 실질적인 리더라고 할 수 있다. 그러므로 기업, 교회, 학교, 가정 등에서 우리는 누구라도 직위에 상관없이 실질적인 리더십을 발휘할 수 있다.

2. 공동체의 리더십 모형[4]
(1) 리더와 리더십에 대한 흔한 생각

'누가 훌륭한 리더일까?'라는 질문에 대하여 우리는 그렇게 복잡하게 생각하지 않는다. 리더와 구성원들의 개인적 특성과 복잡한 상호관계, 그리고 공동체가 처한 독특한 환경 등을 주의 깊게 살펴보지 않는다. 그렇게 복잡한 생

---

[4] 이 글에서는 '조직'이라는 용어를 대신하여 '공동체로서의 조직'을 강조하기 위해 '공동체'라는 용어를 사용한다. 공동체성을 지닌 조직은 구성원들이 조직에 대한 정체성과 소속감을 지니고, 목표와 가치를 공유하며 구성원 간의 유대감과 응집력이 높은 조직을 말한다. 이 글은 공동체성을 지니고 있거나 공동체성을 원하는 모든 조직의 리더십 이야기이다.

각에 이르기 전에 그저 훌륭한 성과를 만들어낸 리더 개인의 능력에만 주로 주목한다. 간단히 말해서 '훌륭한 리더는 어떤 특별한 점능력을 지녔는가?'에 주로 관심을 보인다.

그러나 조금만 더 생각하면 리더십은 매우 복잡하고 다양한 현상임을 곧 알 수 있다. 왜냐하면 리더십은 리더와 구성원들 사이에 이루어지는 현상인데, 리더와 구성원들은 각자 독특한 성격, 욕구, 능력, 목적을 지니고 주체적으로 행동하는 인격체이기 때문이다. 그러므로 리더십 현상을 이해하려면 사람에 대한 기본적인 이해가 전제되어야 하고, 더 나아가 인간관계의 역동성에 대한 이해가 있어야 한다. 또 리더라면 공동체 전체의 구조와 문화, 환경 등과 같은 비인격적인 요소들도 다루어야 한다. 그런데 당연한 이야기지만 이 모두는 간단히 설명될 수 있는 것들이 아니다.

이처럼 리더십은 복잡한 현상임에도 불구하고, 우리는 흔히 리더의 특별한 능력을 중심으로 리더십을 이해하려 한다. "그는 리더십이 있다 혹은 없다"라던가 "당신의 리더십을 보여주세요"에서의 리더십 의미는 리더가 지닌 특별한 능력 혹은 힘을 말한다. 즉, 우리가 떠올리는 리더의 전형적인 모습은 특별한 능력이나 힘을 지닌 사람이다. 뛰어난 능력, 결단력, 추진력, 자신감, 카리스마 등으로 사람들을 이끌어가는 존재이다. 그런 리더가 결정하고 지시하면 그에 따라 구성원들이 일사분란하게 움직이는 것이 우리가 생각하는 전형적인 리더십 모습이다.

전형적인 리더십의 모습은 통치자 혹은 권력자로서의 리더십이다. 통치자로서의 리더는 피라미드 맨 꼭대기에 위치한 사람이며, 대개 구성원들에게 두려운 존재이거나 존경의 대상이 된다. 리더는 최고 의사결정자, 최고 권력자로서 군림하며, 리더가 결정하면 구성원은 따라야 한다. 공동체의 중심은 리더이며, 리더가 가장 중요한 사람이고, 구성원들은 리더에게 의존되어 있는 존재이다.

우리에게 각인된 전형적인 리더십의 모습은 리더십의 본질적인 모습에서 많이 왜곡되어 있다. 리더십의 본질적인 모습은 전형적인 모습과는 달리 오히려 전복적upside-down인 모습에 가깝다. 리더는 더 이상 구성원들을 통치하거나 구성원들 위에서 군림하는 존재가 아니다. 오히려 구성원들을 섬기는 사람이다. 공동체에서 중요한 사람은 리더가 아닌 구성원이다. 구성원이 공동체의 중심이며, 리더는 구성원을 돕는 역할을 한다. 리더는 리더 자신이 아니라 구성원들이 조명을 받고 그들이 스타가 되도록 돕는 사람이다. 리더의 위대함보다는 리더의 겸손이 강조된다. 구성원들을 힘으로 밀어붙이지 않고 그들의 자유를 보장하고 자율에 의지한다. 구성원들은 리더에게 일방적으로 의존되어 있지 않으며 리더와 구성원들은 상호 의존되어 있다.

'무엇이 제대로 된 리더십인가'에 대한 리더의 생각은 매우 중요하다. 왜냐하면 생각이 행동을 지배하기 때문이다. 만약 어떤 리더가 생각하기를 '리더가 지시하면 구성원들이 일사분란하게 움직이는 것이 제대로 된 리더십이다'라고 한다면, 그는 그것이 자신의 성격과 스타일에 맞지 않더라도 억지로 통제와 감독을 강화하고, 강력한 힘을 보여주려고 애쓸 것이다. 리더십 개념에 대한 리더 자신의 생각이 그의 실제 리더십 행동을 좌우하는 것이다. 그러므로 리더라면 제대로 된 리더십이 무엇인가에 대한 올바른 개념을 갖는 것이 중요하다. "당신의 리더십을 보여주세요"라는 말은 결코 당신의 힘을 보여달라는 말이 아닌 것이다.

(2) 공동체의 리더십의 핵심 요소

먼저, 리더십은 과정process이다. 리더십은 리더 개인의 특징을 설명하는 용어가 아니라, 리더가 구성원들과 함께 어떤 결과를 이끌어내는 과정 전체를 설

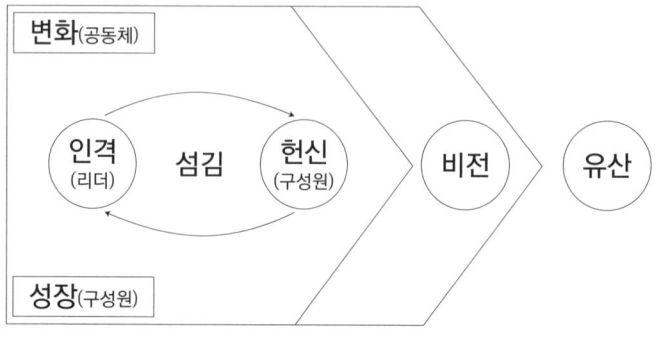

공동체의 리더십 모형

명하는 용어이다. 리더십은 사건과 활동의 연속선상에서 발휘되는 것으로서 리더십을 발휘하기 위해서는 어느 정도의 시간이 필요하며, 리더십을 분석하고 평가하는 것도 단편적 사건이 아닌 과정 전체가 대상이 되어야 한다.

리더는 늘 두 가지를 마음에 품어야 한다. 그것은 공동체의 성공과 구성원들의 행복이다. 리더는 자신이 공동체와 구성원이라는 두 대상에 대해 책임이 있다는 것을 항상 잊어서는 안 된다. 공동체의 성공과 구성원의 행복을 위해 리더가 집중적으로 관심을 기울여야 할 주제는 공동체의 변화와 구성원의 성장이다.

리더란 공동체의 변화를 도모하는 사람이다. 변화는 리더십 개념의 핵심이자, 출발점이다. 리더십은 공동체가 처한 현 상황에 대한 문제의식을 바탕으로 새로운 변화를 도모하고자 하는 것으로부터 시작된다. 공동체의 현상 유지나 무사안일을 바라는 사람에게 리더십이 있다고 이야기하지 않는다. 리더십이란 현재에 대한 문제의식으로 출발하여 바람직한 미래를 성취하기 위해 나아가는 변화 과정인 것이다.

리더는 구성원들의 성장을 돕는 사람이다. 리더는 공동체의 성공뿐만이 아니라 구성원들의 행복에 관심을 가져야 한다. 리더는 구성원 각자가 특별하고 존귀한 존재임을 인식하고 그들이 공동체 안에서 직업적으로, 인격적으로, 영적으로 성장하도록 도와야 한다. 리더는 구성원들을 성과중심이 아니라 성장중심으로 바라보고, 구성원들의 '성장'이라는 질적 변화를 추구해야 한다.

리더의 인격은 리더십의 기본 토대이고, 리더십 성공의 한계를 결정한다. 리더가 지녀야 할 여러 요인 중에서 가장 중요한 것은 리더의 능력이나 기술적인 측면이 아니라, 리더의 됨됨이, 인격이다. 리더의 인격은 리더에 대한 신뢰를 형성하는 토대가 되며, 리더십의 진정성과 정당성을 구축하는 토대가 된다.

섬김은 리더십의 핵심 작동 원리이다. 리더십의 중요한 동기는 권력 욕구가 아니라 공동체와 구성원을 섬기고자 하는 이타적 욕구이다. 리더는 리더 자신을 군림하는 자가 아니라 섬기는 자라는 점을 자각하고, 구성원들을 관리의 대상이 아니라 섬김의 대상으로 바라본다. 리더와 구성원 관계는 지시와 복종의 상하관계가 아니라, 상호 섬김의 수평적 관계이다. 리더는 구성원들이 마음껏 자신의 재능을 발휘할 수 있도록 자율적 권한을 부여하며, 그 자율적 권한을 성공적으로 행사할 수 있도록 교육과 훈련을 통하여 준비시킴으로써 섬김을 실천한다.

리더십이 제대로 발휘된다면 구성원들은 자발적 헌신으로 답한다. 리더십이 발휘되는 현장이라면 구성원들의 내적 헌신과 활력이 넘치는 것을 확인할 수 있다. 진정한 리더십이 발휘된다면, 구성원들은 시키지 않아도 자발적으로 일을 하며, 일을 하면서 의미와 보람을 느끼고, 자신감을 갖고 파워풀하게 일을 한다.

비전은 리더십의 지향점이다. 리더와 구성원들이 함께 바라보며 가는 곳이다. 비전은 단기적인 성과를 넘어서서 조직이 이루고자 하는 바람직한 미래 모습이며, 공동체가 추구하는 변화의 최종 모습이다. 비전이 품고 있는 가치와 의미에 감동되었을 때 구성원들은 희생을 감수하고서라도 비전을 달성하기 위하여 기꺼이 헌신적 노력을 기울인다.

　마지막으로 리더는 리더십 이후에 남겨질 유산legacy을 늘 염두에 두어야 한다. 리더십 유산을 생각한다는 것은 리더십의 한계를 인정한다는 것이며, 그 한계에 대한 인식은 청지기 의식으로 이어진다. 리더십 이후의 유산을 염두에 둘 때 리더는 당장의 성과를 넘어서서 기억될 만한 가치있는 것을 남기기 위해 노력하게 된다.

(3) 리더십 요인의 전복적(upside-down) 특성

　공동체의 리더십 모형에서 언급된 리더십의 핵심적 요인들은 전형적인 리더십 특성과는 다른 전복적 특성을 강조하고 있다. 이를 요약하면 다음과 같다.

리더십 요인	전형적 특성	전복적 특성
변화	질서와 안정 유지	변화와 도전
	문제 해결	문제 정의
성장	성과 중심	성장 중심
	구성원의 효율적 활용	구성원의 행복
인격	리더의 위대함	리더의 겸손
	리더 중심	구성원 중심
섬김	지배권력 욕구	이타적 욕구
	리더 우선	구성원 우선
	수직적 리더-구성원 관계	수평적 리더-구성원 관계
	권한의 집중리더	권한의 분산구성원
헌신과 활력	보상 중심	가치 중심
	외재적 동기	내재적 동기
비전	단기적 목표doing	장기적 비전being
유산	현재의 성과	미래의 유산

2장 · 리더십의 두 가지 과제

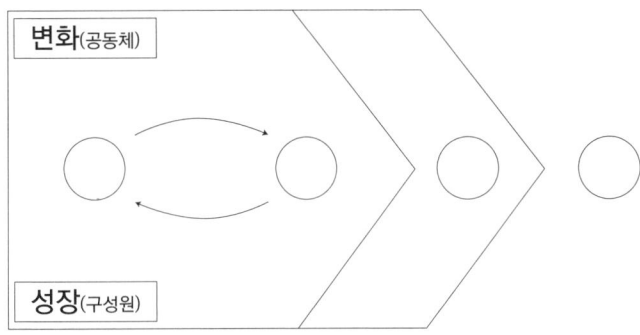

1. 공동체의 성공과 구성원의 행복

(1) 공동체가 중요하다, 그러나 '나'와 '당신'도 중요하다.

리더는 항상 두 가지의 시선을 동시에 지녀야 한다. 하나는 전체 공동체에 대한 시선이고, 다른 하나는 개인 구성원에 대한 시선이다. 리더는 공동체와 구성원을 모두 책임지는 존재임을 잊지 말아야 한다. 공동체와 구성원은 리더가 섬겨야 할 두 대상이며, 공동체의 성공와 구성원의 행복은 리더가 책임져야 할 가장 중요한 두 가지 과제이다.

리더가 흔히 저지르는 실수는 전체 공동체만 생각하고 개인 구성원을 배려하지 않는 것이다. 전체 공동체를 우선시하면, 구성원 개개인은 보이지 않게 된다. 구성원 개개인은 그저 전체 공동체의 성공을 위한 도구로밖에 인식되지 않으며, 그 결과 구성원 개개인의 인격과 삶의 특별함은 별로 중요하지 않게 된다. 그들은 그저 전체 공동체의 평균에 기여하는 존재, 1/N의 가치를 지닌 존재로 인식된다.

공동체의 성공은 매우 중요한 일이다. 그렇다고 해서 공동체의 성공이 구성원들을 불행으로 내몰면서까지 달성해야 할 만큼 중요한 것은 아니다. 그렇다고 구성원 개인이 자신의 행복을 위해 공동체의 유익을 무시하며 공동체를 이기적으로 악용해도 좋다는 의미는 더욱 아니다. 공동체와 구성원은 어느 하나를 포기해야 하는 관계가 아니고, 함께 승리해야 하는 관계이다.

리더는 공동체의 성공만이 자신의 존재 이유가 아니다. 리더는 구성원의 행복도 책임져야 한다. 구성원 개개인이 독특한 개성과 재능, 욕구, 가치관, 사명감, 삶의 목표를 지닌 존재라는 점, 과거 어떤 세상에도 존재하지 않았고, 앞으로도 존재하지 않을 특별한 삶의 주인공이라는 점을 이해해야 한다. 사람은 누구나 어쩔 수 없이 자신을 중심으로 세상을 이해하는 존재이다. 그가 공동체에 참여를 결정하고, 헌신을 결심하려면, 공동체에서 자신의 존재 의미를 찾아야 한다. 리더는 구성원을 그저 공동체를 구성하는 많은 사람들 중에 하나로 이해해서는 안 된다. 공동체를 책임진 리더라면 전체 공동체뿐만 아니라 구성원에 대한 분명한 책임 의식을 마음 속에 지녀야 한다.

(2) 공동체와 구성원, 모두를 행복하게 만들 수는 없을까?

공동체의 성공과 구성원의 행복, 이 두 가지 목표는 무엇이 먼저랄 것도 없이 서로 선순환하며 달성해야 할 목표이다. 그러나 두 목표를 서로 모순되는 것으로 이해하는 리더가 있다. 예를 들어, 경제적 효율성을 최고 가치로 여기는 리더는 구성원들을 만족시키기 위한 노력을 부질없는 비용이며 결국 공동체의 이익에 반하는 것이라고 생각한다. 또 공동체의 성공을 위해서라면 구성원들에게 희생을 요구하거나, 그들이 원치 않는 선택을 강요할 수 있다고 생각한다.

　공동체의 성공과 구성원의 행복은 모순된 목표가 아니다. 행복한 구성원들은 자발적으로 헌신하고 창의성을 나타내서 결국 공동체의 성공을 가져온다. 그러므로 구성원을 만족시키려는 노력은 부질없는 비용이 아니라 생산적인 투자가 된다. 구성원의 행복이 결국 공동체의 성공에 기여하고, 공동체는 다시 구성원의 행복을 위해 투자하는 선순환이 되는 것이다.

　리더는 공동체의 성공과 구성원의 행복이 서로 선순환하도록 만들어야 한다. 리더는 그 공동체에 맞게 구성원들의 마음을 얻으며 성과를 나타내는 독특한 방법을 찾아야 한다. 성공한 공동체들은 각 공동체의 특성과 환경에 맞추어 바로 이러한 선순환 구조를 독창적으로 찾아낸 공동체들이다. 리더는 리더십을 수행하는 과정에서 공동체와 구성원 모두의 유익을 추구해야 한다는 것을 늘 머릿속에 상기하면서 자신의 리더십을 점검해야 한다.

2. 공동체의 변화

(1) 리더는 공동체의 방향을 결정하는 사람이다

　흔히 리더십의 개념을 분명히 이해하기 위해 리더십을 관리management의 개념과 비교하곤 한다. 베니스Bennis의 유명한 비교에 따르면, 관리자는 주어진 일을 올바로 처리하는 사람인 반면, 리더는 올바른 일을 하는 사람이다. "Managers do things right, and leaders do the right thing"5 리더십과 관리의 이러한 개념적 차이를 코비Covey는 정글 숲 속에서 잡목과 잡초를 제거하면서 사람들이 함께 길을 내는 일로 비유하였다.6 즉, 관리자는 자신에게 주어진 인력과 도구를 바탕으로 적절한 관리 방법(계획, 지시, 통제, 보상 등)을 활용하여 짧은 시간에

---

5) 워렌 베니스, 『뉴리더의 조건』 (김영사, 1993), 85
6) 스티븐 코비, 『성공하는 사람들의 7가지 습관』 (김영사, 2003), 135-136

멀리까지 길을 내는 사람인 반면, 리더는 산 위로 올라가서 산 아래 정글 숲속에서 길을 내는 사람들에게 "지금 우리가 내고 있는 길의 방향이 잘못되었다. 우리가 내야 할 길은 오른쪽으로 10도 더 꺾어야 한다"라고 방향을 가르쳐주는 사람이다.

(2) 리더는 공동체의 변화를 다루는 사람이다.

사람들에게 자신의 삶 속에서 언젠가 탁월한 리더십을 발휘했을 때의 경험을 이야기해보라고 하면, 누구나 새로운 상품 출시, 새로운 서비스 제공, 제도의 변화, 새로운 시장 개척, 새로운 문화 형성 등 자신이 새롭게 시도하고 도전한 일들을 이야기한다. 그동안 늘 해왔던 일을 유지하면서, 좀 더 잘했던 경험을 이야기하지는 않는다. 리더십이란 전에 없던 일을 하는 것이다.

코터Kotter는 관리가 복잡성complexities을 다루는 것이라면, 리더십은 변화change를 다루는 것이라고 하였다.7 공동체는 매일 해결해야 할 다양하고 복잡한 문제들로 가득 차 있다. 관리자는 이러한 복잡한 문제들과 매일 씨름하며 그 문제들을 마구 해결해 내는 사람이다. 이러한 일상의 문제들을 제대로 해결하고 올바른 의사결정을 내리기 위해서 관리자는 합리적/과학적 사고와 문제해결을 위한 능력을 갖추어야 한다.

그러나 관리자의 역할과 달리 리더는 변화를 다루는 사람이다. 변화를 다루려면 정신없이 돌아가고 있는 일상의 복잡한 문제들로부터 한 걸음 벗어나서 공동체 전체를 조망할 수 있어야 한다. 어떤 문제들이 발생하고 있는지, 그러한 문제들이 발생하는 근본 원인은 무엇인지 생각하며 현재 공동체의 상태를 큰 틀에서 개념화할 수 있어야 한다. 그리고 현재 모습보다 더 나은 바람직한 공동체의 모습을 머릿속에 그릴 수 있어야 한다. 바람직한 모습과 현재 모

---

7) 존 코터, 『존 코터 변화의 리더십』 (21세기북스, 2003), 87-91

습의 차이, 그 차이를 줄이고자 하는 노력이 '변화'이다. 관리자는 숲속의 나무들을 바라보지만 리더는 전체 숲을 바라보는 사람이다. 관리자가 문제해결의 전문가라면 리더는 문제를 정의하고 새로운 질문을 던지는 사람이다.

(3) **리더는 변화를 위하여 공동체의 질서와 안정을 깨는 사람이다.**

리더십 저술가인 쿠제스Kouzes와 포스너Posner는 유명한 정치, 경제, 군사 지도자들이 아니라, 프로젝트 리더, 경영관리자, 중소창업가, 작은 시민단체의 리더 등과 같이 평범한 사람들이 자기 조직에서 최고의 리더십을 보여주었던 경험을 연구하였다. 그 결과, 사람들이 효과적인 리더십을 발휘한 경우에는 일정한 행동 패턴practice을 실행했음을 발견하였는데, 그 중 하나는 틀에 박힌 과정process에 도전하는 것이었다. 리더십이란 무의식 중에 현상을 유지하고 변화를 거부하도록 하는 현재의 과정에 도전하는 것이다.[8]

모든 공동체는 현재 공동체의 모습에 이르도록 만든 나름의 과정process을 지니고 있다. 어떤 공동체가 훌륭하다면 그 공동체가 훌륭한 과정을 지니고 있기 때문이고, 문제가 있는 공동체라면 문제가 있는 과정을 지니고 있기 때문이다. 또한 공동체의 모습이 어떠하든 공동체가 지닌 과정은 그 공동체에게 질서와 안정성을 가져다준다. 즉, 공동체가 현재 유지하고 있는 질서와 안정은 공동체가 지닌 나름의 과정으로 인해 형성되고 유지되는 것이다. 따라서 과정에 도전한다는 것은 현재 공동체의 질서와 안정을 깨뜨린다는 것이다. 동시에 더 나은 공동체의 모습을 위해 변화를 추구한다는 것을 의미한다. 변화를 추구한다는 것은 현재를 부정하는 것과 다름이 아니다.

리더는 많은 사람들이 공동체의 현재 상태를 높이 평가하고 만족할 때라도 더 나은 상태로 변화시키기 위해 스스로 엄격한 잣대를 들이대는 사람이

---

8) 제임스 쿠제스와 베리 포스터, 『리더십 챌린지』 (물푸레, 2004), 45-57

다. 즉, 리더는 변화를 '추구'하는 사람이다. 리더는 단순히 변화에 '적응'하는 사람이 아니다. 변화에 적응하여 안정을 구축하고자 하는 노력은 리더가 아니라 관리자의 역할에 가깝다. 리더는 일부러 안정과 질서를 깨는 사람이며, 변화를 위해 위험이 따르더라도 도전하는 사람이다. 실험하고 위험을 감수하며, 실패를 경험하더라도 그것을 학습과 성장의 기회를 삼는 것이 리더십이다. 리더는 구성원들에게 새롭고 혁신적인 방법으로 일을 해보도록 자극하는 사람이며, 일이 뜻대로 풀리지 않을 때는 '여기서 무엇을 배울 수 있는가'를 묻는 사람이다.

(4) 리더는 관리자의 역할도 잘 감당해야 한다

리더에게 리더십만 중요한 것은 아니다. 리더는 관리자의 역할도 잘 수행해야 한다. 공동체의 성공을 가져오려면 리더십뿐만 아니라 관리도 잘 수행해야 한다. 둘 중 어느 하나만으로는 충분치 않다. 리더로서의 역할은 공동체의 미래 방향과 비전을 설정하고 그것을 향해 공동체의 변화를 이끄는 것이다. 관리자로서의 역할은 현재 공동체가 당면한 현실적인 문제들, 예를 들어, 예산과 자원의 부족, 인력 문제, 효율성 문제, 통제 시스템 문제 등을 해결하면서 목표를 효율적으로 달성하는 일이다.

리더십이 공동체가 원하는 비전과 방향이 무엇인가를 묻는 것이라면, 관리란 주어진 목표를 어떻게 달성할 것인가를 묻는 것이다. 공동체가 성공하려면 이 두 역할이 모두 중요하다. 공동체가 올바른 방향으로 나아간다고 해도 관리에 소홀하다면 공동체는 그 나아가는 과정에서 계획된 목표들을 효율적으로 달성하지 못할 것이다. 반면에, 당면한 문제 해결과 목표 달성에 열심이지만 미래의 방향이 분명치 않다면 공동체는 엉뚱한 곳에서 열심히 허우적거릴 수 있다. 그러므로 공동체를 성공적으로 운영하려면 리더십과 관리능력이 모두 필요하며 두 기능이 서로 보완적인 역할을 해야 한다.

(5) 리더십과 관리, 개인 삶의 문제이기도 하다

리더십과 관리의 개념 구분은 개인의 삶에서도 유용하게 적용된다. 우리는 각자 자기 삶의 리더로서 '내 삶은 하나님의 인도하심 가운데 있는가?', '내 삶의 비전은 무엇인가?'를 늘 생각해야 한다. 또한 자기 삶의 관리자로서 일상의 문제와 어려움을 지혜롭게 해결하며, 계획에 맞추어 성실히 살아가면서 크고 작은 성취를 축적하며 살아야 한다.

삶의 리더십을 회복하려면 질문을 던져야 한다. '어디로 가야 할 것인가?', '어떤 모습이 되고 싶은가?'를 끊임없이 물어야 한다. 당신의 가슴을 뛰게 하는 질문이 있는가? 당신이 변화시키고자 하는 문제, 이슈, 사람, 공동체, 시장, 관계, 환경 등이 있고, 그것의 변화된 모습을 상상할 때 당신의 가슴이 뛴다면, 그곳이 당신의 비전과 사명이 숨 쉬고 있는 곳이다. 삶의 리더십은 바로 그곳에서 출발한다.

예수는 훌륭한 관리자로서 이 땅에 온 것이 아니다. 세상을 변화시키기 위해 이 땅에 왔다. 이 땅에서 하나님 나라를 실현하기 위해, 인간을 죄로부터 구원하고, 죽음으로부터 생명으로 변화시키기 위해 온 예수야말로 진정한 리더의 표상이다.

3. 구성원의 성장

(1) 리더는 구성원의 성장을 도와야 한다

리더는 구성원의 행복을 책임지는 사람이다. 행복의 직무적 표현은 직무만족이다. 공동체 안에서 구성원들이 만족하려면 무엇이 필요할까? 우선 보상 수준이 높아야 하고, 근무환경이 좋아야 할 것이다. 또 상사 혹은 동료와의 인간관계가 좋아야 한다. 그리고 일 자체도 재미있어야 하고, 일에서 성취감을 느낄 수 있어야 한다. 이를 충족시켜주기 위해 리더는 다양한 관리적 지혜를 활용해야 한다.

그러나 리더는 구성원들에게 당장의 만족을 제공하는 것을 넘어서야 한다. 보다 긴 안목을 갖고 구성원들의 성장을 도와야 한다. 사람은 누구나 보다 나은 삶을 향해 성장하기를 원한다. 구성원이 공동체로부터 기대하는 것은 단순한 만족을 넘어서서 공동체 경험을 통해 자신이 성장하는 것이다. 구성원들은 먼저 직업적으로 성장하기를 원한다. 현재보다 더 많은 보상과 책임이 따르는 일, 더 높은 수준의 기술과 전문성을 요구하는 일, 자신의 재능과 열정을 마음껏 발휘할 수 있는 일, 일을 통해 더 큰 보람과 의미를 찾을 수 있는 일로 성장하기를 원한다. 성장을 위한 것이라면 새로운 경험과 어려운 도전을 마다하지 않고, 있을지도 모르는 실패를 두려워하지 않는다. 또한 구성원들은 개인적 삶에서 성장하기를 원한다. 공동체의 경험을 통해 인격적으로, 사회적으로, 영적으로 더 성숙한 존재가 되기를 원한다. 사람은 누구나 오늘보다 더 성장한 내일의 소망을 품고 사는 존재이다.

리더는 구성원들의 성장을 도와야 한다. 성장이 멈춘 자녀를 바라보는 부모의 절망감을 생각해 보라. 반대로 자신이 가르친 학생이 사회에서 멋진 활약을 펼칠 때 그를 바라보는 선생의 기쁨을 생각해 보라. 리더는 함께 일하던 구성원들이 성장하여 멋진 성공의 주인공이 되는 모습을 꿈꿔야 한다. 리더에게는 공동체의 변화를 이끌어가는 책임과 더불어 구성원의 성장을 도와야 하는 책임이 있다. 리더는 구성원들이 지닌 개인적 목표와 전문직업인으로서의 목표를 파악하고, 그들이 공동체 안에서 성장하여 목표를 성취할 수 있도록 경험을 쌓게 하고, 도전의 기회를 제공하며, 필요한 교육과 훈련을 지원해야 한다.

서번트 리더가 진정한 리더의 모습이라고 주장한 그린리프Greenleaf는 어떤 리더가 서번트 리더인지를 판단하는 기준은 그가 구성원들의 성장을 돕는가의 여부에 있다고 하였다.

> "...서번트 리더인지를 검증하기 위한 가장 좋은 방법은 이것이다 : 리더로부터 섬김을 받는 사람들이 인간으로서 성장하고 있는가? 섬김을 받는 동안 보다 더 건강해지고, 더 현명해지고, 더 자유로워지며, 보다 더 자율적인 존재가 되고, 그리고 그들 자신이 서번트 리더로 변화되려 하는가?"9

전통적인 리더가 구성원들이 만들어 낸 직무 성과에 우선적인 관심이 있다면, 서번트 리더는 구성원들이 성숙한 존재로 성장하는 것에 우선적인 관심이 있는 리더이다. 그러므로 만약 당신이 어떤 공동체의 리더라면 스스로에게 질문해야 한다. 당신은 리더로서 다른 어떤 목적보다 구성원들의 삶을 우선시하는가? 그들이 직업적으로 성장하도록 돕고 있는가? 한 인간으로서 지적으로, 육체적으로, 심리적으로, 감정적으로, 인격적으로, 도덕적으로, 영적으로 성장하도록 돕고 있는가? 리더인 당신으로 인하여 그들이 더 자율적이고 자유로운 삶을 살고 있는가?

(2) 리더는 성과가 아닌 성장의 관점으로 보아야 한다

리더는 구성원들을 성과가 아닌 성장의 관점으로 보아야 한다. 전통적인 리더는 구성원들이 얼마나 많은 성과를 나타내는가에 모든 관심의 초점을 모은다. 그들은 성과를 중심으로 구성원들을 비교 평가하고, 그 결과에 따라 구

---

9) R. Greenleaf, *Servant as Leader* (Republished in 1991 by Robert K. Greanleaf Center in Indianapolis, Indiana), 1970, 15

성원에 대한 처우를 달리한다. 그래서 구성원들로 하여금 경쟁적으로 성과를 높여서, 결국 공동체의 성과가 높아지는 상황을 만들려고 한다.

성과 중심적으로 구성원을 바라보는 리더는 구성원의 성과가 오롯이 구성원 개인의 능력에서 비롯된 것이라 생각한다. 또 그 능력은 쉽게 변하지 않을 것이므로 현재의 성과가 미래의 성과를 가장 잘 예측할 수 있다고 믿는다. 그리고 구성원이 만들어낸 성과는 그의 능력을 평가할 수 있는 가장 객관적으로 합리적인 기준이라고 생각한다. 결국 성과를 구성원들의 가치를 판단하는 가장 핵심적인 지표라고 생각한다. 이런 리더 앞이라면 구성원들은 당장의 성과 경쟁에 내몰릴 수밖에 없다. 성과 중심적 관점을 지닌 리더에게는 구성원들이 단지 성과를 만들기 위한 수단이다.

그러나 성장의 관점에서 구성원을 바라보는 리더는 구성원들의 성장가능성에 초점을 맞춘다. 성장은 미래 성과를 위한 잠재력을 키우는 일이다. 만약, 리더가 당장 성과를 만들어 내라는 압박을 지속한다면 구성원들은 자신이 현재 지닌 능력을 소진할 뿐 새로운 능력을 개발하거나 잠재력을 키울 여지가 없다. 그러나 리더 자신을 포함하여 사람은 누구나 성장의 과정에 있는 존재이다. 자신의 현재 모습은 과거로부터 지금까지 성장의 결과이고, 이제 앞으로의 성장을 위한 출발점이다. 현재의 성과가 곧 미래의 성과를 결정하는 것은 아니다. 왜냐하면 사람은 개발가능하고 성장하는 존재이기 때문이다. 사람은 누구든지 필요한 교육과 경험을 쌓는다면 직업적 능력은 물론이고, 인격이나 도덕적인 특성도 개발될 수 있는 존재이다.

성장의 관점에서 중요한 것은 어제의 나보다 지금의 내가 성장하고 있는가 하는 것이다. 리더는 구성원들에게 그들의 잠재력을 끄집어내도록 끊임없이 자극하고, 새로운 도전을 격려하고, 성장의 경험을 쌓기 위한 기회를 제공해야 한다. 특히 사람은 자신의 책임하에 자신의 결정으로 일을 할 때 직업적으로 성장한다. 자기 결정의 권한이 커짐에 따라 실패의 위험도 커지지만, 실패를 두려워하지 말아야 하는 것은 실패가 성장의 필수적인 양분이기 때문이다.

성장을 위해서는 현재 자신의 강점과 약점에 대해 보다 정확한 정보를 얻는 것이 필요하다. 리더는 구성원들의 성장을 돕기 위해 강점과 약점을 잘 파악하고, 그들에게 구체적인 피드백을 제공해주는 것이 필요하다. 리더 자신도 자기의 강점과 약점을 객관적으로 인지하는 '자기 인식'이 필요하며, 겸손한 자세로 구성원들로부터 배우는 것에 열려 있어야 한다. 이처럼 리더와 구성원은 서로 도우며 함께 성장하는 관계이다. 구성원들을 단지 성과에 따라 구분하려 애쓰고 그 결과를 모든 의사결정의 기초로 삼을 것이 아니라, 구성원 각자가 지닌 독특한 기여를 인정하고, 각자가 처한 상황을 이해하며, 성장의 관점에서 그들에게 코칭과 멘토링의 기회를 제공해야 한다. 리더는 구성원들이 각자 도달할 수 있는 최고의 존재 'Be the best you can be'가 될 수 있도록 후원하고 격려하는 사람이다.

(3) 구성원의 성장은 공동체의 성장으로 이어진다

리더가 성과 중심적으로 바라본다면 구성원들은 성과를 나타내기 위해 온 힘을 다한다. 성과에서 뒤처지는 구성원은 '능력없는 사람', '가치없는 사람'으로 분류되는 셈이며, 구성원들은 어떻게든 이를 피하려고 치열하게 경쟁한다. 치열한 경쟁은 공동체를 무너뜨리며, 그 결과 단기적이고 개인주의적인 문화가 팽배해진다. 구성원들은 실패 가능성이 있는 어려운 일은 도전하지 않고 자신의 성과가 쉽게 드러날 일을 찾아 나선다. 결과적으로 성과 중심적인 공동체가 오히려 큰 어려움을 겪게 된다.

리더가 구성원의 성장을 중시한다면 구성원들은 어려운 일이라도 학습과 성장의 기회로 인식하여 기꺼이 도전할 용기를 갖게 된다. 왜냐하면 실패란 자신의 무능력을 의미하는 것이 아니라 성장에 필요한 학습 과정으로 보기 때문이다. 성장 과정에서 종종 경험하는 실패는 배움을 얻을 수 있는 좋은 기회이다. 리더가 성장의 관점을 지니면 구성원들은 함께 성장하기 위해 도우며, 결국 공동체가 살아난다.

하버드대학 출신의 스티브 발머Steve Ballmer가 이끌던 마이크로소프트는 최고 학력을 지닌 엘리트들을 끌어들여 그들로 하여금 성과 경쟁을 시키는 것으로 이름난 회사였다. 최고 엘리트들 간의 치열한 경쟁이 회사의 성장으로 이어질 것이라는 기대와는 달리 마이크로소프트는 십 수년간 끊임없이 추락을 거듭해 왔다. 그러나 인도의 이름없는 대학 출신인 사티아 나델라Satya Nadella 회장이 부임하면서 모든 것이 달라졌다. 나델라 회장이 시행했던 가장 중요한 변화는 인재에 대한 관점을 학벌 위주의 엘리트가 아닌 성장 중심으로 바꾼 것이다. 이후 회사는 혁신의 아이콘으로 변모하였고, 2018년 전 세계 시가 총액 1위의 기업으로 탈바꿈되었다. 과거의 마이크로소프트에서는 최고의 엘리트들이 인정받는 회사였다면, 지금은 학벌보다는 자신의 경험과 지식을 커뮤니티에 공유하며 함께 성장하는 인재가 인정 받는다.[10]

최근 앞서가는 회사들은 직원 관리의 초점을 직원들의 성장과 개발에 두고 있다. 예를 들어, 과거에는 직원들을 성과에 따라 분류하고 그 분류에 따라 연봉을 결정하는 관리적 목적으로 성과평가제도를 사용했다면, 지금은 직원들을 성장시키고 개발시키기 위한 목적으로 성과평가제도를 활용한다.

대표적인 변화는 GE에서 일어났다. 과거 경영의 신으로 불리던 GE의 CEO 잭 웰치Jack Welch는 직원들을 성과에 따라 상대평가에 의해 강제로 분류하고 상위 20%에 속하는 집단에게는 연봉을 인상하고 리더로 육성하는 한편, 하위 10%는 상시 퇴출을 시키는 정책을 시행하였다. 그 결과 재임 기간1981-

---

10) 이소영, 『홀로 성장하는 시대는 끝났다』 (더메이커, 2019)

2001 동안 GE의 시가 총액이 26배 성장하는 큰 성과를 거두었다. 잭 웰치가 개발한 상대평가에 의한 강제 분류 방식은 수십 년간 전 세계 기업의 인사관리 관행이 되었다. 그러나 상대평가는 단지 직원들의 성과 우열을 구분하기 위한 것이지, 성장을 목적으로 하는 것이 아니다. 성과가 모든 평가와 보상의 기준이 되는 성과 중심적 사고는 과거의 성과가 미래의 성과를 예측한다는 믿음을 바탕으로 한 것이다. 이는 성장 중심적 사고, 즉 인간의 성장 잠재력은 무한하며 적절한 목표와 환경이 뒷받침된다면 얼마든지 과거보다 개선된 성과를 얻을 수 있다는 믿음과는 거리가 먼 것이다. GE는 2000년 5,940억 달러에 달했던 시가 총액이 2008년 1,100억 달러로 추락하였는데, 위기의 원인이 평가제도의 문제로 인식되면서 결국 2015년도에 상대평가 제도를 전면적으로 폐지하였다.[11]

딜로이트Deloitte는 '퍼포먼스 스냅샷'Performance Snapshot이라는 명칭의 제도를 통해 직원들과 수시로 대화하고 성과피드백을 제공하면서 개선점을 논의하고, 평가 자체보다는 직원들의 성장과 개발에 초점을 맞추고 있다. 어도비Adobe는 '체크인'Check-In이라고 불리는 상시피드백 시스템과 대화형 성과관리시스템을 도입하였다. IBM은 '체크포인트'Checkpoint라는 평가제도를 시행하면서 상대평가를 절대평가로 바꾸고, 상시 평가를 시행하면서 평가 위주에서 벗어나 성장을 위한 조언 중심으로 바꾸었다.

이처럼 앞서가는 기업들에서 성과평가 프로세스의 변화가 이루어지고 있는데 그 핵심은 직원들을 성과 중심으로 바라보는 것이 아니라 성장의 관점에서 바라보는 것이다. 직원들의 성장에 도움을 주기 위한 목적으로 정기적인 평가에서 수시 혹은 상시적인 평가로 변화하고 있으며, 과거의 실적에 기반한 평

---

11) GE, 딜로이트 등의 예는 월간인재경영편집부, 『HR은 지금, 혁신중』 (온크미디어, 2019)의 조성준, "글로벌 기업의 성과평가 제도 대안찾기"를 참조함

가로부터 미래의 성장을 위한 직원 개발로 변화하고 있고, 상대평가로부터 코칭과 개발이 동반된 절대평가로 변화하고 있으며, 관리자 주도적인 평가로부터 쌍방적 직원 참여 방식으로 변화하고 있다. 앞서가는 기업들은 직원의 능력을 구분하기 위해 애쓰기보다 직원의 능력을 성장시키기 위해 수시로 조언하고 코칭하는 것에 열심이다.

(4) 리더는 '구성원의 회복을 돕는 자'이다

성장을 강조하는 것은 인간의 미성숙한 현재 모습이 그가 지닌 본래적 모습이 아니라는 것을 가정하는 것이다. 즉, 지금의 미성숙한 모습이 변화불가한 최종적인 모습이 아니라는 것이다. 인간의 본래의 모습은 삶의 모든 영역에서 보다 성숙하고 자율적인 모습이며, 성장은 그 본래의 모습으로 나아가는 과정인 것이다. 리더는 구성원이 본래의 모습으로 나아가도록 돕는 사람이다. 이를 달리 표현하면 리더는 구성원들이 일그러진 현재 모습으로부터 본래의 모습을 회복하도록 돕는 사람이다.

인간은 하나님의 형상으로 창조되었다.[12] 모든 인간은 가치와 존엄성을 지닌 존재로 창조되었으며, 자율적인 결정과 창조적인 능력이 있는 존재로 창조되었다. 인간은 정해진 프로그램에 의해 움직이는 기계와 같은 존재가 아니라, 스스로 판단하고 결정할 수 있는 능력과 의도를 지닌 존재로 창조되었다. 이것이 인간의 본래인 모습이라면, 현실의 공동체 안에서 흔히 마주하는 인간의 모습은 부도덕하고 이기적이며, 타율적이고 수동적인 모습이다.

리더는 현실 공동체에서 마주하는 그러한 구성원의 미성숙한 모습이 인간의 죄성으로 인해 왜곡된 모습임을 알아야 한다. 그리고 구성원 안에 감추어져 있는 본질적인 모습, 즉, 자율적이고 주도적이며, 창조적 능력을 지닌 모습

---

12) 창세기 1:26-27

을 바라볼 수 있어야 하며, 그것을 회복하도록 도와주어야 한다. 만약 구성원이 미성숙하다면 단기적으로는 그에 적합한 관리 방법을 사용해야 공동체를 이끌어갈 수 있겠지만, 진정한 리더라면 그것에 만족하지 말아야 한다. 구성원의 미성숙한 모습이 문제 상황임을 인식하고 그 상황을 변화시키고자 하는 노력, 즉 구성원을 회복시키기 위한 노력을 기울여야 한다. 그러므로 교육과 훈련에 대한 투자가 중요하며, 구성원이 성장할 수 있는 기회를 제공하는 것이 필요하다. 리더는 그 변화의 과정에서 필연적으로 겪게 되는 작은 실패를 두려워하지 말고, 그 비용을 기꺼이 감당할 수 있어야 한다.

3장 · 리더십의 핵심 과정

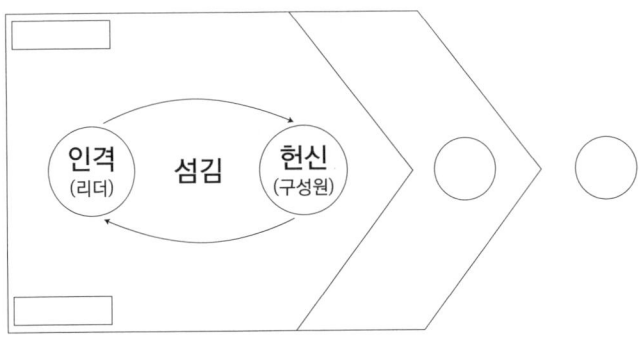

1. 리더의 인격

(1) 리더의 능력이 아니라 인격이 중요하다.

　리더십의 성패는 그 리더가 어떤 사람인가에 달려있다. 리더가 지닌 인격의 깊이 이상으로 리더십은 성공할 수가 없다. 리더가 아무리 뛰어난 능력과 수단을 지니고 있어도, 리더가 아무리 뛰어난 전략과 기술을 지니고 있어도, 리더가 아무리 강력한 권력과 힘을 지니고 있어도 그 리더의 말과 행동이 다르거나, 비도덕적이거나, 진실하지 못하면 리더십은 기초부터 흔들리게 된다. 리더가 지나치게 이기적이거나, 지나치게 우쭐댄다면 그가 제시하는 어떤 비전과 목표도 구성원들의 마음을 움직이지 못한다. 왜냐하면 영향력을 발휘하기 위한 가장 근본적 토대라고 할 수 있는 신뢰를 구성원들로부터 얻지 못하기 때문이다. 그러므로 리더의 인격은 리더십 과정에서 가장 근본적인 토대가 된다.

　인격이란 사람이 사람으로서 지닌 품격을 의미한다. 리더의 인격은 '그 리더가 어떤 사람인가'에 대한 것으로, '그가 어떤 일을 하는 사람인가'와 다르며, 그가 '무엇을 할 수 있는 사람인가'와 다른 것이다. 인격character은 여러 덕목들로 이루어진 다차원적인 개념이다. 리더십에서 흔히 중요하게 다루어지는 진정성, 이타성, 절제, 정의, 겸손, 용서 등은 모두 인격을 구성하는 개념들이다.

　인격은 성격personality과 다른 것이다. 성격은 다양한 유형이 존재하며, 각각의 유형은 장단점이 있다. 외향적인 리더가 있고, 내향적인 리더가 있다. 사고를 중시하는 합리주의적인 리더가 있으며, 감정을 중시하는 인도주의적 리더가 있다. 성경의 바울처럼 결단력 있는 주도형의 리더가 있고, 베드로처럼 영감적인 사교형의 리더가 있으며, 요한처럼 부드러운 안정형의 리더가 있고, 도마처럼 계산적인 신중형의 리더가 있다.[13] 리더는 자신의 성격을 이해하고, 자신의 성격이 빛을 발할 수 있는 환경 속에서 자신의 장점을 잘 활용해야 한다. 그러나 인격은 성격과 다른 것이다. 성격이 사람마다 다른 독특한 특성이라면 인격은 사람이라면 누구나 갖추어야 할 선하고 가치있는 도덕적 특성을 의미한다. 성격은 대개 6세를 전후하여 형성되고, 그 이후에는 잘 변하지 않는 것이지만, 인격은 평생 갈고 닦아야 하는 것이다.[14]

　리더십에서 인격을 중요하게 다루는 이유는 인격이 리더가 '어떤 일을 선택할 것인가', '어떤 행동을 선택할 것인가'를 결정하기 때문이다. 인격이란 공공의 선을 위해 자신의 사적 욕구와 열망을 억누르는 절제력moral discipline, 자신을 넘어 공동체를 위한 헌신 의지moral attachment, 자유 의지로 도덕적 판단

---

13) DISC(Dominance, Influence, Steadiness, Conscientiousness의 약자, 각각 주도형, 사교형, 신중형, 안정형) 성격유형
14) 제임스 헌터, 『서번트 리더십』 (시대의 창, 2013), 27-28

과 행동을 할 수 있는 능력moral autonomy을 의미한다.15 그러므로 리더의 인격은 리더의 도덕적 성숙을 의미한다. 제임스 헌터James Hunter의 표현에 의하면 인격이란 아무도 보고 있지 않는 어둠 속에 있는 나의 모습이며, 하고 싶은 것과 해야 하는 것을 놓고 가슴과 마음에서 벌어지는 투쟁에서 승리하는 것이다.16 인격은 희생을 치르는 한이 있더라도 옳은 일을 할 수 있는 도덕적 성숙을 일컫는다.

(2) 겸손은 인격의 토양이다

인격은 여러 덕목들로 이루어진 다차원적인 개념인데, 그중에서도 가장 기초적인 덕목은 겸손이다. 겸손을 의미하는 humility는 토양과 땅을 의미하는 라틴어인 humus와 humi로부터 나왔다고 한다. 겸손은 다른 모든 덕목들이 자라나는 기름진 토양인 것이다.17

리더가 직위와 권력으로 다가가면 구성원들의 마음은 경직되지만, 겸손으로 다가가면 구성원들의 마음은 열리기 시작한다. 일반적인 사람들의 예측과 달리, 겸손은 위대한 리더십의 특징이기도 하다. 짐 콜린스Jim Collins는 1965년-1995년까지 Fortune 500에 나타난 1,435개 기업을 대상으로 추려낸 최고 중의 최고인 11개의 위대한 회사들의 성공 요인을 연구하였는데, 연구 결과 그 위대한 회사들의 리더들은 모두 공통된 리더십 특징을 지니고 있다는 것을 발견하였다. 위대한 기업들의 리더들은 모두 '겸손하고 의지가 강하다'는 공

---

15) T.A. Wright, & J. Goodstein, Character is not "dead" in management research : A review of individual character and organizational-level virtue. *Journal of Management*, 33(6), 2007, 928-958, 그리고 T.A. Wright, & J.C. Quick, The role of character in ethical leadership research. *The Leadership Quarterly*, 22, 2011, 975-978
16) 제임스 헌터, 위 책, 28
17) A. Rego, B. Owens, K.C. Yam, D. Bluhm, M.P. e Cunha, A. Silard, L.C.M. Martins, A.V. Simpson, & W. Liu, Leader humility and team performance: Exploring the mediating mechanisms of team psycap and task allocation effectiveness. *Journal of Management*, 45(3), 2019, 1009-1033

통점을 지니고 있다는 것인데, 짐 콜린스는 이를 리더십의 최고 단계인 "단계 5의 리더십"이라고 불렀다.[18]

위대한 기업을 일군 이들 리더들은 기업의 성공을 위해서 해야 할 일을 기어이 해내는 강력한 의지를 지닌 사람들이었지만, 동시에 자신의 능력과 공로를 부각하기보다 자기를 낮추고 함께 일한 동료들에게 그 공을 돌리는 겸손한 사람들이었던 것이다. 위대한 기업을 일군 리더들은 자신이 그 기업에서 동료들과 함께 일했다는 사실을 영광으로 여기며 감사하는 리더들이었다. 그들은 스스로를 드러내지 않는 겸손한 리더들이었기 때문에 세상에 잘 알려지지 않은 리더들이다. 오히려 스스로를 드러내기 좋아하는 리더들, 예를 들어 크라이슬러 회장이었던 리 아이아코카Lee Iacocca같은 저명한 리더들은 한때 강력한 카리스마를 바탕으로 회사를 도약시켰지만 자기 공로를 지나치게 앞세우는 자기중심성 때문에 결국 회사가 쇠락의 길로 가게 되었다는 것이다.

겸손은 자신을 비하하거나, 부정적으로 바라보는 것이 아니다. 겉치레로 그런 태도를 보이는 것은 더욱 아니다. 겸손의 첫 번째 출발은 분명한 '자기 인식'이다.[19] '너 자신을 알라'가 바로 겸손의 토대이다. '자기 인식'이란 자기 자신의 강점과 약점을 객관적으로 정확하게 보려고 하는 것이며, 자신을 탐구하고 자신이 어떤 사람인지를 돌아보는 것이다. 리더에게 자기 인식이란 남의 눈에 있는 티를 보기 전에 먼저 자신의 눈에 있는 들보를 보는 것이다.[20] 리더에게 일doing보다 먼저 중요한 것은 그가 어떤 존재인가being 하는 것이다.

둘째, 겸손은 '타인의 강점과 공로를 인정하는 것'이다. 겸손은 다른 사람과의 관계에서 비교와 경쟁 대신 그들이 지닌 강점과 공로를 인정하고 칭찬하는

---

18) 짐 콜린스, 『좋은 기업을 넘어 위대한 기업으로』(김영사, 2011), 39-71

19) 겸손의 5가지 차원은 T. Maldonado, D. Vera, & Spangler. Unpacking humility: Leader humility, leader personality, and why they matter. Business Horizons, 65, 2022, 125-137을 참조

20) 마태복음 7:3-5

것이다. 다른 사람들이 지닌 강점과 약점을 이해한 상태에서 그들을 가치있게 여기며, 그들의 공로를 인정하는 것이다.

셋째, 겸손은 '배울 수 있는 능력'을 의미한다. 겸손한 사람은 다른 사람들로부터 배우는 것에 열려 있으며, 다른 사람들의 충고나 비판, 피드백에 열려 있는 사람이다.

넷째는 겸손은 '자기중심적이지 않은 것'이다. 겸손한 사람은 자기를 낮추는 사람이며, 타인에게 주목받는 것을 추구하지 않는 사람이다. 겸손한 사람이란 자신의 한계를 분명히 인식하는 사람이다. 자신의 행동 뒤에 숨겨진 사적 욕구와 야망을 냉정하게 들여다보고, 세상 속에 자신이 드러나고 인정받기를 바라는 자기중심적인 모습으로부터 벗어나려는 사람이다.

마지막으로 겸손은 '자신 너머의 것을 추구하는 것'이다. 겸손한 사람은 자신을 넘어서서 다른 사람들을 돕고자 하는 사람이며, 자신을 초월하는 더 큰 존재를 인식하는 사람이다. 겸손은 하나님과의 관계 속에서 다시 한번 자신의 정체성을 회복하는 것이다. 이는 다시 자신을 부인하고 자기중심성으로부터 탈피하는 것으로 귀결된다.

(3) 겸손에 이르는 생각

리더가 겸손에 이르려면 먼저 자신의 성공에 자신의 공로가 별로 없다는 자각이 있어야 한다. 리더의 위치에 오른 사람들은 대개 자신의 경력에서 인정받고 성공한 사람들이다. 그런데 자신의 성공이 오로지 자신의 능력 때문이라고 믿는 리더는 쉽게 오만함에 빠지기 쉽다. 왜냐하면 성공하지 못한 사람들에 비해 자신을 뛰어난 능력을 지닌 특별한 사람으로 인식할 가능성이 높기 때문이다. 능력은 쉽게 변하지 않는 것이고, 지속적으로 영향을 줄 것이므로, 자신은 다른 사람과 달리 성공할만한 사람이라고 생각할 가능성이 높다.

그런데 자신의 성공은 온전히 자신의 공로 때문일까? 먼저 개인의 성공을 위해서는 재능이 필요하다. 그런데 재능에는 자신의 공로가 거의 없다. 재능은 유전적 영향이 크다. 각자 부모로부터 물려받은 재능의 종류가 다르고 그 크기가 다른 것이다. 물론 부모로부터 물려받은 재능도 부모의 공로라고 할 수 없다. 부모의 재능은 다시 그 부모로부터 온 것이다. 결국 자신의 재능은 수많은 조상으로부터 이어진 유전인자들이 자신에 이르러 독특하게 결합된 결과인 것이다. 성공한 리더는 자신이 지닌 독특한 재능에 대해 감사해야 한다. 그러나 재능에 대해 자신의 공로로 여길 것은 하나도 없다. 내가 선택할 여지가 전혀 없지 않은가?[21]

개인의 성공을 위해서는 노력도 필수적이다. 그런데 노력이라고 온전히 자신의 공로일까? 자신이 쏟은 노력만큼 결과가 나타날 것이라고 믿는 학업 성과의 예를 살펴보자. 공부에 쏟는 노력도 자신의 의지만으로 설명되는 것은 아니다. 개인의 건강, 쾌적한 공부 환경, 부모의 경제적, 심리적 지원에 따라 열심히 노력하고자 하는 의지가 달라진다. 게다가 책상에 오래 앉아 있을 수 있는 진득한 성격은 타고 나야 한다. 노력도 엄밀히 말하면 개인의 공로로만 볼 수 없는 것이다.

게다가 개인의 성공은 재능과 노력만으로 설명할 수 없다. 환경과 운이 따라주어야 한다. 만약 회사에서 특별한 성과를 보였다면, 그 성과의 상당 부분은 주변 동료와 회사, 그리고 운이 기여한 것이다. 예를 들어, 자동차 판매에서 괄목할 만한 실적을 올렸다면, 팀장과 팀원들의 전폭적인 지원, 회사의 적절한 판매 정책, 높은 판매 인센티브 구조, 담당 차종의 갑작스런 인기, 담당 지역의 높은 소득수준, 일시적인 취득세 감면 정책, 운 좋은 국가 경제 상황, 즐겁게 일하게 만드는 가족과 팀 분위기… 등 내가 통제할 수 없는 수많은 요인들이

---

21) 마이클 샌델, 『공정하다는 착각』 (와이즈베리, 2020)의 능력주의 비판 참조

내 실적에 기여한 것이다. 성공하기 위해서는 주변의 환경과 운이 따라주어야 하고, 자신의 재능과 노력이 차지하는 비중이 그렇게 높지 않다면 자신의 성공에 대해 자신의 공로라고 주장할 근거는 더욱 약해진다. 리더가 이룬 성공은 대부분 리더 자신으로 인한 것이 아니다. 그러므로 리더는 자신의 성공에 대해 겸손해야 한다.

(4) 우리는 누구나 소중한 존재이다

리더는 자신이 구성원들보다 뛰어나다는 인식을 버려야 한다. 리더는 자신이 독특한 재능과 강점을 지닌 존재임을 감사해야 하지만, 구성원도 역시 독특한 재능과 강점을 지닌 존재임을 인정해야 한다. 내 몸의 세포가 과거 수많은 조상들의 DNA를 포함하고 있는 것처럼 구성원들도 마찬가지이다. 우리는 각자 과거의 수많은 조상을 대표하는 사람이며, 미래의 수많은 자손을 품고 있는 사람들이다. 우리는 각자 세상의 유일한 부모를 두고 있으며, 그런 특별한 부모로부터 남다르게 교육을 받고 양육되었다. 우리는 얼굴, 체형, 기질, 성격, 스타일, 재능, 관점, 관심, 목표 등 모든 면에서 서로 다른 독특한 존재이다.

리더는 자신이 구성원들보다 더 높은 사람이라는 인식을 버려야 한다. 리더와 구성원은 각자의 재능과 강점을 바탕으로 공동체에서 서로 다른 역할과 기능을 수행하는 공동체의 지체들이다. 공동체가 생명을 유지하고 성장하는 데 있어서 리더와 구성원은 누가 더 중요하달 것이 없는 소중한 존재들이다. 리더는 물론 구성원들도 공동체 속에서 자신을 중심으로 세상을 이해하고, 삶의 의미와 목적을 찾아가는 존재이다. 리더는 구성원들을 하나의 잣대로 쉽게 평가하고 관리하려고 해서는 안 된다. 리더는 겸손하게 자신을 돌아보고, 구성원 각자가 어떻게 다르고 독특한 존재인지를 이해하고, 그 독특한 재능을 잘 발휘할 수 있도록 도와야 한다.

겸손은 저절로 생기지 않는다. 겸손은 노력을 통해 얻는 것이다. 겸손은 자신의 약점을 인정하고 타인의 약점을 감싸주면서 오랜 시간에 걸쳐 길러야 하는 것이다. 무의식적인 행동을 일삼던 상태로부터 우선 의식적으로 자기 자신이 어떤 사람인가를 생각해야 한다. 겉모습만으로는 알 수 없는 내면의 모습을 냉철하게 돌아보아야 한다. 자신의 강점과 약점을 객관적으로 살펴보고, 자신의 성과에 대해 겸손한 태도로 바라봐야 한다. 그리고 구성원 각자를 특별한 존재로 바라보고, 그들의 기여를 열린 마음으로 인정해야 한다. 또한 리더와 구성원은 서로 도우며 성장하는 관계임을 인식해야 한다. 겸손한 생각은 겸손한 태도와 행동을 낳을 것이다. 그리고 이러한 행동이 반복된다면, 의식하지 않더라도 겸손한 태도와 행동이 습관적으로 나타날 것이다. 습관은 결국 겸손한 인격을 낳을 것이다. 사무엘 스마일스Samuel Smiles의 명언처럼 "생각은 행동을 낳고, 행동은 습관을 낳고, 습관은 인격을 낳고, 인격은 우리의 운명을 낳는다."

(5) 자기를 높이는 자는 낮아지고 자기를 낮추는 자는 높아지리라

성경은 기본적으로 인간과 세상의 변화에 관한 말씀이다. 하나님은 수많은 리더를 택하여 하나님의 역사를 이루어 가셨다. 그런데 하나님이 리더를 택하여 사용하실 때, 아무나 택하여 사용하신 것은 아니다. 성경에 등장하는 리더들에게는 어떤 분명한 공통점이 있다. 하나님의 선택 기준은 그 사람이 지닌 능력보다는 그가 어떤 사람인가에 있다. 즉, 리더가 되기 위해서 먼저 중요한 것은 그가 '어떤 일을 하는 사람인가'보다 그가 '어떤 모습의 사람인가'이다. 리더의 존재됨leader as a being이 중요한 것이다.[22] 하나님은 리더가 하는 일보다 리더 자신에게 더 관심이 있다. 겸손은 리더로서 갖추어야 할 중요한 존재

---

22) 윤방섭, "리더십과 동기부여에 대한 성경적 접근", 기독경영연구 제1권 1호, 2002, 133-156

됨being의 모습이다. 예수는 겸손한 자를 큰 자라고 불렀으며[23], 자기를 높이는 자는 낮아지고 자기를 낮추는 자는 높아질 것이라 하였다.[24]

2. 섬김

리더는 구성원들이 자발적으로 능력을 마음껏 발휘하도록 그들의 마음을 움직여야 한다. 리더가 구성원들의 마음이 움직이도록 영향력을 행사하는 핵심 방식은 '섬김'이다. '섬김'은 구성원들에게 자발적 헌신과 활력을 불러일으키는 리더십의 작동 원리이자, 진정한 리더십의 본질이다. 섬김은 리더-구성원 관계의 핵심을 꿰뚫는 개념이며, 권력 중심의 전통적인 리더십 개념을 통째로 바꾸는 개념이다.

(1) 리더의 중요한 동기는 권력욕이 아니라 남을 돕고자 하는 마음이다

리더가 되고자 하는 사람은 그 개인적 동기가 타인을 섬기겠다는 동기로부터 출발해야 한다. 리더가 리더의 책임을 지고자 하는 이유는 자신의 야망이나 자신의 욕구를 위한 것이 아니라 그것이 다른 사람을 섬기기 위한 하나의 방법이 된다고 믿기 때문이다. 남을 돕고자 하는 마음은 '빚진 자'의 마음으로부터 생긴다. '빚진 자'의 마음은 리더의 현재 모습이 되기까지 자신의 공로는 별로 없고, 이웃과 공동체에 빚진 바가 크다는 자각에서 비롯된다. 진정한 리더는 리더가 되어 높은 사람, 큰 사람이 되겠다는 욕구보다 다른 사람들과 공동체를 돕고자 하는 이타적 욕구가 우선되는 사람이다.

그러나 만약 그 순서가 바뀌면 또 다른 형태의 권력지향적인 리더십이 된다. 예를 들어 내가 너를 섬기면, 네가 나의 리더십을 존경하게 될 것이고, 결국

---

23) 마태복음 18:1-4
24) 누가복음 14:8-11

나를 따르게 될 것이라는 생각은 권력지향적인 리더십과 다르지 않다.[25] 중요한 것은 무엇에 중심을 두는가 하는 것이다. 중심에 두어야 할 것은 섬김이지, 결과적으로 누리게 되는 권력이 아닌 것이다. 리더가 되고자 하는 사람이라면 무엇보다 다른 사람을 섬기고자 하는 마음을 먼저 지녀야 한다. 다른 사람을 섬기고자 하는 동기가 우선되지 않는다면 리더로서의 자격이 심각하게 결여된 것이다.

(2) 섬김의 개념은 리더와 구성원에 대한 인식을 통째로 바꾼다.[26]
① 리더는 군림하는 자가 아니라 섬기는 사람이다

섬김의 개념은 리더 자신에 대한 인식을 통째로 바꾸는 개념이다. 우선, 리더는 스스로를 생각할 때 권력을 지닌 윗사람으로 인식하기보다 오히려 아랫사람서번트으로 인식한다. 리더는 구성원들 위에 군림하는 존재가 아니라, 그들을 섬기는 존재라고 생각한다. 그러므로 구성원들에게 무엇을 지시하고 어떻게 끌고 갈 것인가를 생각하기보다 그들을 어떻게 돕고 섬길 것인가를 생각한다. 리더는 구성원들이 자신을 위해 존재한다고 인식하기보다는 자신이 그들을 위해 존재한다고 인식한다.

② 구성원은 관리의 대상이 아니라 섬김의 대상이다

섬김의 개념은 구성원에 대한 인식도 통째로 바꾼다. 구성원을 관리의 대상으로 인식하지 않고, 섬겨야 할 대상으로 인식한다. 구성원을 단지 전체의 평균에 기여하는 1/N로 인식하는 것이 아니라, 구성원 개개인이 서로 다른 욕

---

25) S.T. Rinehart, 위 책, 41
26) 서번트 리더십에 관한 종합적 논의는 N. Eva, M. Robin, S. Sendjaya, van Dierendonck, & R.C. Liden, Servant leadership: A systematic review and call for future research, *The Leadership Quarterly*, 30(1), 2019, 111-132와 윤방섭, 『리더십의 이해』(학현사, 2019), 15장(서번트 리더십)을 참조함.

구, 관심, 목표, 강점, 한계를 지닌 독특한 존재라고 인식한다. 구성원을 단지 목표 달성을 위한 수단으로 보기보다는 구성원 각자가 성장하고 성공해야 하는 대상으로 본다.

구성원을 섬겨야 할 대상으로 인식한다는 것은 리더가 청지기 의식stewardship을 지닌다는 것을 의미한다. 즉, 리더는 자신을 하나의 청지기로서, 자신이 리더로 있는 동안 자신에게 맡겨진 구성원들을 더 나은 존재로 성장시키고, 성공시키는 사람으로 생각한다.

구성원을 섬김의 대상으로 인식한다는 것은 리더 자신보다 구성원을 우선적으로 생각한다는 것이다. 이런 리더는 말과 행동을 통해 구성원들의 관심사를 우선적으로 여긴다는 것을 보여주고, 구성원들의 성공이 자신의 성공보다 우선한다는 것을 보여준다. 또한 구성원들의 개인적 관심사와 복지에 민감한 반응을 보인다. 그리고 구성원들이 지닌 어려움을 인지하고 그 어려움을 해결하기 위해 기꺼이 시간을 할애한다.

(3) 섬김의 개념은 리더 - 구성원의 관계를 통째로 바꾼다.

섬김의 개념은 리더 - 구성원의 관계도 통째로 바꾼다. 리더-구성원을 수직적 관계, 상하관계로 인식하기보다는 수평적 관계, 동등한 관계로 인식한다. 리더는 구성원을 일방적인 지시와 명령에 따르는 부하로 인식하는 것이 아니라, 같은 곳을 바라보며 함께 일하는 동료로 인식한다. 구성원들과의 수평적 관계 속에서 리더의 섬김은 그들의 마음을 움직이는 가장 강력한 리더십 행동이다.

리더 - 구성원 관계의 질은 구성원에 대한 리더의 관점으로부터 결정된다. 리더가 구성원을 바라보는 전형적인 방식은 부모가 아이를 바라보는 방식이다. 부모는 늘 올바른 상태에서 부족한 아이를 가르치는 존재이다 I am OK, but you are not OK. 반대로 아이는 늘 부모에게 가르침을 받아야 하는 의존적 존재 이다I am not OK, but you are OK. 리더와 구성원이 서로 부모 - 아이의 관점으로 관계를 맺는다면 리더는 지시하고 구성원은 복종하는 의존적 관계, 수직적 관계가 된다. 전형적인 리더십에서 바라보는 리더 - 구성원의 관계가 바로 이것이다. 마치 부모가 아이를 바라보듯이 구성원을 능력이 부족한 존재, 자율적 판단이 어려운 미성숙한 존재라고 가정하는 관계이다.

그러나 구성원을 섬김의 대상으로 인식하는 것은 구성원을 성숙한 존재라고 가정하는 것이다. 리더와 구성원의 관계는 모두가 성숙한 성인과 성인 사이의 관계인 것이다I am OK, and you are OK. 이 관계에서 리더와 구성원은 수직적 관계가 아니라 수평적 관계이다. 구성원은 리더의 지시에 따라 움직이는 존재가 아니라, 스스로 움직이기를 원하고, 스스로 움직일 줄 아는 존재이다. 구성원들도 리더 못지않은 능력과 잠재력을 지닌 존재인 것이다. 따라서 리더는 구성원에게 지시하고 명령하기보다는 자율적 권한을 부여하는 것이 더 적합하다. 리더가 구성원과 소통하는 방식도 일방적으로 가르치거나, 비판 혹은 충고의 말을 하기보다는 효과적인 질문과 피드백을 활용하여 구성원이 스스로 깨닫고 판단하도록 돕는 것이 더 적합하다[27]

리더와 구성원의 관계를 상하관계, 수직적인 관계로 바라보는 것은 전형적인 리더십의 관점이다. 이는 리더십을 이해하는 가장 오래된 패러다임이며, 고대로부터 최근까지 사회의 각 분야를 지배했던 관점이다. 그러나 이제 리더와 구성원의 관계는 더 이상 일방적인 수직적 관계가 아니다. 시대 변화에 따라 리더십 환경이 바뀌고, 구성원의 특성이 바뀌었기 때문이다.

우선 리더십 환경이 크게 바뀌었다. 지금은 기술의 변화가 급격하고 글로

---

[27] S.C. Parry, *From Managing to Empowering: An Action Guide to Developing Winning Facilitation Skills* (New York: Quality Resources, 1994), 49-66

벌 경쟁이 극심한 시대이다. 변화무쌍하고, 불확실하고, 복잡한 환경을 의미하는 이른바 VUCA[28] 시대가 조직에게 요구하는 것은 환경 변화에 따른 신속하고도 유연한 대처이다. 이것이 가능하려면 구성원들혹은 팀이 각자의 자율성과 전문성을 바탕으로 관련된 환경의 변화에 책임있게 대처하는 것이다. 더 이상 리더 한 사람이 모든 것을 판단하고 결정할 수 있는 환경이 아닌 것이다.

구성원들의 질적인 특성도 과거에 비해 크게 바뀌었다. 민주적 경험이 많아지고, 교육 수준이 높아지면서 구성원들에게는 그 어느 때보다 자율적 욕구가 중요하게 되었다. 지금의 구성원들은 그 어느 때보다 다양하고, 높은 수준의 지식과 기술로 무장되어 있으며, 보다 자율적이고, 성숙한 상태로 변화되었다. 지금은 한 개인이 전체 공동체를 지배하거나 그의 생각이나 행동 방식을 구성원에게 일방적으로 강요하는 시대가 아닌 것이다.

그러나 모든 구성원이 성숙한 상태인 것은 아니다. 현실 조직에는 여전히 미성숙한 구성원들이 존재한다. 미성숙한 구성원들은 자신들에게 부여된 자율적인 권한에 부담을 느끼며 그 권한을 어떻게 사용할지 몰라서 혼란과 좌절을 겪는다. 그런 경우라면 무리하게 자율성을 부여하기보다는 그 구성원 수준에 맞게 지시하고 통제하는 것이 필요할 것이다. 그러나 앞서 언급했듯이 진정한 리더라면 그러한 상황에 문제의식을 지녀야 한다. 언제까지 구성원들의 미성숙한 상태를 그대로 둘 것인가? 아이가 어릴 때에 부모는 아이의 행동 하나하나를 일일이 가르치고, 잘못된 행동에 대해 통제한다. 그러나 아이가 자라면서 부모는 따뜻한 관심과 사랑, 설득과 교육을 통해 아이가 자율적 존재로, 성숙한 존재로 성장하도록 돕는다. 이것이 바로 리더의 역할이다. 리더는 구성원의 성장을 돕는 책임을 지닌 사람이다.

---

28) VUCA : 변동성(Volatility), 불확실성(Uncertainty), 복잡성(Complexity), 모호성(Ambiguity)의 약자

(4) 섬김이란 구성원들이 마음껏 힘을 발휘하도록 하는 것이다

리더는 구성원들에게 어떤 방식으로 섬김을 실천하는가? 하나는 구성원들에게 자율성을 부여함으로써 실천한다. 이것은 구성원들에게 권한을 이양하고, 구성원들의 주도적 행동을 격려하고, 그들에게 자신감을 심어주며, 사기를 높여주는 말을 함으로써 구성원들이 자율적으로 일을 수행할 수 있도록 동기를 부여하는 리더의 행동이다.

구성원들에게 의사결정 권한을 주는 이유는 구성원들이 자신의 일과 관련된 문제와 그 해결 방법을 리더보다 더 잘 알 수 있는 위치에 있기 때문이다. 고객으로부터 불만이 접수되었을 때 고객과 직접 접촉하는 구성원이 리더보다 현실적인 해결 방안을 내놓을 가능성이 높다. 왜냐하면 고객과 직접 접촉하는 구성원이 고객의 필요를 가장 잘 알 수 있는 위치에 있기 때문이다. 그러나, 흔히 조직에서는 일선 종업원에게 매우 제한된 범위의 권한만 부여하는데, 그 이유는 단지, 그가 그 권한을 넘어서는 문제는 제대로 처리하지 못할 것이라는 생각 때문이다. 구성원에게 권한을 부여하지 않는 것은 구성원의 능력을 신뢰하지 않는다는 증거이다.

섬김이란 구성원들이 마음껏 능력을 발휘하도록 돕는 것이다. 이른바 '임파워먼트'empowerment를 실천하는 것이다. 임파워먼트란 '구성원에게 의사결정 권한과 역량을 부여하여, 구성원 스스로 조직의 목표를 달성하는데 가장 적합한 행동을 취하도록 하는 것'을 의미한다.[29] 임파워먼트는 구성원들에게 그저 권한의 일부를 이양하는 것에 그치는 것이 아니라, 구성원들이 마음껏 힘을 발휘하도록 돕는 것이다. 구성원들이 그 권한을 제대로 사용할 수 있는 유능한 존재가 되도록 돕는 것이며, 그들이 스스로 즐겁게 일하도록 활력을 불어넣어 주는 것이다. 드프리DePree는 리더십이란 구성원들이 가장 효과적이고 인

---

29) 윤방섭, "임파워먼트 : 개념, 이론 및 실천". 연세경영연구, 38(1), 2001, 71-111

도적인 방법으로 일을 할 수 있도록 자유를 주는 것으로서, 그들의 업무수행에 방해가 되는 장애물을 제거해준다는 점에서 리더는 '서번트'와 같은 존재라고 말하였다.[30] 섬김이란 구성원을 자유롭고 자율적인 존재로 일하도록 돕는 것이다.

(5) 섬김이란 구성원들을 준비시키는 것이다

리더는 구성원들에게 어떤 방식으로 섬김을 실천하는가? 리더가 섬김을 실천하는 또 다른 방법은 구성원들을 준비시키는 것이다. 섬김의 실천은 일선 구성원들도 필요한 권한이 주어진다면, 리더 못지않게 문제 해결을 위한 최선의 결정을 할 수 있다는 믿음을 기초로 하고 있다. 이는 구성원을 이끌고 가야 할 대상, 부족한 것을 채워줘야 할 대상으로 바라보기보다는, 스스로 해결해 나갈 수 있는 대상, 이미 역량을 지니고 있는 대상으로 바라보는 것이다.

그러나 현실은 좀 다르다. 구성원에게 권한을 이양한다고 해서 구성원이 그 권한을 항상 성공적으로 행사하는 것은 아니다. 구성원들이 언제나 자신의 역량을 발휘할 만큼 준비되어 있는 것은 아니다. 구성원들이 준비가 덜 된 상태라면 자율적 권한이 주어지더라도 혼란과 좌절, 그리고 실패가 따라올 수밖에 없다. 그러므로 섬김의 중요한 실천은 구성원들을 준비시키는 것이다.

구성원들이 권한을 성공적으로 행사하려면 권한과 더불어 의사결정에 필요한 지식과 정보가 충분히 주어져야 한다. 정보를 제공받지 못한 사람은 책임 있게 행동할 수 없다. 필요한 정보를 제공받아야 비로소 의사결정 상황을 분명히 이해하게 되고, 권한을 책임있게 행사할 수 있는 토대가 마련되는 것이다. 구성원에게 제공되는 정보는 업무수행에 필요한 기능적인 정보뿐만이 아니라, 전체 공동체에 대한 정보, 즉, 공동체의 비전과 가치, 전략적 목표, 업무 흐

---

30) 맥스 드프리, 『리더십은 예술이다』 (도서출판 한세, 1997), 14

름, 공동체의 성과 및 수익에 대한 정보, 또, 공동체의 다양한 이해관계자들에 대한 정보를 포함해야 한다. 즉, 구성원들에게 무엇what도 알려주어야 하지만 왜why도 알려주어야 한다.31 정보가 공유되면 구성원들은 공동체를 신뢰하고 공동체의 주인처럼 생각하고 행동하게 된다. 그러므로 섬김의 중요한 실천은 구성원들에게 권한이 주어졌을 때 성공적으로 그 권한을 사용하도록 교육과 훈련을 통해 준비시키는 것이다. 섬김이란 구성원들을 잘 준비시켜서 각자의 재능이 공동체에 기여하도록 만드는 것이다.

종합하면 리더는 섬김을 실천하기 위하여 첫째, 구성원들이 마음껏 힘을 발휘하도록 구성원들에게 자율적 권한을 부여하고, 둘째, 그 자율적 권한을 성공적으로 행사할 수 있도록 지속적인 교육과 훈련을 통하여 준비시키는 역할을 해야 한다. 이를 위해 리더는 통제와 지시 중심의 지휘관, 감독관의 역할로부터 탈피하여, 촉진자, 상담가, 멘토, 코치, 모범의 역할로 변신해야 한다.

(6) 예수, 섬김의 본

예수는 제자들에게 권력을 탐하는 자가 되지 말고 대신 섬기는 자가 되라고 말씀하였다. 예수의 제자 야고보와 요한이 예수에게 큰 지위와 권력을 요구하였고, 그로 인해 제자들이 서로 다투는 사건을 놓고, 예수는 지위나 권력으로 움직이는 세상 원리가 잘못된 것임을 명백하게 지적하면서, 누구든지 큰 사람이 되려면 섬기는 사람이 되어야 한다고 말씀하였다.32 예수 자신도 자신이 온 목적이 섬김을 받기 위함이 아니라 섬기기 위함이라고 했다.33

인류를 구원하고 세상을 변화시키기 위해 예수가 사용한 방법은 섬김이었

---

31) A.M. Stewart, *Empowering People*. (London, England: Pitman Publishing, 1994)과 윤방섭 (2001)의 위 논문
32) 마가복음 10:42-44
33) 마가복음 10: 45

다. 십자가 죽음을 앞두고 제자들과 마지막 만찬을 하면서 예수는 친히 종이 되어서 겉옷을 벗고 수건을 가져다가 허리에 두르고 대야에 물을 담아 직접 제자들의 발을 씻기는 섬김의 본을 보여주었다.[34] 그리고 제자들에게 예수 자신이 행한 것처럼 서로 발을 씻기라고 권면하였다.[35] 십자가 사건은 예수가 보여준 섬김의 극치이다. 예수는 자신이 하나님과 동등한 지위였으나 다 내려놓고 서번트의 지위를 취하여 사람들과 같이 되었고, 자기를 낮추고 십자가에서 죽기까지 복종함으로써 인류를 죄로부터 구원하였다.[36]

섬김의 리더십은 권력에 의한 리더십과 다른 것이다. 권력에 의한 리더십이 구성원들을 수직적으로, 획일적으로, 기계적으로, 평균적으로 다룬다면 섬김을 통한 리더십은 수평적 관계를 맺으며 구성원 각각을 모두 독특한 능력과 사명을 지닌 인격체로서 존중하는 리더십이다. 그리고 각 대상에 맞추어 다르게 섬기는 리더십이다. 구성원에게 힘을 사용하는 리더십이 아니라 구성원에게 힘을 실어주는 리더십이다.

3. 내적 헌신과 활력[37]

리더십이 발휘되면 구성원들에게는 어떤 변화가 일어날까? 리더십이 제대로 발휘되는 현장에서는 구성원들의 헌신과 활력이 넘친다. 구성원들은 시키지 않아도 자발적으로 일을 한다. 일에 대한 즐거움을 느끼고, 일에 보람을 느

---

34) 요한복음 13:4-5
35) 요한복음 13:12-15
36) 빌립보서 2:6-8
37) 내적 헌신과 활력에 관한 종합적 논의는 G.M. Spreitzer, Psychological empowerment in the workplace: dimensions, measurement, and validation. *Academy of Management Journal*, 38, 1995, 1442-1465., K.W. Thomas, & B.A. Velthous, Cognitive elements of empowerment: An "interpretive" model of intrinsic task motivation", *Academy of Management Review*, 15, 1990, 666-681., E.L. Deci, and R.M. Ryan, *Intrinsic Motivation and Self-Determination in Human Behavior* (New York: Plenum Press, 1985), 윤방섭(2001)의 위 논문을 참조함

끼며, 자신감이 넘쳐서 일을 한다. 이러한 구성원들의 내적 헌신과 활력은 리더가 겸손한 인격을 지니고, 구성원들이 마음껏 능력을 발휘하도록 자율권을 주고, 그것을 가로막는 방해물들을 제거하며, 성공적으로 일을 수행하도록 구성원들을 준비시킨 결과이다. 리더십이 제대로 작동된다면 리더와 구성원이 한마음이 되어, 같은 비전을 바라보며, 각자의 위치에서 스스로 파워풀하게 일을 수행하는 것이다.

(1) 구성원들은 일을 스스로 하고 싶어서 한다

리더십이 발휘되는 현장에서는 구성원들이 스스로 일을 하고 싶어서 한다. 이것은 그 일이 자신의 선택과 결정에 의한 일일 때 가능한 것이다. 세상의 일 중에는 그 일 자체로 재미있는 일은 거의 없다. 모든 일은 어느 정도 육체적 고통과 인지적 노력이 수반되기 때문에 대개 일이 좋아서 하기보다는 그 일을 통해 필요한 돈을 벌 수 있거나 의미있는 목적을 이루기 위한 수단이 되기 때문에 그 일을 한다. 최악의 경우는 일을 하기 싫지만 누군가 시켜서 어쩔 수 없이 일을 하는 경우이다. 상사가 무섭거나, 징계가 두렵거나, 상사에게 인정받지 못할까 두려워서 일을 한다면 그 일에서는 자발적인 헌신이 일어날 수가 없다.

내적 헌신이 일어나려면 시켜서 하는 일이 아니라 스스로 선택한 일이 되어야 한다. 사람들은 그 일이 자신에게 가치있는 일이라면 비록 그 일이 힘들더라도 기꺼이 그 일을 하고 싶어 한다. 그러나 스스로 하고 싶은 일이라도 지시와 명령으로 그 일을 강제하면 자율성이 훼손되어 일하고 싶은 마음이 사라진다. 공부하기 싫어하는 아이가 모처럼 마음먹고 스스로 공부하려고 책상 앞에 앉았는데, 밖에서 어머니가 "아직도 공부하지 않느냐"라고 잔소리하면 갑자기 힘이 빠지고 공부하려는 마음이 싹 사라지는 이치와 같다.

리더가 구성원들에게 일방적으로 지시와 명령을 하는 것은 일을 시키는 입장에서는 가장 분명하고 쉬운 방법이지만, 구성원의 자발적 헌신을 이끌어내는 데는 가장 비효과적인 방법이다. 구성원들이 자유롭게, 자율적으로 일하도록 환경을 조성하는 것은 어려운 방법이지만 구성원들의 자발적 헌신을 이끌어내는 가장 효과적인 방법이다.

(2) 구성원들은 일에서 의미와 보람을 느낀다

리더십이 발휘되는 현장에서는 구성원들이 일에서 의미와 보람을 느낀다. 사람들은 자신에게 의미있는 일이라면 비록 그 일이 힘들더라도 기꺼이 그 일을 하려고 한다. 의미는 마음에 의하여 인식되고 스스로 부여하는 것이다. 의미의 본질은 연결이다. 사람은 자신의 일을 자신이 가치있게 여기는 어떤 것과 연결시켜야 한다. 예를 들어, 자신의 개인적 성장과 발전에 도움이 되는 일, 자기 재능을 통해 자신의 존재 가치를 증명하는 일, 사랑하는 가족을 위한 일, 이웃을 위해 도움이 되는 일, 더 나은 세상을 만드는 일, 자신에게 맡겨진 소명 등과 같이 그 일을 개인적으로 소중히 여기는 것들과 연결할 수 있어야 한다.[38]

리더는 구성원들이 자신의 일에서 개인적 의미와 보람을 발견할 수 있도록 도와야 한다. 리더는 구성원 각자의 일이 어떻게 팀과 공동체에 기여하는지, 얼마나 중요한 일인지를 설명해야 한다. 또 그 일이 함께 일하는 동료에게 미치는 영향, 고객과 이웃에게 미치는 영향, 지역공동체와 사회에 미치는 영향을 설명해야 한다. 그리고 리더는 구성원 각자의 일이 어떻게 공동체의 비전 달성에 기여하는가를 설명해야 한다. 공동체의 비전이 감동적이고 구성원들이 비전의 가치를 내면화하고 있다면, 구성원들은 비록 개인적인 희생이 따르더라도 기꺼이 그 비전을 성취하기 위해 노력한다.

개인의 삶에서 중요한 것 중의 하나는 '내가 하고 싶은 나의 일'을 하는 것이

---

[38] 윤방섭, 『인생 직업』(학현사, 2021), 219-226

다. 하기 싫은 일을 하는 것보다 더 최악은 아무 의미없는 일을 하는 것이다. 리더는 구성원들이 일에서 의미와 보람을 찾을 수 있도록 도와야 한다. 자신의 일에서 의미와 보람을 발견하면, 구성원들은 현장에서 자발적 헌신과 활력으로 응답한다.

(3) 구성원들은 일에 대한 자신감이 넘친다

리더십이 발휘되는 현장에서는 구성원들이 자신감 있게 일을 한다. 사람들은 자신의 일에 대해 자신감이 있을 때 스스로 그 일을 하고자 하며, 즐겁고 파워풀하게 일을 수행하게 된다. 일에서 자신감을 얻으려면 일상에서 작은 성공 경험을 쌓아가는 것이 필요하다. 리더는 구성원들이 성공 경험을 쌓을 수 있도록 기회를 제공하고 지원을 아끼지 말아야 한다.

일에서 자신감을 얻으려면 주변으로부터의 칭찬과 인정이 필요하다. 칭찬은 고래도 춤추게 한다. 그런 의미에서 리더는 구성원들의 사기를 높여주는 치어리더가 되어야 한다. 구성원들의 노력에 감사하고, 그의 기여를 인정해야 한다. 구성원이 뭔가 성취를 보였을 때 그 성취를 다른 사람들 앞에서 공개적으로 축하해 주며, 그가 마치 영웅이 된 것처럼 느끼도록 만들어야 한다. 자신감이 넘치는 구성원들은 현장에서 적극적으로 행동하며, 헌신과 열정을 보여준다.

(4) 구성원들은 일을 통해 자신이 성장하고 있음을 느낀다

리더십이 발휘되는 현장에서는 구성원들이 일을 통해 스스로 성장하고 있다고 느낀다. 사람들이 일을 하면서 활력이 넘치는 이유 중에 하나는 목표 달성을 향해 자신이 계획한 대로 진전하고 있다는 생각이 들 때이다. 즉, 일을 수행하면서 자신이 원하는 무언가를 향해 제대로 나아가고 있다고 체감할 때이다. 이것은 결국 자신이 원하는 목표를 달성할 것이라는 자신감을 심어주며, 일의 진행 과정을 자신이 통제하고 있다는 생각을 갖게 한다. 힘겹게 하던 일이 점점 손쉬워지고, 미숙하던 일처리가 점점 매끄러워지면, 혹은 처음에 부진했던 성과가 서서히 나타나면 구성원들은 자신이 성장하고 있음을 확인하게 될 것이다.

일을 통해 자신이 성장하고 있다고 느끼면 목표 달성에 대한 자신감이 생기게 되고, 보다 능동적이고 적극적인 자세로 일에 임하게 된다. 리더는 이를 돕기 위해 구성원들에게 일과 관련한 피드백을 구체적으로 해줘야 한다. 현재의 업무 진행과 성취를 객관적으로 분석하고, 과거와 비교하여 어떤 점이 성장하고, 어떤 점을 개발할 필요가 있는가 등을 구체적으로 알려주어야 한다. 스스로 성장하고 있다고 느끼는 구성원은 적극적으로 행동하며, 헌신과 열정을 보여준다.

(5) 구성원의 변화, 공동체의 변화

고객에 대한 친절로 유명한 노드스트롬Nordstrom 백화점은 '고객에게 최상의 서비스를 제공하는 것'을 최고의 목표로 삼고, 그것을 이루기 위한 방법으로 직원들에게 어떤 상황에서든 자신의 판단에 따라 뭐든지 할 수 있는 권한을 부여하였다. 그 결과 직원들은 모두 자신이 마치 직원이 아니라 사업가인 것처럼 일하였다. 이를테면 세일 기간이 끝난 줄 모르고 찾아온 고객에게 고객이 원하는 세일 품목이 매장에 없자 직원이 건너편 백화점에서 정가로 구입해서 세일 가격으로 판매한 경우가 있을 정도이다. 이는 노드스트롬 백화점이 가장 자랑스럽게 여기는 사례의 하나이다.

미국의 햄튼인Hampton Inn 호텔은 100% 만족 보장 정책을 실현하기 위한 방법으로 직원들에게 고객 만족을 위한 것이라면 필요한 모든 조치를 취할 수 있는 권한을 주었다. 먼저 하우스키핑 직원부터 프런트데스크 직원까지 고객만족과 임파워먼트의 철학을 심어주고, 다양한 상황에 대비한 교육으로 직원들을 준비시켰다. 그 후에 모든 직원에게 총지배인의 허락을 구하지 않고도 환불을 포함한 모든 조치를 취할 수 있도록 하였다. 직원들은 어떻게 답하였을까? 직원들은 회사의 주인처럼 행동하였다. 어떤 서비스담당자는 아침 식사에 대해 불평하는 고객의 소리를 우연히 듣고, 고객에게 어떤 양식 작성도 요구하지 않고 지배인의 확인도 받지 않고, 아침 식사 비용이 아니라 하룻밤 숙박비용을 환불해 주었다. 햄튼인에 대한 고객만족도와 충성도가 크게 높아졌음은 물론이다.[39] 직원들은 회사가 자신들을 신뢰하고 자율권을 부여할 때 창의성을 발휘하며 신나게 일하는 것이다.

국내 애플리케이션 성능 관리APM, application Performance Management 시장에서 10년 넘게 부동의 1위를 지키고 있는 제니퍼소프트는 회사를 단순한 이익 추구 집단이 아니라 삶의 공동체로 보는 회사이다. 2013년 제니퍼소프트가 한 방송에 소개된 적이 있는데, 일일이 열거하기 어려울 정도의 파격적인 복지 혜택 외에, 회사대표의 특이한 인터뷰로 인해 화제가 된 적이 있다. 직원들이 회사 안에 있는 수영장에서 근무 중에 언제라도 수영할 수 있고, 그 수영 시간도 근무 시간으로 인정한다면서 "회사에서 좀 놀면 안 되나요?"라고 말한 것이다. 그는 과거 자신이 어렵게 모은 자바JAVA 정보를 자발적으로 인터넷 커뮤니티에 무료로 공유하며 개발자들을 돕던 경험을 지닌 사람이다. 그는 '인간은 내가 결정하고 내가 선택하고 내가 하겠다는 자율성을 지닌 존재'이며, 자율성이 부여되었을 때 인간은 안주하지 않고 앞으로 나아가는 존재라는 철학을 바탕으로 회사공동체를 운영하고 있다.[40]

---

39) T. Rhonda, An employee's view of empowerment. *HR Focus*, 70(7), 1993, 14-15
40) YouTube "제니퍼소프트 이원영 대표-CEO Andy Lee speech in Jennifersoft", 2013, 03, 12

(6) 아이가 아닌 어른의 행동

리더십이 제대로 발휘되는 현장에서는 구성원들이 아이가 아닌 성숙한 어른으로 행동한다. 어린 아이는 집안에 청소가 필요하더라도 스스로 청소하는 법이 없다. 부모가 시켜야만 마지 못해 청소를 한다. 혹은 용돈을 준다고 해야 비로소 청소를 시작한다. 어쩌다 그 아이가 스스로 청소를 하는 경우라도 대개 그 이유는 스스로 청소가 필요하다는 판단 때문이 아니라 부모를 기쁘게 하기 위해서라든가 부모에게 칭찬을 받기 위해서이다. 그러나 그 아이가 완전히 성장하여 어른이 되면, 집안의 모든 일은 스스로의 판단에 의해 실행한다. 누구의 명령을 받거나, 어떤 대가를 바라거나, 누구에게 인정받기 위함이 아니다. 필요하면 밤을 새워서 일하고, 때로는 중간에 멈출 수도 있다. 그리고 그 결과가 좋든 나쁘든 그것은 자신의 몫이 된다.

리더는 구성원들을 아이가 아닌 어른으로 대접해야 한다. 그들의 인격을 존중하고, 그들에게 자율적 권한을 부여하고, 그들과 함께 비전과 가치를 공유하며, 그들이 성공하도록 필요한 정보와 자원을 제공해야 한다. 그리고 무엇보다 그들과 함께 이루어낸 공동체의 성과를 그들과 공유할 수 있어야 한다. 어른으로 대하면 아이로 대접받던 사람들은 다소 혼란스럽겠지만, 결국 어른의 행동으로 답한다.

4장 · 리더십이 이루는 것과 남기는 것

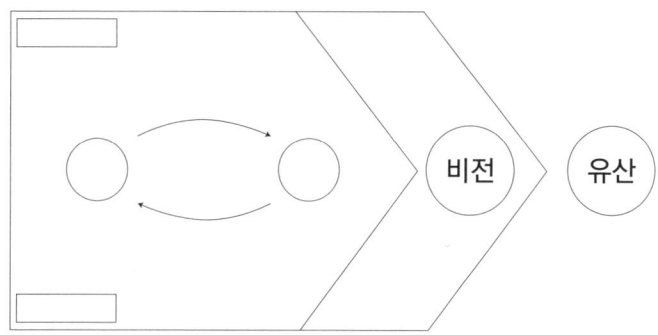

1. 비전

리더십은 공동체의 변화를 추구하는 것이다. 리더십 과정은 공동체의 현재 모습에 대한 문제의식으로부터 출발하여 바람직한 미래 모습을 향해 나아가는 변화 과정이다. 그 변화가 향하는 곳, 즉 바람직한 공동체의 미래 모습을 비전vision이라고 한다.

비전은 리더만의 비전이 아니라 구성원들과 함께 공유될 때 비로소 힘을 발휘한다. 비전이 공유되면 이제 비전이 지닌 이상적인 가치와 의미로 인해 현재의 일상에 지친 리더와 구성원들이 새로운 힘과 용기를 얻고, 비전에 맞추어 행동을 조율하며 나아간다.[41]

---

[41] 비전에 관한 종합적 논의는 윤방섭,「리더십의 이해」(학현사, 2019), 12장을 주로 참조함

(1) 비전은 되고자 하는 모습이다

비전은 사명과 더불어 구성원들의 마음을 움직이고 행동 방향을 제시하는 의미체계이다. 리더가 구성원에게 직접적인 지시와 명령을 하지 않고, 혹은 규정이나 절차와 같은 관리적 수단을 통하지 않고 구성원들에게 영향력을 행사하는 방법은 공동체의 가치와 의미를 공유하는 것이다. 가치와 의미가 공유되면 구성원들은 스스로 그 가치와 의미에 적합한 행동을 하게 된다. 비전은 그것이 지닌 가치와 의미로 인해 구성원들의 마음을 하나로 모아 한 방향으로 나아가게 하는 가장 중요한 수단이다.

비전과 더불어 흔히 사용되는 사명mission은 존재 이유를 뜻하는 용어이다. 예를 들어, 모든 대학은 학생을 교육하고 연구하기 위한 목적으로 설립되었지만, 특정 대학의 사명은 보다 구체적인 존재 이유를 의미한다. 즉, 왜 많은 대학들 중에서 하필 그 대학이 존재해야 하는가에 관한 답이 사명이다. 그 대학은 도대체 '어떤 대학', 즉 어떤 정신으로 세워지고 어떤 교육을 하는 대학이길래 다른 대학들과 다르게, 특별히 존재할 의미가 있는 대학인가 하는 것이다. 사명은 공동체의 정체성과 관련이 있다.

사명이 공동체의 정체성과 관련된 것이라면, 비전은 공동체가 앞으로 되고 싶은 모습이다. 비전은 '바람직한 미래 모습에 대한 이미지'를 말한다. 사명이 '무엇을 할 것인가'what to do에 대한 답이라면, 비전은 '어떤 모습이 될 것인가'what to be에 대한 답이다. 비전은 미래 시점의 바람직한 결과적 모습을 의미

사명(Mission)	비전(Vision)
존재 의미	바람직한 미래 모습
What to do	What to be
과정중심	결과중심
발견하는 것	창출하는 것

하는 반면, 사명은 그 결과에 이르기까지의 현재적 과정을 의미한다.

비전은 공동체의 현재가 아닌 미래에 대한 희망을 말하는 것이다. 비전은 사명을 바탕으로 하되, 공동체의 미래에 중요하게 영향을 주는 환경의 핵심적인 변화를 이해하고 반영함으로써 바람직한 미래를 창출하는 것이다. 예를 들어, 대형 종합병원에게 급격한 노령인구의 증가, AI기술의 발달, 교통의 발달, 의료기기의 발달과 같은 환경의 급격한 변화는 현재의 병원 모습과는 전혀 다른 방식으로 미래를 그리도록 요구한다. 그러므로 미래의 희망을 이야기하는 비전은 존재 이유를 설명하는 사명과 달리 환경의 변화에 따라 변화되는 것이다. 개인도 자신의 이상적인 미래 모습을 완벽하게 정하고 그것을 향해 평생 흔들림 없이 살아갈 수는 없다. 공동체의 비전도 마찬가지이다. 비전이란 한번 설정하면 변함없이 유지해야 하는 완성체는 아니다. 개인이 성장함에 따라 과거에 꿈꿀 수 없었던 새로운 꿈을 꾸게 되고, 주변 환경이 달라지면서 새로운 기회를 엿보듯이, 공동체의 비전도 그 성장 단계와 환경 변화에 따라 새롭게 그려질 수 있다.

비전은 탁월성을 그리는 것이다. 비전은 단순한 계획이 아니라 계획 이상의 몰입 가능한 꿈이다. 비전은 도전적이면서도 달성가능해야 한다. 비전이 의미 있으려면 단순한 소망이 아니라 현실에 바탕을 둔 달성가능한 미래를 그려야 한다. 훌륭한 비전은 추상적인 사명에 생명력을 불어넣고, 구성원들을 자극시키며, 감동을 준다. 비전 창출은 지적인 것이 아니라, 마음과 영혼이 모두 관련된 것이다. 비전의 출발점은 합리성이 아니라 상상력이다.

(2) 비전은 현실 속에 감추어진 미래를 해방시키는 것이다

다비드상을 만든 미켈란젤로는 "조각가의 임무는 바위 덩어리 속에 내재되어 있는 형상을 해방시키는 것이다"라고 하였다. 조각가가 하는 일은 정과

망치를 갖고 바위 덩어리의 가장자리부터 제거해 나가면서 그가 머리 속에 그리고 있는 감추어진 형상을 해방시키는 것이라는 것이다. 비전은 마치 바위 안에 내재되어 있는 형상과 같은 것이다. 마치 조각가가 바위 앞에 앉아서 앞으로 조각할 형상을 바라보듯이, 비전이란 지금의 공동체를 마주하며 그 안에 감추어진 미래의 바람직한 공동체의 모습을 바라보는 것이다.

조각가가 훌륭한 조각을 하기 위해서는 머리 속에 그리고 있는 바위 속의 형상이 구체적이어야 한다. 바위 속의 형상을 마치 눈 앞에서 바라보듯이 얼마나 생생하게 머리 속에 그리고 있는가 하는 것이 조각의 성패를 좌우한다. 사자의 모습을 막연하게 떠올리며 제대로 된 사자상을 조각할 수는 없는 일이다. 그러므로 비전의 핵심은 바람직한 공동체의 미래 모습을 얼마나 생생하고 구체적으로 그리고 있는가에 달려있다.

이를 다른 방식으로 표현하면 현실의 공동체는 미래 비전의 미완성된 모습이다. 미켈란젤로의 '깨어나는 노예'의 작품은 인체의 대부분이 돌 속에 파묻힌 미완성 작품이다. 이 작품을 통하여 돌 속에 파묻힌 뒤틀린 몸통이 유발하는 긴장감, 구속으로부터 벗어나려는 노예의 고통과 몸부림이 느껴진다. 또 한편으로는 이 미완성의 작품을 통해 완성된 작품의 모습을 상상하며 갈망하기도 한다. 비전이란 현실 공동체가 가진 그러한 상상과 갈망을 표현한 것이다.

(3) 비전은 미래를 방문하고 그 경험을 기록하는 것이다

비전은 과거와 현재를 바탕으로 미래를 창출하는 것이다. 비전은 미래에 대한 것인데, '비전 2030'처럼 5년, 10년, 혹은 15년 후 등의 미래 시점을 특정한 후, 그 시점의 미래 모습을 그리는 것이 일반적이다. 사회적, 경제적, 기술적, 정치적 환경의 변화와 추세를 예측하고 공동체의 바람직한 미래 모습을 설정하는 것이다.

비전은 단순한 공동체의 방향을 설명하는 것이 아니라, 사람들로 하여금 공동체의 미래 모습을 보고, 경험할 수 있도록 하는 것이다. 그 미래가 현재와 무엇이 같고, 무엇이 다른지, 그 미래에서의 구성원들은 어떤 역할을 수행하고, 어떤 경험을 하고, 어떤 감동을 느낄지를 알 수 있게 하는 것이다. 이런 점에서 비전은 미래를 미리 방문하고 그 경험을 기록하는 것이라고 할 수 있다. 마치 우리가 어제와 오늘의 일을 생생하게 구체적으로 기억하듯이, 비전은 미래 시점의 공동체를 미리 방문하여, 그 생생하고도 구체적인 방문 경험을 기록하는 것이다. 예를 들어, 어떤 공교육 정상화를 사명으로 하는 시민단체가 10년 후의 바람직한 모습을 그리고자 한다면, 10년 후의 미래를 미리 방문하여, 그 시점에서의 경험, 즉 그 시민단체의 노력으로 인해 달라진 교육 현장의 모습, 그와 관련된 기사들, 그 업적을 인정받아 특집 방송으로 전국에 소개되는 등의 경험을 기억하는 것이다.

(4) 비전은 구성원들의 행동을 안내하고 조율한다

비전은 구성원들에게 자율성을 주었을 때, 혼란에 빠지지 않고, 공동체의 비전과 일치하는 방향으로 구성원들이 행동하도록 안내하는 역할을 한다. 비전은 마치 강의 둑과 같은 역할을 한다. 강물이 흐르는 지형에 따라 강물은 일시적으로는 멈추었다가 흐르기도 하고, 뒤로 돌아서 흐르기도 한다. 그러나 결국 길게 보면 강물은 둑이 만들어진 방향을 따라 위에서 아래쪽으로 흐른다.

구성원들에게 자율성이 주어졌을 때 비전을 공유한 구성원들은 그 비전을 달성하기 위한 방향으로 각자 판단하고 행동한다. 자신의 행동을 비전에 맞추어 조율하는 것이다. 그 과정에서 때로는 잘못된 판단을 하기도 하며, 일시적으로 실패를 경험하기도 한다. 그러나 큰 틀에서 보면 강물이 결국 둑을 따라 위에서 아래로 흐르듯이 구성원들의 조율된 행동은 공동체의 비전을 향하여 나아가게 된다. 즉, 비전은 구성원의 행동과 의사결정에 있어서 경계 혹은 포괄적 지침의 역할을 하는 것이다.[42]

그런 면에서 비전은 성과와 다르다. 성과는 비전을 성취하는 과정에서 반복적으로 발생하고 누적되는 단기적 결과이다. 성과가 늘 성공적일 수는 없고 때로 부진하거나 실패할 수도 있지만, 큰 틀에서 보면 비전을 향한 커다란 흐름에 크게 방해가 되는 것은 아니다. 성공만의 아니라 실패의 경험들도 학습과정을 통해 결국 비전 성취를 위한 소중한 발판이 된다.

(5) 비전은 공유되어야 한다

훌륭한 비전은 공동체의 전통에 대한 이해를 바탕으로 구성원들이 열정과 헌신을 보일 만한 가치있는 미래의 모습을 담아야 한다. 그러나 그 비전이 힘을 발휘하려면 먼저 구성원들에게 비전이 공유되어야 한다. 공유되지 않은 비전은 아무런 효과를 발휘하지 못한다. 비전은 눈에 보이고 만질 수 있는 물리적 실재는 아니지만, 그 비전이 리더 한 사람의 머리 속에 있는 것이 아니라 구성원들과 함께 공유된다면, 그 비전은 이제 하나의 사회적 실재가 되어 사람들의 행동에 영향을 미치게 된다. 비전이 공유되면 사람들이 같은 마음으로 행동하기 시작하며, 그 행동들이 모여 거대한 무언가를 이루어내는 것이다. 보이지 않는 비전이 사람을 움직여서 실제로 무언가 만들어 내는 것이다. 이런 의미에서 비전은 무에서 유를 창조하는 것이라 할 수 있다.

그러므로 비전에서 중요한 것은 비전의 공유이다. 이를 위해 비전 수립 과정에 구성원들을 참여시키고 의견을 반영하는 것이 필요하다. 구성원에게 공동체의 미래에 대한 희망적인 모습을 서로 이야기하도록 주문해야 한다. 또 리

---

42) K.H. Blanchard, J.P. Carlos, & W.A. Randolph, *The 3 Keys to Empowerment: Release the Power within People for Astonishing Results* (San Francisco, CA: Berrett-Koehler Publishers, 1999), 75-99

더가 그 희망적인 비전을 달성할 수 있다는 믿음을 전파하고, 자신을 희생시키더라도 비전을 달성하겠다는 자기희생적인 행동을 보이고, 비전을 향한 끊임없는 열정과 에너지를 솔선해서 보여주어야 한다.

2. 리더십 유산

(1) 리더십, 끝났다고 끝난 것이 아니다

공동체에서 리더의 역할을 마쳤다고 해서 리더십이 완전히 사라지는 것은 아니다. 리더는 공동체와 구성원들에게 리더십의 흔적을 남긴다. 훌륭한 리더이건, 형편없는 리더이건 리더는 누구나 흔적을 남긴다. 그 흔적으로 리더는 기억된다. 공동체에 속해 있는 동안에는 리더로서 수많은 활동에 참여하기 때문에 리더십은 얼마든지 새롭게 평가될 기회가 있지만, 공동체를 떠난 후에는 흔적이 되어 더 이상 새롭게 평가될 수 없다. 리더십은 리더가 남긴 흔적에 의해 평가된다. 그 흔적으로 기억되는 것이 리더십 유산이다.[43]

① 당신은 어떻게 기억되기를 원하는가?

우리는 궁극적으로 죽은 후에 하나님 앞에서 우리의 삶이 평가된다. 동시에 우리는 우리와 함께 살았던 사람들에 의해 우리의 삶이 기억된다. 당신은 부모로서 어떤 모습으로 자녀들에게 기억되고 싶은가? 자녀들에게 많은 재산을 유산으로 남긴다면, 아마도 자녀들이 고마워할 것이다. 그러나 자녀들이 기억하는 부모의 모습은 남겨 준 재산이 아니다. 어릴 적 잠자리에서 오순도순 이야기를 나누었던 기억, 아빠와 둘만이 하루를 보냈던 공원에서의 추억, 반복되는 실패와 잘못 속에서도 변함없이 보여주었던 무한 신뢰, 때로는 단호한

---

[43] 리더십 유산의 중요성에 관한 논의는 맥스 드프리, 『권력없는 리더십은 가능한가?』 (IVP, 1999), 맥스 드프리 『리더십은 예술이다』 (도서출판 한세, 1997), J.M. Kouzes & B.Z. Posner, *A Leader's Legacy* (San Francisco, CA: Jossey-Bass, 2006)를 기초로 함

가르침, 조용히 눈물로 기도하던 모습, 따뜻한 유머, 사랑과 격려가 넘치는 편지, 함께 산을 오르며 나누었던 이야기들과 같이 자녀의 삶에 영향을 준 이야기들이 기억된다. 그것이 부모의 유산이다. 자녀들이 자랑스러워하는 유산은 부모와 함께 보냈던 시간들, 그로 인해 하나의 인격체로 성장할 수 있었던 멋진 기억들이다. 리더라면 리더의 역할이 끝난 후에 남겨질 유산에 대해 생각해야 한다. 회사의 대표라면, 작은 봉사단체의 리더라면, 교회의 리더라면, 학교의 책임자라면, 그리고 부모라면 당신은 당신의 역할이 끝난 후에 무엇을 남기고 싶은가?

② 리더십 유산, 무엇이 기억되는가

사람들은 의미있고 가치있는 것을 기억한다. 리더십 유산이란 리더로서 사람들이 기억할만한 의미있고 가치있는 것을 남기는 것이다. 첫째, 리더는 공동체를 통해 이룬 의미있고 가치있는 것들로 기억된다. 자신이 섬겼던 기업, 학교, 교회 등의 공동체가 과연 세상에 의미있고 가치있는 변화를 가져다주었는가? 리더십 유산의 관점에서 바라본다면, 리더가 성취했던 일상적인 일들은 거의 기억되지 않는다. 기업의 성장률, 매출액, 규모, 수익은 기억되지 않는다. 스티브 잡스와 같이 획기적인 성과를 이룬 경우라도, 사람들이 기억하는 것은 그의 성공이 아니라 스티브 잡스는 실제로 성공과 실패를 모두 경험하였다 그가 PC와 아이폰을 통해 사람들의 삶에 가져온 놀라운 변화이다. 당신이 리더로 있는 동안 대학은 지성과 도덕성으로 세상 사람들에게 보다 나은 삶의 방향을 제시하였는가? 당신이 리더로 있는 동안 교회는 사랑과 희생으로 이웃과 지역을 품고 치유하였는가? 당신이 리더로 있는 동안 기업은 창의적인 제품과 서비스로 고객의 삶을 향상시켰는가?

둘째, 리더는 자신과 함께 한 구성원들과의 관계를 통해 기억된다. 리더를 기억하는 사람들은 그가 이룩한 성과로 그를 기억하기보다, 그를 개인적으로 어떻게 경험했는가로 기억한다. 사무실이나 회의실 혹은 사적인 자리에서 그가 보여준 행동과 태도, 그와 교류하던 방식, 주고 받은 이야기, 그리고 그때의 감정을 기억한다. 그가 나를 하나의 인격체로 대했는가? 그가 나에게 깊은 관심을 보이고 나의 성장과 발전에 도움을 주었는가? 그는 내게 친절하였는가? 유쾌하였는가? 그는 나의 노력과 헌신을 인정하고 깊은 감사를 표했는가? 나와 함께 즐거워하고, 나의 어려움을 도우려고 했는가? 하는 것들을 기억한다. 사람들은 리더인 '그가 나에게 누구였는가'를 기억하는 것이다.

셋째, 리더는 공동체의 비전을 실현하는 과정에서 보여준 의미있는 행동을 통해 기억된다. 그가 공동체의 변화를 위해 그가 선택한 독특한 결정들, 어려움을 극복하는 과정에서 그가 선택한 가치지향적인 결정들, 그로 인한 특별한 성공과 실패, 그리고 많은 사건과 에피소드 가운데 드러난 그의 가치와 신념, 사랑과 감사, 꿈과 희망이 멋진 이야기 형태로 남아서 구성원들 사이에 즐겁게 떠돌아다니고, 공유된다. 이러한 리더십 유산은 공동체만이 지닌 독특한 사고 방식과 문화를 형성하며, 공동체 정체성의 일부가 되어 구성원들에게 영향을 주고, 나아가 리더를 직접 경험하지 못한 후대의 구성원들에게도 지속적인 영향을 줄 수 있다.

(2) 누가 리더십 유산을 생각하는가?

① '유산에 대한 믿음'을 지녀야 한다

사람에 따라서는 죽은 이후에도 자신의 행동이 누군가에게 기억되고 영향을 주게 될 것이라는 믿음이 강한 사람이 있고, 그렇지 않은 사람이 있다. '유산에 대한 믿음' legacy belief이 강한 사람은 자신의 과거와 현재 행동이 미래에 기억되고 사람들에게 의미있는 영향을 줄 것이라고 믿기 때문에 현재의 삶을 더

욱 긍정적이고 적극적인 자세로 살아간다.[44]

리더로서 리더십 유산에 대한 믿음을 지니는 것은 매우 중요하다. 리더가 젊을 때는 대개 '유산에 대한 믿음' 때문이 아니라 자신의 경력 목표를 달성하고자 하는 욕구에 의해 행동하는 경향이 있지만, 나이가 들면 '유산에 대한 믿음'이 중요한 행동의 동기가 된다. '유산에 대한 믿음'이 강한 리더라면 공동체와 구성원들의 삶에 의미있는 변화를 남기기 위해 적극적으로 노력할 것이다.

② 유산은 한계를 인정할 때 중요해진다

유산은 자신의 한계를 인정할 때 비로소 중요해진다. 마치 우리가 죽음에 가까워질 때가 되어서야 비로소 자신의 한계를 실감하고 죽음 이후를 생각하게 되듯이, 유산은 자신의 삶이 제한되어 있다는 사실을 깨달을 때 비로소 자신에게 중요하게 다가온다. 대개 젊을 때는 죽음의 한계를 실감하지 못하기 때문에 '무엇을 남길 것인가'에 대한 관심을 갖기 어렵다.

리더로서의 자신의 역할이 일정한 시간으로 제한되어 있다는 사실을 깨닫게 되면 리더십 이후를 생각하지 않을 수 없다. 자신의 한계를 생각하는 리더는 자신에게 주어진 제한된 시간 속에서 보다 의미있고 가치있는 유산을 남기기 위하여 열정적으로 노력한다.

(3) 리더십 유산은 오늘의 리더십을 풍요롭게 한다

리더십 유산을 생각하는 리더는 의미있는 일에 시간을 투자하려 한다. 그러므로 이왕이면 리더십 초기부터 리더십 이후의 유산을 생각하는 것이 좋다. 지금 시점에서는 당장의 업적과 성과가 전부인 것처럼 보이지만, 미래의 시점

---

44) H. Zacher, K. Rosing, & M. Frese, Age and leadership: The moderating role of legacy beliefs. *The Leadership Quarterly*, 22, 2011, 43-50

에서 지금을 돌아본다면 업적이나 성과로 인해 가려졌던 함께 일했던 사람들의 삶이 중요해진다. 사람들은 리더인 당신을 어떻게 경험했는가? 당신과 함께 했던 그들은 행복했는가?

리더십 유산을 생각하면 무엇이 보다 더 중요한 일인지에 대한 우선순위를 결정하는데 도움이 된다. 공동체에서 현재 벌어지고 있는 일들에 압도되지 않고 그 일들을 과거로부터 현재와 미래로 이어지는 긴 호흡으로 바라보게 된다. 그 결과 당장 급하게 처리해야 할 일들과 복잡하게 얽힌 문제들에 빠져 허우적거리기보다 한 걸음 떨어져서 목적의식을 회복하고 공동체의 비전에 시선을 돌리게 된다. 리더십 유산은 리더십의 방향과 가치를 돌아보게 한다.

리더십 유산을 생각하면 자신은 어디까지나 공동체를 소유하는 사람이 아니며, 제한된 시간 동안에만 리더의 역할을 수행하는 청지기임을 깨닫게 된다.[45] 유산을 생각하는 리더는 리더십 이후 유산을 물려받게 될 구성원들에게 조금이라도 더 나은 공동체를 물려주기 위해 노력하게 된다. 자신의 공로와 업적에 대한 관심으로부터 벗어나 구성원들의 삶에 관심을 갖게 되고, 그들이 주인공이 되어 자신의 재능을 마음껏 발휘하는 공동체를 만들기 위해 노력하게 된다. 유산을 생각하는 리더에게는 유산을 구축할 기회가 주어진 순간 순간이 소중하며, 감사하다.

(4) 리더십 유산을 어떻게 구축할 것인가?[46]

리더십 유산은 저절로 만들어지는 것이 아니다. 매일 매일의 리더십 과정이 의미있게 실행될 때 그것이 오랫동안 누적되어, 리더십 유산이 형성되는 것

---

45) 맥스 드프리, 『리더십은 예술이다』, 27-28
46) 리더십 유산의 구축과 개념에 관한 논의는 S. Trepanier, Leadership Legacy, *The Journal of Continuing Education in Nursing*, 54(4), 2023, 152-152., S. Seely, How to define your leadership legacy, *Forbes*. https://www.forbes.com/sites/forbescoachescouncil/1029/10/28/, 2019를 참조함

이다. 그렇다면 우리가 원하는 리더십 유산을 구축하려면 어떻게 해야할까?

첫째, 리더로서 자신이 어떤 사람이 될 것인지를 먼저 결정해야 한다. 도덕적으로 성숙한 인격과 겸손은 리더라면 기본적으로 갖추어야 특성이다. 당신은 자신의 사적인 욕구를 절제하고 올바른 일을 선택하는 용기를 지닌 사람인가? 다른 사람들에게 감사하며, 그들로부터 배우기를 즐겨하며, 자신보다 그들을 낮게 여기는 사람인가?

또, 리더로서 자신이 지닌 가치와 신념, 철학과 원칙을 분명히 해야 한다. 일을 처리할 때, 또 사람들과 관계를 맺을 때, 자신이 무엇을 중요하게 생각하는 사람인지를 이야기해야 한다. 그리고 무엇보다 중요한 것은 그 가치와 신념, 철학과 원칙에 일관된 행동을 보여야 한다. 리더의 말과 행동이 일관될 때, 구성원들은 리더가 진정성authentic이 있다고 생각한다. 그리고 그것은 리더와 구성원 간의 신뢰의 바탕이 된다. 리더로서 유산을 구축하기 위해 해야 할 것은 먼저 어떤 모습의 리더가 되고 싶은지를 결정하는 것이다.

둘째, 리더십 유산을 남기고자 하는 리더라면 구성원들의 삶을 변화시키기 위해 노력해야 한다. 그동안 경험했던 리더들 중에 당신의 삶을 변화시킨 리더가 누구인지를 생각해 보라. 그는 초등학교 시절의 어떤 선생님일 수도 있고, 대학 시절 멘토가 되어준 선배일 수도 있으며, 과거 함께 일했던 팀장일 수도 있다. 그가 누구이든 당신의 삶을 변화시킨 리더들은 대개 당신과 개인적인 관계를 맺은 사람들일 것이다. 당신의 특별한 상황을 이해하고, 당신의 재능을 인정하며, 자신감을 불어 넣어주고, 더 큰 당신의 모습을 꿈꾸게 한 리더, 그로 인해 지금 당신의 모습이 가능하도록 당신의 삶에 긍정적인 영향을 준 리더일 것이다. 삶의 변화는 개인적인 만남, 관계로부터 시작되는 것이다. 리더십 유산은 얼마나 많은 사람들의 삶을 변화시켰는가에 의해 평가된다.

셋째, 유산을 남기고자 하는 리더라면 지금의 공동체를 의미있는 모습으로 변화시키기 위해 노력해야 한다. 공동체의 비전은 미래의 바람직한 모습이며, 공동체가 변화되고자 하는 모습이다. 비전은 단순한 업적이나 성취가 아니라, 꿈과 희망에 관한 이야기이다. 비전에 녹아있는 의미와 가치는 구성원들에게 공동체에 대한 정체성을 부여하며, 자부심의 원천이 된다. 리더로서 사람들의 가슴을 뛰게 만드는 공동체, 사람들이 의미와 가치를 부여하는 공동체, 사람들이 행복해하고, 자랑스럽게 여기는 공동체를 만들기 위해 노력해야 한다.

그 과정에서 리더는 구성원들이 공동체의 가치를 경험하도록 해야 한다. 때로 공동체의 변화 과정에는 예기치 않은 저항과 난관이 따르기 마련인데, 그 과정에서 리더는 자신의 말과 행동, 크고 작은 의사결정을 통해 살아있는 공동체의 가치를 보여주어야 한다. 이런 공동체의 가치가 유산이 되어 구성원들에게 지속적인 영향을 준다. 리더는 어떤 변화를 이끌어냈는가로 기억된다. 사람들이 기억하는 리더십 유산은 리더가 만들어낸 의미있고 가치있는 변화 이야기이다.

(5) 앞선 리더를 본받으며 리더십 유산은 전수된다

리더십 유산은 한 알의 씨앗과 같은 것이다. 한 알의 씨앗이 사람들의 마음 속에서 싹 틔워지면 많은 열매를 맺는다. 그리고 그 변화된 삶의 유산은 다른 사람들에게 다시 씨앗이 되어 지속적으로 영향력이 발휘할 수 있다.

사람들은 어떤 방식으로 씨앗을 틔우고 리더십 유산을 이어가는가? 그것은 앞선 리더를 본받는 것을 통해 이루어진다. 본받는 행동이 일어나려면 먼저 앞의 리더가 본이 되어야 한다. 본이 된다는 것은 말이 아니라, 행동으로 보여준다는 것이다. 만약 리더가 보여준 행동이 신뢰할 만하고, 진정성이 있으며, 구성원들에게 겸손하고 희생적이면, 다음의 리더는 그를 본받아 그의 리더십을 따라 한다. 앞의 리더를 본받으며 리더를 닮기 위한 노력을 기울일 때 리더십 유산은 전승된다.

제자들을 변화시키기 위한 예수의 전복적인 방법은 섬김이었는데, 예수는 제자들의 발을 직접 씻겨 줌으로써 행동으로 섬김의 본을 보여 주었다.[47] 인류를 구원에 이르게 한 예수의 십자가 죽음은 가장 충격적이고 위대한 섬김의 모범이다.[48] 사도 바울은 '자신을 본받는 자가 되라'[49]고 거듭 강조하였는데, 그 본받는 과정을 통해 그의 복음 전도에 대한 진정성이 이후 사역자들에게 전수되면서 새로운 교회공동체와 개인 성도들의 삶을 변화시키는데 지속적으로 영향을 주었다.[50]

씨앗은 이미 그 안에 많은 열매를 품고 있다. 언더우드Underwood는 뉴브룬스윅 신학교 재학시절에 친구로부터 조선에 대한 이야기를 처음 듣고, 인도 선교사로 가려던 계획을 바꾸어 1885년 26세 나이에 조선의 선교사로 입국하였다. 처음에 길가에 버려진 고아들을 모아 언더우드 학당을 시작하였고, 시간이 지나면서 그 학당은 경신학교를 거쳐 연희전문학교, 그리고 지금의 연세대학교로 발전하였다. 초기 선교사였던 언더우드는 이후 해외 6개 교단으로부터 조선에 파송된 선교사들이 한마음으로 연합하여 효과적인 선교 활동을 하는 과정에서 훌륭한 리더십을 발휘하였다.[51] 그는 조선을 깊이 사랑하였으며, 조선의 독립을 열망하였고, 새로운 한국, "완전히 해방된 나라, 정치적, 지적, 영적으로 실정과 무지와 미신의 속박에서 완전히 해방된 나라"의 비전을 지녔던 선교사였다.[52] 언더우드가 뿌린 조선과 조선인을 위한 사랑의 씨앗, 교

---

47) 요한복음 13:14-15
48) 빌립보서 2:6-8
49) 고린도전서 4:16, 11:1, 데살로니카후서 3:9
50) J.L. Whittington, T.M. Pitts, W.V. Kageler, & V.L. Goodwin, Legacy leadership: The leadership wisdom of the Apostle Paul. *The Leadership Quarterly*, 16, 2005, 749-770
51) 『교육선교 길라잡이』, (사단법인 파우아교육협력재단, 2024)의 강성택, "한국 교육선교의 역사 드라마" 참조
52) 연세대학교 언더우드기념사업회 엮음, 『언더우드의 마지막 메시지』(신앙과지성사, 2016), 26

육과 선교의 씨앗은 그의 아들에 아들을 거쳐 지금까지 4대째 이어져 오고 있으며, 그에게 영향받은 수많은 인물들을 통하여 그 유산이 지금도 이어져 오고 있다. 언더우드만이 씨앗을 뿌린 것은 아니다. 당시 아펜젤러Appenzeller, 스크랜턴Scranton 등 많은 선교사들이 언더우드처럼 평생을 바쳐 가난하고 소외된 조선에 교육과 선교의 씨앗을 뿌렸다. 그 씨앗은 열매를 맺고 다시 씨앗이 되어 제2의 언더우드, 제2의 아펜젤러가 지속적으로 배출되고 있다. 통계에 따르면 2023년 말 한국에서 해외에 파송한 선교사가 174개국 21,917명으로 보고되고 있으며, 한국의 선교사들이 해외에 세운 교육기관은 2014년 기준으로 초중고 159개와 대학 44개인 것으로 보고되고 있다.[53]

---

53) 위 『교육선교 길라잡이』의 강성택 글에서 언급한 한국선교연구원의 통계 재인용

나오며

    예수는 자신을 포도나무로 제자들을 가지로 비유하면서, 가지가 포도나무에 붙어 있지 않으면 열매를 맺을 수 없다고 말씀하였다.[54] 가지가 열매를 맺기 위한 기본 전제는 포도나무에 붙어있는 것이다. 어떤 경우라도 포도나무에 붙어 있지 않은 가지가 스스로 열매를 맺을 수는 없기 때문이다. 그리고 열매 맺지 않는 가지라면 아무 소용이 없어 결국 버려지고 불살라지고 만다. 그러므로 개인의 삶이나 공동체의 활동에서 열매를 맺기 위해서는 무엇보다 먼저 포도나무에 붙어 있어야 한다.

    포도나무 뿌리로부터 시작해서 줄기, 가지, 그리고 잎을 통한 수분과 영양의 공급은 결국 마지막 포도송이를 열리게 하기 위한 것이다. 그런데 포도송이가 풍성해지려면 가지를 치고 순을 따주어야 한다. 가지나 순이 지나치게 무성하게 자라면 그 열매가 풍성해지지 않기 때문이다. 중요한 것은 가지와 순이 풍성해지는 것이 아니라 열매가 풍성해지는 것이다. 포도 열매가 포도나무의 존재 이유이기 때문이다.

    리더는 구성원들을 빛나게 하는 사람이다. 그들이 만드는 열매가 풍성해야 한다. 리더는 그들이 일터에서 마음껏 능력을 발휘하도록 돕는 사람이다. 그들을 잘 준비시켜서 자신의 일터에서 승리할 수 있도록 돕는 사람이다. 리더는 구성원들의 승리를 돕는 교육자, 멘토, 코치이며, 그들의 승리를 열렬히 응원하는 치어리더이다. 리더의 마음은 안개꽃에 둘러싸인 장미가 되려는 마음

---

54) 요한복음 15:1-5

이 아니라, 그 장미를 돋보이게 하는 안개꽃이 되려는 마음이다.

꽃이라면
안개꽃이고 싶다
장미의 한복판에
부서지는 햇빛이기보다는
그 아름다움을 거드는
안개이고 싶다
나로 하여
네가 아름다울 수 있다면
네 몫의 축복 뒤에서
나는 안개처럼 스러지는
다만 너의 배경이어도 좋다
마침내 너로 하여
나조차 향기로울 수 있다면
어쩌다 한 끈으로 묶여
시드는 목숨을 그렇게
너에게 조금은 빚지고 싶다

- 복효근의 '안개꽃'

참고문헌

닐스 플레깅. 『언리더십』. 박규호 역. 흐름출판, 2011.
마이클 샌델. 『공정하다는 착각』. 함규진 역. 와이즈베리, 2020.
맥스 드프리. 『리더십은 예술이다』. 윤종석 역. 도서출판 한세, 1997.
맥스 드프리. 『권력없는 리더십은 가능한가』. 윤방섭 역. IVP, 1999.
제임스 쿠제스 & 배리 포스터. 『리더십 챌린지』. 김원석, 함규진 역. 물푸레, 2004.
제임스 헌터. 『서번트 리더십』. 김광수 역. 시대의 창, 2013.
존 코터. 『존 코터 변화의 리더십』. 신태균 역. 21세기북스, 2003.
짐 콜린스. 『좋은 기업을 넘어 위대한 기업으로』. 이무열 역. 김영사, 2011.
워렌 베니스. 『뉴리더의 조건』. 김경섭 역. 김영사, 1993.
윤방섭. "임파워먼트: 개념, 이론 및 실천". 연세경영연구, 38(1), 2001, 71-111.
윤방섭. "리더십과 동기부여에 대한 성경적 접근". 기독경영연구 제1권 1호, 2002, 133-156.
윤방섭. 『리더십의 이해』. 학현사, 2019.
윤방섭. 『인생 직업』. 학현사, 2021.
스티븐 코비. 『성공하는 사람들의 7가지 습관』. 박재호, 김경섭, 김원석 역. 김영사, 2003.

Avery, G. *Understanding Leadership: Paradigms and Cases*. Thousand Oaks, CA: SAGE, 2004.

Blanchard, K.H., Carlos, J.P., & Randolph, W.A. *The 3 Keys to Empowerment: Release the Power within People for Astonishing Results*. San Francisco, CA: Berrett-Koehler Publishers, 1999.

Deci, E.L., and Ryan, R.M. *Intrinsic Motivation and Self-Determination in Human Behavior*. New York: Plenum Press, 1885.

Eva, N., Robin, M., Sendjaya, S., van Dierendonck, & Liden, R.C. Servant leadership: A systematic review and call for future research. *The Leadership Quarterly*, 30(1), 2019, 111-132.

Greenleaf, R. *Servant as Leader*. Republished in 1991 by The Robert K. Greanleaf Center in Indianapolis, Indiana, 1970.

Maldonado, T., Vera, D., & Spangler. Unpacking humility: Leader humility, leader personality, and why they matter. *Business Horizons*, 65, 2022, 125-137.

Rinehart, S.T. *Upside Down: The Paradox of Servant Leadership*. Colorado Springs, Colorado: NAVPress, 1998.

Spreitzer, G.M. Psychological empowerment in the workplace: Dimensions, measurement, and validation. *Academy of Management Journal*, 38, 1995, 1442-1465.

Stewart, A.M. *Empowering People*. London, England: Pitman Publishing, 1994.

Thomas, K.W., & Velthous, B.A. Cognitive elements of empowerment: An "interpretive" model of intrinsic task motivation". *Academy of Management Review*, 15, 1990, 666-681.

Whittington, J. L., Pitts, T. M., Kageler, W.V., & Goodwin, V. L. Legacy leadership: The leadership wisdom of the Apostle Paul. *The Leadership Quarterly*, 16, 2005, 749-770.

Wright, T.A., & Goodstein, J. Character is not "dead" in management research : A review of individual character and organizational-level virtue. *Journal of Management*, 33(6), 2007, 928-958.

Wright, T.A., & Quick, J.C. The role of character in ethical leadership research. *The Leadership Quarterly*, 22, 2011, 975-978.